# USCIRE DALLA CAVERNA DI PLATONE

Loyev Books

# USCIRE DALLA CAVERNA DI PLATONE

## Consulenza filosofica, pratica filosofica e auto-trasformazione

*Seconda edizione*

# Ran Lahav

Traduzione di Vincenzo Quintabà

Loyev Books

Hardwick, Vermont, USA

PhiloPractice.org/web/loyev-books

Titolo originale: *Stepping Out of Plato's Cave* (Loyev Books 2016)
Traduzione di Vincenzo Quintabà

ISBN-10: 0-9985330-4-1
ISBN-13: 978-0-9985330-4-9


Loyev Books
1165 Hopkins Hill Rd., Hardwick, Vermont 05843, USA
PhiloPractice.org/web/loyev-books

# Indice

**Ringraziamenti**
Desidero esprimere la mia gratitudine a Vincenzo Quintabà per la traduzione, a Luca Borrione per il prezioso aiuto fornito nella revisione tecnica e a Ilaria Grandi per la accurata revisione editoriale.

# Prefazione

*Questo libro è frutto di oltre due decenni di lavoro con singoli e gruppi nel campo della pratica filosofica. La pratica filosofica è un movimento internazionale di filosofi che crede che la filosofia possa costituire una differenza importante nelle nostre vite. La filosofia, dopo tutto, significa philosophia, amore della saggezza, e si occupa dei temi fondamentali dell'esistenza con cui noi tutti veniamo in rapporto pressoché quotidianamente.*

*Ho aderito al movimento della pratica filosofica nelle fasi iniziali, nei primi anni '90, e ho capito subito che il movimento stava ancora nascendo, stava ancora tentando di capire le sue potenzialità. Decisi di dedicarmi ad aiutare a sviluppare questo nuovo campo. Così iniziai il mio itinerario filosofico, che si rivelò essere di volta in volta entusiasmante e frustrante, ma sempre profondo e gratificante. Lungo questo viaggio sono stato ispirato dalla visione che la filosofia può rendere più profonde ed arricchire le nostre vite, ma all'inizio trovai difficile tradurla in pratica. La filosofia tradizionale e ufficiale sembrava troppo lontana dalla vita di ogni giorno e troppo astratta e generica per avere qualche attinenza con le nostre preoccupazioni personali. Ci sono voluti anni di sperimentazione per scoprire, passo dopo passo, i modi di affrontare questa sfida.*

*L'impostazione che presento qui consiste di più livelli e componenti diversi che ho sviluppato nel corso degli anni. Versioni precedenti di questi stessi elementi sono state pubblicate nei miei articoli, sul mio sito web (www.PhiloPractice.org) e in un libro pubblicato in italiano:* Oltre la filosofia. Alla ricerca della saggezza *(Milano: Apogeo, 2010).*

*Non presento il mio approccio come una dottrina definitiva. Spero che possa porre i germi di ulteriori esplorazioni e ispirare altri filosofi. La filosofia, proprio come la vita, è un viaggio senza fine in un territorio che non è mai stato completamente esplorato e che deve essere scoperto personalmente e creativamente.*

*Ran Lahav*
*Vermont, USA*
*www.PhiloPractice.org*

## Capitolo 1

# LA CHIAMATA AD ANDARE OLTRE NOI STESSI

Nella sua famosa opera *La Repubblica*, Platone descrive un gruppo di persone sedute all'interno di una caverna, legate alle loro sedie e impossibilitate a muoversi. Rivolte verso la parete della caverna, esse possono vedere solo le ombre gettate da un fuoco che arde alle loro spalle. Dal momento che non hanno mai visto altro che ombre, le credono il mondo reale.

A questo punto uno degli ascoltatori commenta: "È una strana scena, con strana gente". Il narratore replica: "Sono come noi". Essi sono come noi, spiega Platone, perché anche noi siamo rinchiusi in una concezione limitata del mondo, e anche noi crediamo che questa sia la realtà. Non ci rendiamo conto che è solo un puro gioco di ombre su una parete e che oltre la nostra caverna si estende una realtà più vasta e più piena.

Un prigioniero, però, è liberato dalle catene. Dapprima rifiuta di guardare dietro di sé: il fuoco gli ferisce gli occhi e il bagliore lo acceca e confonde. Ma dopo che i suoi occhi si sono adattati alla luce, e dopo che è trascinato all'uscita della caverna, a poco a poco arriva a conoscere e apprezzare il mondo più brillante, e più vero.

Questo è, per Platone, il ruolo dei filosofi: uscire dalla caverna. Ma il loro ruolo non finisce qui. Il loro compito è tornare nella caverna e aiutare altri a liberarsi dalle catene e mostrar loro la via d'uscita. La missione della filosofia è quella di farci comprendere che il nostro mondo normale è superficiale e limitato, e di aiutarci ad oltrepassare i nostri confini ristretti e tendere verso una realtà più vasta.

Il mito della caverna di Platone ci colpisce perché ci ricorda l'anelito del nostro cuore ad espandere le nostre vite e vivere in modo più pieno e profondo. Il nostro mondo di ogni giorno è di solito limitato a una "caverna", una routine comoda, superficiale. Svolgiamo le attività quotidiane come se avessimo il pilota automatico. È solo in momenti speciali di autoriflessione che ci rendiamo conto di quanto siano angusti i nostri spazi quotidiani, e allora sentiamo l'anelito a liberarci da queste mura di prigione e vivere una vita più ampia, ricca, libera.

Platone non è stato l'unico filosofo a scrivere di questo anelito. Esso è stato discusso, come vedremo tra poco, lungo tutta la storia della filosofia occidentale, negli scritti di pensatori provenienti praticamente da tutti i periodi storici e dalle principali scuole di pensiero. Questo anelito esprime se stesso nel cuore umano. Parla negli scritti dei grandi filosofi come in quelli dei mediocri, a volte persino nella conversazione occasionale dell'uomo della strada, sebbene sia spesso repressa per ridurre al silenzio il suo messaggio di sfida. Perché non è facile abbandonare la nostra comoda caverna e cambiare il nostro modo di vita familiare, automatico e sicuro.

Questo anelito parla molte lingue differenti. Filosofi diversi la articolano attraverso concetti, terminologie e metafore differenti, e malgrado ciò tutti esprimono la medesima consapevolezza: che gli orizzonti della vita sono più vasti di quanto comunemente pensiamo. Essi ci chiamano a intraprendere il medesimo sforzo: una trasformazione interiore che ci può aprire a dimensioni più ampie di esistenza.

I dettagli differiscono notevolmente: che cos'è che rende angusta la nostra esistenza? Quali sono le vie per evadere dalla prigione? Che cosa dobbiamo aspettarci di trovare fuori di essa? Queste domande ricevono risposte diverse da pensatori diversi. E tuttavia, oltre le differenze, tutti esprimono lo stesso fondamentale anelito, la stessa scoperta, lo stesso richiamo primordiale.

Non deve sorprendere che questo anelito abbia espressioni così varie. Logicamente, in contesti sociali diversi trova modi differenti di esprimersi: nell'antica Grecia si esprimeva attraverso concetti e valori greci; nell'Europa del diciannovesimo secolo si poteva udire nelle frasi in tedesco di Nietzsche e nel danese di Kierkegaard, e nei termini delle problematiche e delle tendenze del loro tempo; oggi parla attraverso le nostre metafore scientifiche e tecnologiche. Si esprime altresì in coerenza con la personalità e le sensibilità del singolo pensatore. Dopotutto, ci parla attraverso menti e cuori di individui.

Io credo che praticamente ogni persona riflessiva conosca questo anelito, malgrado nella vita quotidiana siamo di solito troppo occupati per rendercene veramente conto. Siamo generalmente impensieriti per i nostri redditi e per lo shopping, di ingraziarci il capo, di prendere parte alla competizione sociale, di desiderare un'auto nuova; e poi trascorriamo ogni frazione di tempo rimasto mandando messaggi al telefono o guardando la televisione. Ma occasionalmente, in momenti speciali di autoriflessione, possiamo udire quell'anelito dentro di noi che chiede: "Questo è tutto ciò che c'è nella mia vita? Non dovrebbe esserci qualcosa di più? Non può essere più ricca, più vasta, più profonda di quanto sia ora?"

*Clara non riesce ad addormentarsi. Giace nel letto, pensieri agitati le corrono per la mente. Dapprima dice a se stessa che è preoccupata per il progetto a cui sta lavorando: è responsabile del design di una nuova brochure professionale per un cliente importante. Il suo capo le ha detto che è parte di un grosso lavoro, e lei è desiderosa di riuscire. Ma poi si rende conto che le sue apprensioni non riguardano per davvero il successo sul lavoro. Ha troppa esperienza per nutrire preoccupazioni del genere. Riflette come nei quindici anni precedenti, dal momento in cui ha iniziato a lavorare come designer, ha affrontato con successo una sfida dopo l'altra. Volta dopo volta, si era immersa completamente nel progetto assegnatole, aveva lavorato freneticamente, era rimasta in ufficio fino a tardi, e alla fine l'aveva completato con successo solo per vedersi assegnare il progetto successivo, e poi il successivo, e poi il successivo...*

*"Per quanto tempo continuerò ad andare avanti così?" si ritrova a chiedersi. "Il resto della mia vita somiglierà a questo? Il mio lavoro è fantastico, non posso lamentarmi. Sono brava in ciò che faccio e tuttavia... ancora venti o trent'anni di lavoro e poi la pensione, e allora... È tutto qui?"*

*Ricorda l'adolescenza, quando la vita sembrava promettere un numero infinito di prospettive, quando gli orizzonti delle possibilità sembravano aperti e il mondo sembrava invitarla a fare qualsiasi cosa volesse, qualsiasi... Ora, all'opposto, si sente molto diversa, più matura, più carica di esperienza, affermata e di successo, e tuttavia incanalata in una carreggiata angusta; gli stessi modi routinari di svolgere il suo lavoro, gli stessi schemi di pensiero, di comunicazione, di comportamento, persino di sentire. "Sono rimasta impantanata in... in..."*

*Riflette, cercando di trovare una metafora appropriata. Un vago ricordo del mito della caverna di Platone le si affaccia alla mente: era menzionata in un articolo su un rivista che ha letto qualche giorno prima.*

*Accende la luce e avvia il computer. Una veloce ricerca su internet la porta al testo di Platone e lo legge attentamente. Il mito risuona in profondità dentro di lei, ma un punto la colpisce con forza: che i prigionieri stessi ignorano di essere imprigionati. Non sospettano neanche che la vita è più che le ombre sulla parete della caverna.*

*Si ferma a pensare. "Sono prigioniera della mia routine? Certamente esistono altre cose nella vita che progettare brochure. Ma cos'è questo 'più'? E cosa posso fare al riguardo? Trovare un nuovo lavoro? Ma questo mi farebbe passare da una caverna all'altra. No, non è questione di cambiare lavoro, ma di qualcos'altro, più grande; forse persino di cambiare me stessa".*

*Viene afferrata da un senso di urgenza. Avverte un anelito a cambiare il suo modo di vivere al più presto, non ha idea come. Qualcosa dentro di lei sembra stia chiamandola a svegliarsi dalla sua routine e a cominciare a cercare nuove energie e una nuova vita, e lei sente se stessa cogliere questa chiamata interiore e intendere ciò che le sta dicendo. È disorientata, ma il mito di Platone sta cominciando a lavorare dentro di lei. Le immagini della caverna le hanno infuso il germe di una nuova ispirazione.*

Possiamo sentire questo anelito che parla in noi in momenti in cui la nostra guardia si abbassa. Eppure, di solito ne rimaniamo inconsapevoli e ci comportiamo come se la nostra piccola "caverna" fosse tutto ciò che c'è nella vita, come se ciò che manca potesse essere ottenuto modificando la nostra piccola caverna: un aumento di stipendio, un nuovo gadget elettronico, un viaggio all'estero. In effetti, questo è ciò di cui sono fatti i nostri sogni: "se solo potessi ottenere un lavoro sicuro", "se solo potessi comprare una casa più grande con un garage per due auto". Ma, naturalmente, quando questi sogni si realizzano (se lo fanno) ci rendiamo conto che non ci portano la pienezza di vita a cui aspiriamo.

Molti importanti testi filosofici servono a ricordarci di questo anelito e a risvegliarlo in noi, sebbene esso parli anche attraverso la letteratura e la poesia, la religione e il mito e persino nelle conversazioni per la strada. Tuttavia, è negli scritti filosofici che è formulata con maggiore chiarezza. Le opere letterarie o poetiche possono esprimerla con grande bellezza, la filosofia con maggiore chiarezza. Uno dei compiti principali della filosofia è di rendere chiaro, formulare, rivelare le visioni che ci muovono.

**I pensatori della trasformazione**

Molti pensatori hanno avuto la stessa presa di coscienza che Platone ha formulato nel suo mito della caverna, e cioè che noi siamo normalmente imprigionati in un mondo limitato e che abbiamo bisogno di sviluppare un modo di vivere più profondo. Tra di essi vi sono figure importanti, come Epicuro, Marco Aurelio, Plotino, Spinoza, Jean-Jacques Rousseau, Ralph Waldo Emerson, Friedrich Nietzsche, Henri Bergson, Martin Buber, Karl Jaspers, Gabriel Marcel, Krishnamurti, Erich Fromm, e altri. È un gruppo eterogeneo. Curiosamente, non conosco libri di filosofia che li mettano insieme. Appartengono a periodi storici diversi e a scuole di pensiero differenti e impiegano una varietà di idee, concetti e metodologie. Nondimeno, condividono svariate tematiche importanti.

In primo luogo, tutti questi pensatori suggeriscono che le nostre vite quotidiane normalmente rimangono ad un livello superficiale che non rappresenta la pienezza dell'esistenza umana. Noi ci immergiamo in attività mondane – lavoro, shopping, chiacchiere, viaggi, relax, socializzazione – credendo che questa sia la via che conduce alla vita felice. Ma ci sbagliamo. La nostra vita è governata da un'arida routine, da momenti vuoti in cui siamo a malapena coscienti, dalla spinta cieca dell'inerzia, da distrazioni e da divertimenti senza senso, da giochi sociali, da una pressione autolesionista a controllare, acquisire e possedere. Tutto ciò ci lascia distanti da noi stessi, poveri nello spirito, isolati dagli altri, senza contatto con la vita.

In secondo luogo, per questi pensatori c'è un modo alternativo di essere più fedeli alla potenziale pienezza della realtà umana. Implica non solamente *fare* qualcosa di differente, ma *essere* differenti: essere in altro modo con noi stessi, con gli altri, con la vita.

In terzo luogo, non è facile passare dalla condizione superficiale ad una di pienezza. Le nostre inclinazioni naturali non ci conducono automaticamente a farlo e superare queste inclinazioni è una grande sfida. Non è sufficiente frequentare un *workshop* due volte a settimana, leggere una nuova teoria sulla vita, fare un esercizio dalle sei alle sei e mezza di mattina. Occorre molto di più: una totale trasformazione che colori ogni aspetto dell'essere: le nostre emozioni, comportamenti, pensieri e atteggiamenti, dal più breve attimo fino agli atti più impegnativi.

Io chiamo i pensatori che sviluppano questi temi *pensatori della trasformazione*. Naturalmente, essi esprimono tali argomentazioni in modo differente. Per esempio, il filosofo del ventesimo secolo Martin Buber[1] le formula in termini di relazioni con gli altri. Sostiene che il normale modo di relazionarci con chi ci è intorno è distante e parziale. E poiché considera le relazioni come centrali nell'esistenza umana, conclude che non siamo fedeli alla nostra realtà. È possibile un tipo più pieno di relazione, che implica un reale essere insieme ed è fonte di autenticità e vita.

Un altro pensatore dei nostri giorni, Erich Fromm[2], si concentra sull'amore, poiché secondo lui l'amore è il modo principale in cui superiamo la nostra difficoltà fondamentale, cioè l'isolamento. Suggerisce che ciò che comunemente consideriamo amore non è vero amore, dal momento che è possessivo, egocentrico, illusorio o in qualche modo deformato, perché perpetua il nostro essere soli. All'opposto, l'amore reale è un atteggiamento di elargizione della nostra pienezza al mondo intorno a noi. Implica un traboccare verso la vita; non solamente verso uno specifico oggetto di amore, e certamente non con lo scopo di possederlo, ma verso il mondo intero.

---

1. Martin Buber, *Ich und Du*, 1923; tr. it. *L'Io e il Tu*, Pavia, Irsef, 1991.
2. Erich Fromm, *The Art of Loving*, 1956; tr. it. *L'arte di amare*, Milano, Mondadori, 1996.

Henri Bergson[3], un illustre filosofo francese della prima metà del ventesimo secolo, si concentra sulla nostra coscienza e sul modo in cui fluisce nel tempo. Per lui, la nostra usuale consapevolezza esprime solo la superficie meccanica della nostra vita mentale. Questa superficie è composta di idee ed emozioni irrigidite, frammentate, che non sono più vive in noi, come foglie morte che galleggiano sull'acqua di un lago. Per essere veramente liberi e vivi, noi abbiamo bisogno di agire a partire dal lago stesso, dal flusso olistico della nostra vita, dalla totalità del nostro essere.

Nel diciannovesimo secolo troviamo il pensatore americano Ralph Waldo Emerson[4], che sostiene che di solito deriviamo le nostre idee e le nostre motivazioni da un sé superficiale e limitato. Egli ci esorta ad aprirci a un sé più grande, l'"oltre-anima", una sorgente metafisica di pienezza e saggezza che normalmente ignoriamo ma che può ispirare entro di noi una vita più elevata.

All'incirca nello stesso periodo, Friedrich Nietzsche[5] deride la mentalità gregaria di coloro che vivono una piccola vita di meschine preoccupazioni, risentimenti, debolezze, sottomissione e imitazione. Ci chiama a "superare" il nostro piccolo sé e a creare un sé più alto e un'esistenza più grande, dando vita alla nostra propria visione e ai nostri valori, e cercando appassionatamente di vivere creativamente alla loro luce.

Prima ancora, nel diciassettesimo secolo, Jean-Jacques Rousseau[6] prende in esame la nostra dipendenza dalle norme sociali. Secondo lui, noi siamo di solito controllati da una maschera sociale, un sé sociale che acquistiamo come risultato di pressioni sociali esterne. Noi giochiamo giochi sociali   imitando, manipolando,

---

3. Henri Bergson, *Essais sur les données immédiates de la conscience*,1889; trad. it. *Saggio sui dati immediati della coscienza*, Milano, Raffaello Cortina, 2001. Si veda in particolare la sezione dal titolo "L'atto libero".

4. Si veda in particolare il saggio di Emerson "The Over-soul" in William Gilman (ed.) *Selected Writings of Ralph Waldo Emerson*, New York, New American Library, 1965, pp. 280-295; trad. it. "La superanima", in *Società e solitudine*, Parma, Diabasis, 2014.

5. Friedrich Nietzsche, *Also sprach Zarathustra*, 1885, trad. it. *Così parlò Zarathustra*, in *Opere di Friedrich Nietzsche*, vol. VI, Tomo I, Milano, Adelphi, 1973. Si vedano ad esempio le sezioni 4 e 5 nel "Proemio", come pure "Delle tre metamorfosi" nel Libro 1, pp. 23-25.

6. Jean-Jacques Rousseau, *Émile ou De l'education*, 1762; trad. it. *Emilio*, Bari, Laterza, 2006.

confrontandoci con gli altri, senza capire che viviamo una vita
alienata e non collegata alla nostra vera natura. Per vivere
autenticamente abbiamo bisogno di connetterci col nostro sé
naturale, che è la vera sorgente di una vita significativa.

Nell'antichità, il filosofo e imperatore romano Marco Aurelio[7] ci
dice che normalmente ci lasciamo controllare dalle nostre reazioni
emotive automatiche, che si attaccano ad oggetti del desiderio.
Siamo resi schiavi dai nostri desideri di possesso e di benessere e così
finiamo per essere ansiosi e frustrati. Possiamo superare questa
prigione, però, quando ci distacchiamo da questi desideri e ci
facciamo guidare dalla nostra natura interiore, il sé razionale, che
segue con piena adesione il corso del cosmo.

Qui si possono fare molti altri esempi: Jiddu Krishnamurti[8], che
ci chiama ad essere liberi dal passato e ad essere aperti al presente;
Gabriel Marcel[9], che ci esorta ad abbandonare il nostro stato remoto
e alienato per "osservare" e diventare "testimoni" coinvolti della vita,
e tanti altri ancora.

Evidentemente questi pensatori della trasformazione formulano
idee differenti, concepiscono la condizione umana in modi differenti,
si concentrano su differenti aspetti dell'esistenza umana, e fanno
persino affermazioni contraddittorie tra loro. E tuttavia, attraverso
queste diverse idee esprimono gli stessi tre temi fondamentali: la
nostra tendenza usuale ad essere in uno stato superficiale, la
possibilità di uno stato più pieno e profondo, e la trasformazione
impegnativa che può portarci dal primo al secondo. Queste diverse
filosofie sono, dunque, come differenti variazioni musicali dello
stesso motivo.

Inoltre, due altri temi comuni sono tipici di questi approcci
trasformazionali. In primo luogo, essi descrivono tutti il nostro stato
superficiale come governato da schemi rigidi (sebbene di solito non
usino la parola "schemi"): schemi di comportamento, di pensiero, di

---

7. Marco Aurelio, *I ricordi*, Milano, Rizzoli, 1980.
8. Si veda ad esempio Krishnamurti, *The Flight of the Eagle*, New York, Harper & Row,
   1971; *The Urgency of Change*, New York, Harper & Row, 1977; trad. it. *L'uomo alla
   svolta*, Ubaldini, Roma, 1971.
9. Gabriel Marcel, "Testimony and Existentialism", nel suo *Philosophy of Existence*,
   London, Harvill Press, 1948, successivamente ripubblicato col titolo di *Philosophy
   of Existentialism*, New Jersey, Citadel Press, 1995, pp. 91-103.

desiderio, di emozione. Questi schemi sono il risultato di potenti meccanismi psicologici o sociali che operano dentro di noi, che conducono a modi di essere riduttivi e superficiali che sono distaccati dalla pienezza della nostra vera realtà. Per usare le immagini di Platone, siamo imprigionati in una caverna angusta, incatenati alle nostre sedie.

In secondo luogo, tutti questi approcci alla trasformazione suggeriscono che lo stato di pienezza si trova oltre questi schemi e che non può essere inserito in nessuna struttura rigida. Essi paragonano questo stato a un movimento libero e aperto, usando termini come libertà, spontaneità, fluire, creatività, unicità, autenticità, individualità, apertura, espansività. È interessante che descrivano questo movimento libero solo indirettamente, senza un'analisi precisa. Spesso si servono di metafore poetiche o richiami all'esperienza personale, e in generale impiegano mezzi indiretti per familiarizzare il lettore con ciò che hanno in mente. Questo non deve sorprendere. Schemi e meccanismi hanno una struttura ben determinata e possono essere analizzati chiaramente e con precisione. Per contro, ciò che sta oltre gli schemi resiste all'analisi perché travalica ogni formula definita.

**La chiamata**

Possiamo concludere, dunque, che i vari filosofi della trasformazione sono stati ispirati dalla stessa concezione fondamentale dell'esistenza umana. Non per pura coincidenza le loro visioni sono così simili tra loro. La visione che tutti esprimono è fondata su un'esperienza umana comune, su un tema primario che corre attraverso il tessuto della vita umana. Potremmo dire che è una delle dimensioni basilari dell'essere umano.

Però la parola "dimensione" potrebbe essere qui fuorviante per le sue connotazioni scientifiche. Nella scienza e nella geometria il termine è usato per riferirsi ad aspetti oggettivi del nostro mondo. Per esempio lo spazio visibile ha tre dimensioni, e questo è un fatto oggettivo, neutrale. Per contro, i pensatori della trasformazione non presentano le loro teorie come pure descrizioni di fatti umani neutrali. Quando parlano del sé ristretto in contrapposizione a quello trasformato, non ci presentano un resoconto disinteressato di due modi altrettanto validi di essere. Piuttosto, ci dicono che la trasformazione è qualcosa di prezioso e di valore, che noi *dovremmo* cercarla. In altre parole, le loro teorie contengono una "chiamata", un richiamo che tenta di attrarre la nostra attenzione, di invitarci, di esortarci a protenderci in cerca della pienezza della vita.

Si può dire che i pensatori della trasformazione stiano tentando non solo di *de*scrivere ma anche di *pre*scrivere; non solo di raffigurare il modo in cui gli esseri umani *sono*, ma anche il modo in cui *dovrebbero* essere. Questo non significa, comunque, che stiano esprimendo pure predilezioni personali. Essi si vedono come chi dà voce a una chiamata che pre-esiste a loro e ai loro scritti, una chiamata che non hanno inventato, ma piuttosto esposto e formulato. Non è nel nome delle loro personali preferenze che ci scrivono, ma nel nome della vita. Dal loro punto di vista, la chiamata a vivere con pienezza viene dalla natura stessa della realtà umana. Questa chiamata li ha ispirati a scrivere la loro filosofia, e da un certo punto di vista ne è il vero autore.

Arriviamo qui al cuore di ogni approccio filosofico che può essere definito *trasformazionale*: al centro di ogni approccio del genere c'è una *chiamata*. È una chiamata perché ci assilla, ci scuote, ci strappa via dalla nostra confortevole, compiaciuta routine. Ci invita, e persino pretende che tentiamo di uscire dalla nostra caverna e di trasformare noi stessi.

Va notato, però, che sebbene ogni filosofia della trasformazione contiene una simile chiamata, contiene anche altro materiale – concetti, affermazioni, analisi, spiegazioni, definizioni, ecc. – che si amalgama a formare una teoria complessa. Esempi di questi materiali addizionali sono la teoria del mondo delle idee di Platone, la teoria delle emozioni di Marco Aurelio e la teoria dell'educazione di Rousseau. Potremmo dire che in una filosofia della trasformazione la chiamata fondamentale è "rivestita" degli abiti di una particolare teoria; oppure che la chiamata "parla attraverso" la mediazione della teoria.

Queste teorie presentano interesse per i filosofi accademici, ma per la presente indagine sono di minore rilevanza. Per noi non sono i dettagli del "rivestimento" teorico che contano, ma il "corpo" essenziale che questi abiti nascondono, e allo stesso tempo rivelano.

In questo libro cercheremo di capire la chiamata che esprime il nostro anelito e che parla attraverso le varie teorie della trasformazione, e cercheremo delle vie per incorporarla nelle nostre vite.

## Capitolo 2

# IL MOVIMENTO DELLA PRATICA FILOSOFICA

La prospettiva dell'auto-trasformazione è elevata e affascinante, ma la domanda è come tradurla in pratica. Cosa dobbiamo fare se vogliamo uscire dalla nostra caverna platonica?

La risposta data dalla maggior parte dei filosofi della trasformazione nel corso dei secoli è: filosofia. O, più precisamente, filosofare. In altre parole, l'attività della riflessione filosofica. La riflessione filosofica può aiutarci a capire il significato del nostro anelito, ad esaminare la nostra vita e a scorgere la sua angustia; può ispirarci a figurarci un tipo più profondo di vita, può mostrarci cosa richiederebbe una vita simile e darci gli strumenti per l'auto-trasformazione.

Questo può suonare strano. La filosofia oggi è in gran parte limitata ai corsi universitari e agli articoli accademici e generalmente concentrata su idee impersonali e astratte. Come potrebbero tali idee rappresentare una differenza pratica nella nostra vita?

La risposta è che le idee non sono prive di potere, anche se possono apparire astratte. Le idee – idee in generale, non solo idee filosofiche – hanno una straordinaria capacità di cambiarci. Nuove comprensioni possono risvegliare entro di noi nuove motivazioni, stimolarci a pensare e comportarci in nuovi modi, alimentare in noi nuovi atteggiamenti ed energie. Per esempio, una visione socialmente responsabile delle sofferenze dei poveri può motivare una persona perché inizi a investire tempo ed energie nell'aiuto ai bisognosi; una presa di coscienza ecologica della fragilità dell'ambiente può cominciare a farla comportare rispettosamente verso la natura e le risorse naturali; una consapevolezza esistenziale

12

circa l'inevitabilità della morte può motivarla a iniziare ad apprezzare il valore prezioso del momento presente; una presa di coscienza religiosa può ispirarla ad essere umile e amorevole.

Non ogni visione su grande scala della vita ci influenza. Il nostro comportamento quotidiano è costantemente forgiato dalla nostra idea di ciò che il capo si aspetta da noi, dall'idea che abbiamo della nostra situazione finanziaria, dei nostri obblighi morali, di ciò che è meglio per i nostri figli, o di ciò che gli altri pensano di noi.

Ma sebbene molti tipi di concezioni influenzino la nostra vita, per il compito dell'auto-trasformazione la riflessione filosofica è particolarmente promettente. La riflessione filosofica esamina il fondamento della nostra vita, i concetti che sono precisamente alla base dei nostri atteggiamenti quotidiani. Può perciò influenzare non solo uno specifico comportamento, ma il nostro intero orientamento verso la vita. Inoltre, la riflessione filosofica, proprio per sua natura, è una indagine critica e aperta ad ogni sbocco e può, dunque, mostrarci i nostri limiti e confini – le pareti della nostra "caverna" – e metterle in discussione. A differenza dei dogmi e delle dottrine, che vogliono che li seguiamo ciecamente, il filosofare ci incoraggia a mettere in discussione ogni ipotesi, a non dare niente per scontato, a esplorare nuove concezioni e ad avventurarci in terreni inesplorati. Dogmi e dottrine sono come le "caverne" platoniche che ci imprigionano in un atteggiamento rigido, mentre un'indagine filosofica è un viaggio che può condurci fuori della nostra prigione, ad una visione del mondo più ampia, ad un ambito di vita più vasto.

Molti pensatori della trasformazione, nel corso della storia della filosofia, erano convinti che la riflessione filosofica potesse aiutare nella ricerca di una vita più piena, ma in tempi moderni questa consapevolezza è stata perlopiù dimenticata. La maggior parte dei filosofi di professione oggigiorno preferisce le discussioni teoriche alla filosofia pratica. Normalmente considerano le antiche visioni trasformazionali come pure idee intellettuali, senza alcun serio tentativo di metterle in pratica. Raramente le trasformano in esercizi quotidiani, per esempio, o in laboratori di auto-sviluppo per i loro studenti.

La filosofia non è sempre stata un puro impegno intellettuale. Approcci pratici alla filosofia possono rinvenirsi nell'antica Grecia e nelle scuole ellenistiche (all'incirca dal 6° secolo a.C. fino al 4° secolo d.C.), che guardavano alla filosofia come modo di vita.[10] Ma da un punto di vista contemporaneo hanno i loro limiti. Sebbene traducessero le loro idee in direttive concrete riguardo i comportamenti e le emozioni di ogni giorno, i loro approcci erano piuttosto dogmatici. Ogni scuola filosofica aveva una particolare dottrina circa la vita e cercava di portare i discepoli ad accettarne i principi e a seguirli. Senza dubbio i fondatori di queste scuole erano filosofi creativi e profondi, ma davano da seguire ai discepoli un sistema filosofico concluso. Questi discepoli erano incoraggiati a riflettere solo entro i confini di questo sistema, non a discostarsi da esso, non a mettere sul serio in discussione i suoi principi, non a intraprendere una ricerca filosofica libera e aperta.

Un simile dogmatismo è oggi troppo restrittivo, e di fatto è proprio un'altra caverna platonica. Per noi oggi è difficile accettare l'idea che una singola dottrina possa cogliere l'intera realtà. Se vogliamo usare la filosofia nel viaggio verso l'auto-trasformazione, ci serve un approccio filosofico più ampio, più pluralistico e aperto, senza risposte definitive e dottrine rigide.

Gli approcci pratici alla filosofia possono trovarsi anche in Oriente, in molte scuole dell'Induismo, del Buddhismo, del Confucianesimo, del Taoismo, tra le altre. Ma anche queste scuole spirituali e filosofiche sono tipicamente legate a particolari dottrine religiose o metafisiche, e sono quindi meno pertinenti rispetto all'idea della filosofia come viaggio personale, aperto, che non dà nulla per scontato e intende porre in dubbio ogni presupposto già definito.

**Il filosofare contrapposto alle teorie filosofiche**

Arriviamo qui ad una importante distinzione tra due differenti nozioni che sono spesso confuse: *riflessione filosofica* o *filosofare* da un lato, e *una filosofia* dall'altro (si faccia attenzione all'articolo "una" che precede la parola "filosofia"). *Riflessione filosofica* o *filosofare* è un'attività. È una investigazione aperta che cerca senza preconcetti,

---

10. Pierre Hadot, *Exercices spirituels et philosophie antique*, Paris, Albin Michel, 2002; tr. it. *Esercizi spirituali e filosofia antica*, Torino, Einaudi, 2005.

senza dare per scontato nessun assunto o principio. È ciò che fa il vero filosofo.

Per contro, *una filosofia* è una teoria conclusa. Espone certi principi ed idee e li dichiara come veri. Una filosofia è un prodotto della riflessione filosofica di un filosofo. Per esempio, la teoria della conoscenza di Platone è una filosofia: è il prodotto della riflessione filosofica che aveva svolto. La teoria della conoscenza di Kant è un'altra filosofia: è il prodotto della riflessione filosofica svolta da Kant.

Le teorie filosofiche possono aiutarci a scoprire come pensano grandi menti e meritano uno studio attento. Possono insegnarci come pensare con profondità, offrirci concetti e idee che possiamo impiegare nella nostra attività di pensiero, stimolarci a sviluppare le nostre personali riflessioni filosofiche. Come materiale grezzo da esaminare, modificare, adottare o rigettare da parte nostra sono straordinarie. Ma se le prendiamo come verità assolute, come un vangelo da accettare e venerare, allora saremmo dogmatici. Mentre il filosofare ci rende aperti, accogliere una filosofia come autorità soffoca il nostro pensiero.

Ogni filosofia presa come dogma stabilito è improbabile che possa condurci fuori dalla nostra caverna platonica, dal momento che erige degli assunti e dei confini. Al contrario, una riflessione filosofica – il processo del filosofare, ovvero della libera e aperta esplorazione filosofica – ha il potenziale di portarci oltre i nostri confini.

## Che cos'è il filosofare?

Non possiamo sperare in una definizione precisa di un'attività complessa come il filosofare, meno che mai una definizione che metta d'accordo tutti. Nella storia della filosofia troviamo molti modi diversi di filosofare. Nondimeno, è possibile identificare parecchi temi centrali che sono comuni alla maggior parte delle forme di filosofare, almeno in Occidente. Filosofare è ciò che i filosofi hanno fatto attraverso i secoli. Cos'è che hanno fatto?

Quando guardiamo ai filosofi importanti nel corso dei secoli, possiamo rinvenire almeno cinque tematiche indubbiamente comuni pressoché a tutti.

In primo luogo, tutti i filosofi si occupano delle questioni fondamentali della realtà, specialmente delle questioni fondamentali dell'esistenza. Tutti indagano questioni che sono esattamente alla base della concezione di noi stessi, della nostra vita e del mondo: cos'è la conoscenza? Cos'è la materia? Cos'è l'amore? Cos'è una vita felice? Cos'è moralmente giusto e cos'è moralmente sbagliato?, e così via. Dire che questi problemi sono fondamentali implica, tra le altre cose, che sono questioni universali riguardanti l'esistenza, non limitate alla particolare condizione di John o di Mary. Se discutete solo la particolare storia d'amore di John o gli specifici problemi familiari di Mary, allora non state ancora filosofando.

In secondo luogo, tutti i filosofi tentano di affrontare questi temi fondamentali sviluppando delle teorie, o più in generale dei *sistemi* di idee. Non si accontentano di scrivere uno slogan di una sola frase, o un elenco casuale di asserzioni scollegate, o una descrizione relativa a John o Mary. Piuttosto, sviluppano una rete di idee che essi collegano in modo complesso a formare un tutto coerente, concepito per offrire una certa concezione dell'argomento. Questo non è il solo modo di affrontare questioni esistenziali fondamentali. Si può fare anche con la poesia, la letteratura, la pittura, la fede religiosa o l'azione politica. Ma i filosofi filosofano per ottenere una comprensione di queste problematiche formulando un *corpus* coerente di idee.

In terzo luogo, i filosofi costruiscono questi *network* di idee non sulla base di una fede o di convinzioni personali (come nella religione), non sulla base di esperimenti scientifici (come ad esempio nella psicologia o nella biologia), ma sulla base di un pensiero o ragionamento. Fare un ragionamento non allude necessariamente al pensiero logico nello stretto senso del termine, dal momento che alcuni filosofi usano il cosiddetto ragionamento poetico, il pensiero intuitivo. Ragionare non significa neanche presentare prove irrefutabili: non è immaginabile nessuna prova definitiva nelle questioni filosofiche. Nondimeno, tutti i veri filosofi provano a dare sostegno alle loro idee con considerazioni che le rendano per quanto possibile coerenti, sostenibili e convincenti. Una volta che un pensatore fa affermazioni dogmaticamente, arbitrariamente, senza cercare di confortarle con un qualche tipo di giustificazione, è al di fuori del territorio della filosofia.

In quarto luogo, tutti i filosofi concepiscono le loro idee in un processo creativo. Non copiano semplicemente idee da qualche vangelo o da un altro filosofo. Creano loro idee nuove, originali. Questo significa che leggere semplicemente un libro filosofico o analizzare le idee di qualcun altro in sé non rappresenta un filosofare.

Ma – in quinto luogo – i filosofi non sono isolati rispetto agli altri pensatori. Quasi sempre sviluppano le loro idee attraverso il dialogo con altri pensatori, che si tratti di incontri di persona, corrispondenza scritta o dialoghi interiori con gli scritti di pensatori del passato. La riflessione filosofica non nasce in un *vacuum*, ma sempre nel contesto di un discorso storico. Non è una coincidenza che Aristotele abbia sviluppato la sua filosofia in risposta alla filosofia del maestro, Platone, e che Immanuel Kant abbia elaborato le sue idee filosofiche in risposta a quelle del filosofo inglese David Hume.

Riassumendo, filosofare è, in prima approssimazione, indagare le questioni fondamentali dell'esistenza creando reti di idee in un modo ragionato, creativo e dialogico. Dunque, quando diciamo che filosofare può aiutarci a uscir fuori dalla caverna platonica, stiamo di fatto dicendo che riflettere filosoficamente su fondamentali questioni esistenziali può essere un mezzo di crescita personale e di auto-trasformazione.

Si noti che è il *processo* del filosofare che qui viene detto capace di trasformarci, non una dottrina filosofica prefissata. Il punto non è che qualche teoria filosofica, di Platone o di Nietzsche, può dirci come trasformare noi stessi. Il filosofare, per sua propria natura, rigetta ogni guru, ogni dottrina, ogni autorità assoluta. Per uscire dalla nostra caverna platonica è necessario che ci impegniamo nella nostra personale esplorazione filosofica, non semplicemente che accettiamo un orientamento filosofico già esistente e lo seguiamo ciecamente. Questa è la ricerca filosofica che ha il potere di condurci a scoprire i nostri personali confini ed espanderci oltre di essi in nuove profondità e nuovi orizzonti.

**Il movimento della pratica filosofica**

La concezione che ho proposto sopra, del filosofare come via di auto-trasformazione, è il prodotto di un lungo processo. L'ho sviluppato e l'ho fatto oggetto di esperimenti nel corso delle ultime due decadi e mezza in cui sono stato attivamente coinvolto nel movimento della pratica filosofica. La pratica filosofica è un movimento contemporaneo ispirato all'idea che la riflessione filosofica sia rilevante per le nostre vite quotidiane. Può essere vista come un tentativo moderno di riportare all'esistenza la missione delle antiche scuole filosofiche di vita evitando il loro dogmatismo. Essa cerca di aiutare gli individui a riflettere su se stessi, a esaminare le loro situazioni critiche, a sviluppare una migliore comprensione di sé e a occuparsi con maggiore profondità delle loro questioni esistenziali fondamentali.

La riflessione filosofica in questo senso non cerca di teorizzare in astratto sulla vita, ma di essere interconnessa con la vita. È perciò fondamentalmente differente dalla filosofia tradizionale e accademica. Il filosofo accademico è qualcuno che teorizza: una persona che scrive articoli e libri, discute, tiene lezioni, ed elabora teorie astratte. Per contro, coloro che praticano la filosofia mirano a fecondare la vita – la propria e quelle degli altri – con riflessioni filosofiche. Essi dunque sono fortemente interessati alla concreta situazione e alle concrete preoccupazioni di persone determinate. Sebbene possano occasionalmente teorizzare in astratto, lo fanno solo come mezzo per arrivare a qualcos'altro: aiutare le persone a trovare il modo di vivere la vita più pienamente, profondamente e saggiamente.

Allo stesso tempo, la pratica filosofica è differente anche dalla cosiddetta "filosofia applicata", diventata popolare nelle università nei decenni passati. La filosofia applicata solitamente assume la forma di etica applicata (come applicare considerazioni etiche generali a specifici dilemmi etici), etica degli affari (come applicare considerazioni etiche generali a specifiche situazioni del mondo degli affari) e simili sotto-campi. Cerca di *applicare* idee astratte a situazioni concrete. Per esempio, sviluppa principi etici astratti per poi applicarli a specifici dilemmi medici. La pratica filosofica, per contro, non è interessata ad imporre idee alla vita. Vuole che le nostre concezioni nascano nel mezzo della vita.

Il movimento della pratica filosofica è nato all'inizio degli anni '80 quando Gerd Achenbach inaugurò la sua attività in Germania. Cominciò col fornire sedute di consulenza a singole persone e fondò anche un gruppo di riflessione filosofica. Questo in sé non era una novità: molti filosofi nel corso della storia hanno usato la filosofia per aiutare le persone a riflettere sui problemi dell'esistenza. Ma lui è stato il primo a fondare una associazione professionale dedicata a questo scopo. Un anno dopo fu costituito in Olanda un secondo gruppo da studenti di filosofia dell'Università di Amsterdam. Ispirati dall'esempio di Achenbach, ma lavorando quasi indipendentemente da lui, sperimentarono la consulenza filosofica sugli individui e i gruppi di discussione. Poco dopo costituirono la loro associazione.

Per più di un decennio il nuovo campo della pratica filosofica fu prevalentemente limitato a questi due piccoli gruppi in Germania e in Olanda. Solo un manipolo di altri individui veniva sperimentando in altri Paesi. Nel 1992, appena appresi del nuovo nascente movimento – ero allora un giovane professore di filosofia in una università statunitense –, la mia reazione fu identica a quella di molti altri professori di filosofia quando udirono per la prima volta della faccenda: "Naturalmente! Quale migliore guida al vivere che non la filosofia!?". L'idea entrò in consonanza con molti pensieri che avevo coltivato anni prima durante i miei studi di filosofia e psicologia, quando come studente deploravo l'eccessivo intellettualismo della filosofia accademica e il suo distacco dalla vita di ogni giorno.

Iniziai a sperimentare io stesso la consulenza filosofica, dapprima verso volontari e poi su consultanti paganti. Mi misi anche in comunicazione con i due gruppi europei, lessi i loro scritti e mi recai un paio di volte in Europa per incontrarli. Presto mi resi conto che la pratica filosofica era ancora allo stadio infantile, stava ancora tentando di scoprire di cosa dovesse occuparsi. Decisi che il nuovo movimento aveva bisogno di un serio dibattito internazionale e concepii l'idea di un convegno che avrebbe coinvolto filosofi da una pluralità di background e orientamenti. Tentai di interessare diverse università perché ospitassero un'iniziativa del genere, ma dapprima nessuno volle impegnarsi in questo campo sconosciuto. Iniziai anche a pubblicare articoli sulla pratica filosofica su riviste specializzate e presi l'iniziativa di curare una antologia, una raccolta di articoli di praticanti filosofici di primo piano, principalmente tedeschi e olandesi, che fu di lì a poco pubblicata come libro.[11]

Poco dopo, uno di coloro che contribuirono all'antologia, Lou Marinoff, che era allora un giovane professore alla British Columbia University in Canada, suggerì di provare ad interessare la sua università. E noi due riuscimmo per davvero a convincere il suo superiore, il direttore del Centro di Etica Applicata, e nel 1994 inaugurammo la Prima Conferenza Internazionale di Consulenza Filosofica. Più di cento filosofi da circa dieci Paesi vennero per prendervi parte e furono discusse molte idee nuove. Da quel momento, convegni internazionali si sono svolti in Paesi diversi, normalmente ogni due anni.

Come risultato di questo convegno e probabilmente anche di altri fattori, l'idea cominciò a diffondersi. Filosofi di altre nazionalità iniziarono a sperimentare la pratica filosofica, spesso senza sapere come esattamente fosse condotta in Germania e Olanda, a causa delle barriere linguistiche e della distanza geografica. Esplorarono l'idea individualmente o in gruppo, in Nord America, in Israele, e presto nella maggior parte dei Paesi dell'Europa occidentale come pure in numerosi stati dell'America latina. Come conseguenza, in diverse parti del mondo cominciò a svilupparsi un'ampia gamma di approcci.

Tutto questo produsse una rete di gruppi collegati in modo aperto e di individui che possiedono obiettivi e metodi diversi, parlano lingue differenti, hanno differenti pubblicazioni e tuttavia si considerano come parte dello stesso movimento internazionale e ispirati dalla stessa visione: far diventare la riflessione filosofica importante per la vita delle persone. Il campo è dunque vario e pluralistico. Molti gruppi e associazioni locali operano attualmente in numerosi Paesi. Sono impegnati nella consulenza filosofica di singoli e organizzazioni, tengono *workshop* e corsi di formazione, organizzano *café* filosofici e pubblicano newsletter e riviste. Nella

11. *Essays on Philosophical Counseling*, a cura di Ran Lahav e Maria Tillmanns, Lahham University, University Press of America, 1995.

scorsa decade, parecchie università hanno iniziato ad offrire corsi e programmi dedicati a questo campo.[12]

Ad incrementarne la complessità, la pratica filosofica opera secondo molte forme diverse. Per esempio è talvolta praticata come *laboratorio di auto-riflessione filosofica* che viene offerto al grande pubblico, dove, sotto la guida di un praticante filosofico, i partecipanti riflettono filosoficamente sulle loro personali esperienze e situazioni critiche. In alternativa, la pratica filosofica è anche svolta nella forma di un *gruppo filosofico di discussione* di vario tipo, specialmente i cosiddetti *cafè filosofici* e *gruppi di dialogo socratico*, in cui i partecipanti elaborano le loro riflessioni personali su varie questioni esistenziali. Può anche essere praticata nella forma di una *compagnia filosofica*, un gruppo di compagni che si incontrano per un periodo di tempo, online o di persona, e contemplano insieme sulla base di un testo filosofico tentando di farlo dalla loro profondità interiore. Un altro tipo è il *viaggio filosofico personale*, praticato da un cercatore filosofico individuale. Ma la versione forse più popolare ai nostri giorni è la *consulenza filosofica*. Come suggerisce il nome, la consulenza filosofica coinvolge un filosofo che funge da consulente e un consultante. I due si incontrano periodicamente e discutono le situazioni critiche, i dilemmi e la vita del consultante. Normalmente le sedute di consulenza durano un'ora circa, si svolgono una o due volte a settimana e possono andare avanti per una durata che va da una singola seduta a molti mesi, a seconda dell'approccio del consulente e dei bisogni del consultante.

In tutte queste varie forme, la pratica filosofica è incentrata sul filosofare con individui riguardo temi esistenziali fondamentali e su come queste tematiche si manifestano nelle loro vite personali. Questa è la ragione per cui è una forma di filosofare, non di psicologia. La filosofia, dopo tutto, si occupa di idee. Colui che fa pratica filosofica aiuta gli individui ad esplorare le assunzioni nascoste, a scoprire i valori che li motivano, a esaminare le loro

---

12. Per quanto mi è dato sapere, il primo corso universitario sull'argomento è stato tenuto da me presso l'Università di Haifa in Israele, un semestre in ognuno degli anni tra il 1993 e il 2006. Corsi di pratica filosofica sono tenuti attualmente presso le università di Venezia, Roma Tre a Roma, presso l'Università di Barcellona, l'Università di Siviglia, l'Università di Vienna e altre università.

concezioni della vita e a riflettere sulla coerenza e difendibilità della loro visione del mondo. Durante la seduta spesso esaminano insieme idee di pensatori storici pertinenti o leggono insieme un testo filosofico per arricchire la conversazione e approfondire le visioni che emergono. Coloro che fanno pratica filosofica devono dunque avere un'ampia preparazione filosofica e ci si attende che abbiano conseguito almeno una laurea specialistica in filosofia.

**Approcci diversi alla pratica filosofica**

Cosa fanno esattamente coloro che fanno pratica filosofica nelle loro sedute? E qual è il loro obiettivo?

Come detto sopra, la pratica filosofica, simile in questo a molti altri campi, non prevede un approccio unico e uniforme. Oggi esistono approcci differenti che rappresentano visioni diverse riguardo il modo in cui la filosofia può contribuire alle nostre vite. Nonostante questa varietà, la maggior parte delle pratiche filosofiche potrebbero essere divise in alcuni gruppi principali, tenendo conto dei loro obiettivi e dei loro metodi.

In termini di obiettivi, le varie forme di pratica filosofica possono essere divise in tre categorie. Anzitutto, ci sono le pratiche che possono essere etichettate come *approccio problem-solving*. Queste pratiche aiutano gli individui a fronteggiare specifici problemi nelle loro vite e superarli: insoddisfazione riguardo il lavoro, difficoltà coniugali, bassa autostima, ecc.[13] In proposito ricordano gli psicologi della psicoterapia cognitiva. Un approccio affine cerca di aiutare gli individui a sviluppare abilità di pensiero con cui possano affrontare in futuro problemi e sfide personali. L'accento, in questo *Thinking Skills Approach*, è posto sulla messa a punto di strumenti per pensare, invece di risolvere specifici problemi, ma verte anch'esso sugli strumenti pratici per affrontare i problemi di ogni giorno. Un terzo gruppo di pratiche filosofiche, che può essere etichettato come *Self-Development Approach*, mira ad arricchire la vita con maggior senso e

---

13. Si veda ad esempio Lou Marinoff, *Platone è meglio del Prozac*, Casale Monferrato, Piemme, 2013; Elliot Cohen, *What Would Aristotle Do?*, New York, Prometheus Books, 2003.

saggezza, rendendo l'esistenza più piena; o, detto in poche parole, ad elevarla.[14]

Ho già dato indizi che simpatizzo per il *Self-Development Approach* quando ho suggerito che la filosofia può essere usata per facilitare l'auto-trasformazione. La filosofia si occupa di questioni esistenziali fondamentali e dà il suo meglio quando aiuta gli individui a confrontarsi con i problemi essenziali della vita. Piuttosto che abbassare la filosofia al livello dei problemi quotidiani, la pratica filosofica dovrebbe cercare di elevare la vita alle altezze delle sue potenzialità.

Naturalmente la filosofia può risultare utile anche nell'affrontare problemi concreti della persona, come difficoltà coniugali o tensioni sul lavoro, ma questo sembra stridere con lo spirito della tradizione filosofica. Una filosofia che punta al *problem solving* è sostanzialmente un fornitore di appagamento. Mira a rendere le persone soddisfatte perché possano tornare alle loro vite normali. Questo tipo di pratica è ovviamente molto differente dalla visione che ispirava i grandi filosofi attraverso i secoli, i quali hanno cercato di mettere in discussione la vita "normale" piuttosto che favorirla. Socrate, Rousseau, Nietzsche, hanno tentato di risvegliare la gente dal torpore, di contestare le comode convinzioni, di scuoterla con nuove visioni, non di normalizzarla per ritornare al torpore quotidiano. Ci si dovrebbe augurare che la filosofia possa fare ben più che rendere la gente soddisfatta.

Si potrebbero chiamare queste filosofie pratiche che mirano a trattare i problemi personali *piccole pratiche filosofiche*, perché esse danno alla filosofia un compito limitato: trattare specifici elementi all'interno della vita, piuttosto che esaminare il fondamento stesso della vita. Il nome indica anche che l'aspirazione di una tale pratica é limitata: produrre soddisfazione. Per contro, lo scopo della pratica filosofica come la vedo io non è risolvere e soddisfare, ma piuttosto risvegliare insoddisfazioni e aneliti dimenticati per andare oltre i

---

14. Si veda Gerd Achenbach, "Philosophy, Philosophical Practice, and Psychotherapy" in Ran Lahav e Maria Tillman (a cura di), *Essays on Philosophical Counseling*, Lanham, University Press of America, 1995, pp. 61-74; "Philosophical Counseling and Self-Transformation", in Elliot Cohen (a cura di), *Philosophy, Counseling and Psychotherapy*, Cambridge Scholars Press, 2013.

nostri bisogni quotidiani, destare meraviglia, timore, persino confusione, e in questo modo aprire per noi nuove porte verso orizzonti più grandi di comprensione e di esistenza.

Questo non vuol dire che le piccole pratiche filosofiche debbano essere rifiutate. Se la filosofia può essere usata per rendere le persone più soddisfatte, allora non c'è niente di sbagliato in questo. Ma ciò ha poco a che fare con la filosofia nel suo senso tradizionale e più profondo, quello della ricerca di una vita di saggezza.

Tanto basta per quel che riguarda la divisione delle pratiche filosofiche secondo i loro obiettivi. Ma queste possono pure essere viste secondo i loro metodi, e qui possiamo individuare due gruppi principali. Primo, ci sono le pratiche filosofiche che pongono l'accento sull'analisi razionale, o più genericamente sul pensiero critico.[15] Quelli che propongono questo *Critical Thinking Approach* ritengono che la filosofia sia essenzialmente uno sforzo di analisi razionale. Dunque i metodi della consulenza devono essere basati su strumenti di pensiero logico come formulare argomentazioni, scoprire la validità logica e le fallacie, analizzare concetti, mettere in luce assunzioni nascoste, ovvero ciò che è chiamato nel suo insieme "pensiero critico". Si presume che il pensiero critico possa essere usato per aiutare gli individui ad analizzare i loro problemi personali, il loro comportamento, le loro convinzioni e persino emozioni.

Questo approccio mi sembra soffrire di numerose gravi mancanze. In primo luogo, da ventisei secoli di filosofia prende solo gli strumenti del pensiero logico mentre ignora tutti gli altri tesori. Non utilizza il ricco, complesso corpo delle idee filosofiche che sono state sviluppate attraverso i secoli, ma si contenta degli strumenti dell'analisi razionale. Questo provoca un increscioso impoverimento del potenziale apporto della filosofia alla vita. L'enfasi eccessiva sul "come" tecnico è destinata a lasciar fuori il più importante "che cosa" delle grandi filosofie.

In secondo luogo, l'idea che il pensiero critico sia una componente essenziale nelle filosofie dei grandi pensatori è molto opinabile. Praticamente tutti i filosofi nel corso della storia hanno fatto ben più che applicare abilità logiche all'analisi delle idee: essi

---

15. Si veda in particolare Cohen, *What Would Aristotle Do?*, cit.

*hanno creato* idee, edificando complesse e magnifiche teorie per gettar luce sui problemi fondamentali dell'esistenza. Il loro lavoro è stato ispirato da visioni del mondo, ed è stato nutrito da creatività e immaginazione, piuttosto che limitarsi ad aride, tecniche abilità logiche.

In terzo luogo, il pensiero critico non sembra peculiare della filosofia: ogni seria disciplina scientifica lo usa. Giuristi, economisti, politici e psicologi applicano il pensiero critico non meno dei filosofi. Il fatto che una data pratica ricorra al pensiero critico non la rende filosofica.

L'alternativa all'approccio del pensiero critico è quello che può essere chiamato l'*Approccio della Saggezza* (*Wisdom Approach*). Qui l'attenzione non verte sull'analisi razionale e sul pensiero critico (sebbene anch'essi possano giocare un ruolo), ma piuttosto sulle idee filosofiche profonde. Il suo compito principale non è analizzare le idee, ma creare e costruire le idee, perché cerca di sviluppare visioni arricchite della vita. Questo approccio adotta i tesori di saggezza provenienti dalla storia della filosofia, sebbene non come autorità da seguire ma come sorgenti di ispirazione per una crescita e una esplorazione personale.

È evidente da quanto detto sinora che il mio approccio mira all'obiettivo dell'auto-sviluppo (nella forma dell'auto-trasformazione) e che cerca una saggezza che va molto al di là del pensiero critico. Questo è l'approccio che presenterò in questo libro, e che è nato dalla mia attività di praticante filosofico.

## La pratica filosofica contrapposta alla psicologia

L'idea che la filosofia possa aiutarci a capire noi stessi e vivere una vita più piena può sembrare una violazione dei confini della psicologia. Trattare le nostre difficoltà personali non è forse il business dello psicologo?

Io non posso parlare a nome di tutti coloro che fanno pratica filosofica. Per quanto mi è dato vedere, ci sono molti che praticano la filosofia che usano metodi e idee psicologiche nella loro pratica. Ciò che fanno secondo me non è realmente un tipo di pratica filosofica ma piuttosto un counseling psicologico al quale è aggiunto qualche elemento filosofico. A questo riguardo, non è molto differente dalla psicoterapia cognitiva, dalla psicoterapia esistenziale o da altre psicologie orientate filosoficamente che sono comuni oggi. Mi sembra un peccato, dal momento che annacqua le potenzialità e si priva degli straordinari poteri del filosofare, che sono molto differenti dallo psicologizzare.

In ogni caso, dal momento che posso parlare qui solo per me stesso, da adesso in poi discuterò solo la mia visione filosofica e il mio approccio alla pratica della filosofia. Permettetemi di cominciare da una prospettiva storica.

La psicologia è un campo di studio molto giovane, rispetto alla lunga storia della filosofia. La filosofia in Occidente è vecchia di 2600 anni, mentre la psicologia, come campo distinto con aspirazioni scientifiche, è emersa solo alla fine del diciannovesimo secolo e all'inizio del ventesimo. Prima della nascita della psicologia lo studio dell'emozione, della cognizione e del comportamento umano era stato parte della filosofia. I principali filosofi nel corso dei secoli hanno indagato la psiche umana, classificando gli stati mentali, spiegando i processi psicologici, esplorando le fonti di emozioni e pensieri, la loro funzione e le loro interrelazioni.

All'incirca nello stesso periodo in cui la psicologia si distaccò dalla filosofia per diventare una scienza, verso la fine del diciannovesimo secolo, apparve sulla scena una forma di psicologia applicata: la terapia psicologica, o la "cura con le parole". È giunta rapidamente a diventare una importante professione nel nostro mondo attuale e a guadagnare un monopolio quasi completo della cura dei problemi personali. Sigmund Freud è stato un pioniere e ha fornito un contributo essenziale al consolidamento della psicologia come terapia dell'anima. Il nuovo campo ha iniziato ben presto a frammentarsi in tipi e sub-tipi ("psicoanalisi", "psicoterapia cognitiva", "psicoterapia umanistica", ecc.), ma per amore di semplicità li considererò tutti come forme di "psicoterapia".

Gli psicoterapeuti oggi sono considerati dei professionisti: dispongono di teorie sul funzionamento delle emozioni e del comportamento umano e di metodi di intervento, sono stati formati al fine di sviluppare la sensibilità necessaria per interagire con i consultanti, e le abilità per analizzare problemi personali e aiutare a risolverli. In questo senso, la nascita della psicoterapia nel secolo scorso può essere vista come un passaggio dall'intervento basato sulla saggezza della filosofia tradizionale all'intervento basato sulle abilità e sulla scienza, dai saggi ai professionisti, dalle visioni della vita alle teorie e tecniche professionali. Nel mondo tecnologico di oggi, che ha stima più alta per competenze e professionalità che per la saggezza, non meraviglia che lo psicoterapeuta sia riconosciuto come un'autorità riguardo i problemi personali. L'odierno movimento della pratica filosofica può essere considerato un appello al ritorno alle vie della saggezza.

Tutto questo, comunque, è una ipersemplificazione. La psicoterapia oggi non è un oggetto unico, ma è composta da centinaia di approcci differenti, e ogni generalizzazione è destinata a non rendere giustizia a qualcuno di essi. Alcuni approcci psicologici contengono elementi filosofici e come tali non sono completamente al difuori dei confini della filosofia. In effetti, si sovrappongono parzialmente con certe forme di pratica filosofica. Questo non sorprende, perché la maggior parte dei campi di studio oggigiorno mostrano considerevoli sovrapposizioni con altri campi: i fisici non di rado fanno incursioni nel territorio della chimica, i chimici in quello della biologia, gli psicologi sociali in quello della sociologia. Non possiamo logicamente attenderci una chiara linea divisoria tra la pratica dei filosofi e la pratica degli psicologi. Sarebbe meglio, dunque, trarre una distinzione non tra ciò che fanno gli psicologi e ciò che fanno coloro che praticano la filosofia, ma piuttosto tra modi psicologici di pensare e modi filosofici di pensare, che abbiano luogo nello studio dello psicologo o nello studio del filosofo.

Dal punto di vista del mio approccio, ci sono diverse fondamentali differenze tra questi due modi di pensare.

Anzitutto, come implica il nome, la psicologia lavora con la psiche. Si occupa di *processi* o *meccanismi* nella vita degli individui che modellano le loro emozioni, pensieri, comportamenti, atteggiamenti. Per contro, la filosofia lavora essenzialmente con *idee*. La pratica filosofica, come forma di filosofare, è basata sulla presa di coscienza che le idee hanno un enorme potere di spingerci all'azione e trasformare le nostre vite.

Prove di questo potere possono scorgersi, lo si è notato, quando una persona subisce una profonda trasformazione dietro ispirazione di una visione della società, una visione circa se stesso, o una nuova consapevolezza esistenziale della morte. Il problema è che le idee in grado di influenzarci non sono necessariamente profonde e benefiche; di fatto, sono talvolta dogmatiche e vuote, restringono la vita piuttosto che ampliarla. Gli esempi sono quelli di rigide dottrine religiose, o di ideologie razziste usate per fare il lavaggio del cervello alle persone. La sfida dunque è trovare modi di ispirare gli individui con idee che possano aprire, rendere più profondi, arricchire. La filosofia, che è una esplorazione critica e aperta dei temi fondamentali dell'esistenza, è il mezzo naturale per raggiungere questo scopo.

La filosofia non è interessata a ogni idea che la gente produce. Non è interessata alle opinioni correnti o ai modi diffusi di pensare: questi interessano lo psicologo o il sociologo. Non le interessa il modo in cui la gente *normalmente* pensa, ma piuttosto i modi *potenziali* di pensare che esprimono coerenza, profondità, senso, saggezza.

Questo implica una seconda differenza fondamentale tra le due prassi. La psicologia, come studio di come la gente si sente, pensa e si comporta, si concentra sulla gamma delle *effettive* funzioni umane. Per contro, la pratica filosofica è principalmente interessata alle dimensioni più alte dell'esistenza, quelle dimensioni che sono rare e spesso nascoste. Il compito principale della psicoterapia è rendere la vita umana funzionale e soddisfacente in relazione alla normale esistenza umana, mentre la missione della pratica filosofica (come la vedo io) è elevarsi al disopra della normalità, al disopra della funzionalità, cercare ciò che è prezioso e anche ciò che è profondo.

A questo riguardo, la pratica filosofica come la concepisco è simile alle antiche scuole di filosofia dell'Occidente, come lo Stoicismo e il Neoplatonismo. Anch'esse erano interessate non a risolvere problemi personali e ripristinare le normali funzioni umane, ma a guidare la gente ad andare oltre il proprio stato ordinario e raggiungere modi di essere più alti.

Ne segue che le qualifiche richieste per portare avanti le due pratiche sono esse stesse molto differenti. Gli psicologi devono avere la capacità di gestire casistiche normali e anormali. Questo include la conoscenza delle funzioni e delle condizioni umane normali e anormali, sensibilità verso le persone e capacità di analizzare le situazioni umane e usare tecniche di intervento. Coloro che fanno pratica filosofica, per contro, devono essere viaggiatori esperti nel reame delle idee. Devono avere una vasta conoscenza delle concezioni storiche sui temi fondamentali dell'esistenza, una buona capacità di sviluppare idee creative, e la saggezza ed esperienza di vita per ricollegarsi alle dimensioni più alte dell'esistenza umana. In breve, si può dire generalizzando in modo molto approssimativo che la psicologia si occupa della vita come la vediamo attorno a noi, mentre la pratica filosofica cerca di viaggiare fino agli orizzonti più lontani e profondi dell'esistenza umana.

*Jenny sembra avere tutto: un lavoro ben pagato, un marito affettuoso, uno stile di vita da classe medio-alta, due bambini ben inseriti e molti amici. Per dieci anni ha lavorato duramente come giornalista freelance, fino a quando pochi mesi addietro ha trovato un impiego stabile presso una rinomata rivista. E tuttavia adesso sta cominciando a percepire che manca qualcosa nella sua vita, non sa cosa. Alle volte la afferra una vaga ansietà, l'impressione di stare sprecando la sua vita. Discutere della sua infanzia col suo terapeuta non sembra essere di grande aiuto.*

*"Mi sembra" dice alla fine il terapeuta, "che lei non voglia che io 'curi' la sua insoddisfazione. Di fatto, lei non ha realmente bisogno di una cura".*

*"Cosa intende dire? Provo un senso di vuoto e questo mi pesa quasi ogni giorno".*

*"Immaginiamo, Jenny, che possa darle una pillola miracolosa che farebbe sparire la sua insoddisfazione. La farebbe tornare alla sua vita normale e lei si sentirebbe soddisfatta proprio come era due o tre anni fa. Prenderebbe questa pillola?"*

*"No" ammette Jenny, "non voglio tornare a ciò che lei chiama la mia vita 'normale'. Francamente, non trovo la mia vita 'normale' più attraente. Ha bisogno di un grande cambiamento".*

*"Esatto" conclude il terapeuta. "Lei è insoddisfatta non a causa di qualche problema psicologico, ma perché anela a crescere, a espandere la sua vita. Perché non prova a cambiare la sua carriera? O a prendersi un anno sabbatico e girare il mondo? O, meglio ancora, ad andare da un consulente filosofico?"*

*Jenny inizia a vedere un consulente filosofico. Attraverso la loro conversazione scopre che, come molte altre persone, è prigioniera di certe idee su come dovrebbe essere la vita. La sua personale "caverna" platonica è, in parte, la sua tacita assunzione che lo scopo della vita sia avere una famiglia e una carriera. Si presume che, una volta che si ha una famiglia che funziona e un lavoro che paga bene, la vita debba essere significativa. Questa idea, che lei ha dato sempre per scontata senza neanche formularla a parole, l'ha motivata a lavorare sodo, in modo quasi ossessivo, e ha guidato il suo comportamento, i suoi atteggiamenti, le sue speranze e i suoi piani. Ora che ha ottenuto il suo obiettivo di un lavoro stabile si accorge che questo non è abbastanza per lei.*

"Molto bene" dice Jenny, "sto cominciando a vedere i miei confini, in teoria. Ma, parlando praticamente, come ne esco?"

"Non così in fretta" replica Linda, la consulente filosofica. "Prima di uscire devi capire più a fondo da cosa stai uscendo".

"Intendi le mie esperienze infantili, i meccanismi di difesa e tutta quella roba?"

"No, Jenny, non stiamo facendo psicoterapia. In filosofia riflettiamo sulle idee: idee sulla vita, su ciò che significa vivere con pienezza, su ciò che è importante e prezioso. Lavoriamo alla comprensione del loro significato più profondo e di cosa potrebbero significare per te personalmente. Entro certi limiti, posso aiutarti a farlo. Ma oltre a questo abbiamo 2500 anni di scritti di grandi menti che hanno già sviluppato molte idee riguardo le questioni fondamentali dell'esistenza, e alcune di quelle potrebbero fornirti idee e ispirazioni per sviluppare il tuo personale nuovo sentiero".

Linda ora introduce nella discussione diversi passaggi dell'antico filosofo Epicuro, nella speranza che possano contribuire a dare a Jenny una nuova prospettiva riguardo se stessa. Jenny è affascinata dalla distinzione di Epicuro tra veri bisogni (veri desideri) e falsi bisogni (falsi desideri), e dalla sua affermazione che molte delle cose di cui pensiamo aver bisogno non sono veri bisogni.

"Ma cos'è allora un bisogno reale?" insiste Jenny.

"Questa è un'eccellente domanda, Jenny. Riflettiamoci insieme".

"Beh, Epicuro pare avere una risposta precisa a questa domanda".

"Effettivamente sì".

"Penso che dica che volere cose di lusso oltre la forma più semplice di esistenza non rappresenti un vero bisogno. Per lui, non abbiamo realmente bisogno di molto denaro al di là di quanto è necessario per una sopravvivenza indolore. Non abbiamo bisogno di abiti costosi o di case più grandi. E se *applico questo alla vita moderna, non abbiamo realmente bisogno di gadget elettronici o di macchine eleganti".*

Linda, il consulente filosofico, fa un cenno di assenso. Jenny aggiunge: *"Ma perché hai voluto farmi leggere questo? Io non compro roba pretenziosa, il lusso non mi interessa granché. Potrebbe rappresentare un problema per altri, non per me!"*

*"Ho capito, Jenny. Ma andiamo più a fondo. Oltre gli specifici dettagli della sua filosofia Epicuro ci fornisce un test generale per stabilire quali dei nostri desideri sono basati su un vero bisogno e quali sono basati su un falso bisogno".*

*"Un test generale?"*

*"Sì. Un criterio generale per giudicare i nostri desideri o bisogni".*

*"Intendi dire che i desideri autentici sono quelli che ci rendono felici?"*

*"Esatto. Un desiderio, o un bisogno, è autentico se la sua soddisfazione con tutta probabilità ci procurerà felicità, o ciò che egli chiama piacere. Epicuro intende una condizione mentale calma e indolore, priva di ansietà o angoscia".*

Jenny riflette. *"No. Io non ragiono così. Non sto cercando di essere soddisfatta o magari felice. Voglio sentire di star facendo qualcosa... non so, qualcosa di significativo".*

*"Ottimo. In questo modo, dissentendo da Epicuro, stai iniziando a sviluppare la tua personale concezione dei bisogni autentici. Questo è il bello dei pensatori profondi: ti stimolano a pensare da sola, anche quando dissenti da loro. Di fatto, essere in accordo o in disaccordo con loro non è minimamente rilevante".*

*"Molto bene. E ora?"*

*"Tu affermi, Jenny, che ciò di cui realmente hai bisogno, ciò che realmente vai inseguendo, non è un sentimento di felicità ma il fare qualcosa di significativo. Ora, che tipo di cose pensi siano significative?"*

Ne segue una discussione. Esse non si addentrano nella psicologia di Jenny, nei suoi desideri nascosti o ansie inconsce o esperienze infantili, come farebbe uno psicologo. Loro due non si concentrano sui bisogni esistenti di Jenny, ma sui suoi bisogni potenziali, quei bisogni che non ha ancora ma che potrebbe valere la pena di nutrire. Il problema di ciò che è significativo ha poco a che fare con la psicologia di Jenny.

Nelle successive due sedute il consulente e il consultante continuano a discutere questo tema e fanno riferimento anche agli atteggiamenti passati di

*Jenny verso la vita e a quel che ha cercato negli ultimi anni. Jenny si rende conto di avere sempre bisogni e obiettivi ben precisi – una "solida" carriera e una "solida" casa, per usare le sue parole – e li ha inseguiti con grande dedizione, senza mai metterli in discussione. Non si è mai chiesta se questi obiettivi fossero degni di essere perseguiti e cosa avrebbero plausibilmente portato alla sua vita. Non ha mai considerato la possibilità di obiettivi diversi che valesse la pena di perseguire.*

*Ogni tanto Linda porta nella conversazione altre filosofie rilevanti che trattano dei desideri autentici e della significatività. Menziona le vedute di Herbert Marcuse sui bisogni autentici come liberatori dalle strutture sociali repressive di cui l'individuo è spesso inconsapevole. Menziona anche la convinzione di William James che un'attività significativa è quella che comporta uno sforzo per realizzare un ideale personale.*

*"Non tutto ciò che dicono questi pensatori entra in risonanza con me" riflette Jenny dopo una lunga conversazione che mette insieme esperienze personali e idee astratte. "Ma ciò che mutuo da loro è l'idea che i miei obiettivi impattano sulla mia vita interiore. Gli obiettivi che perseguo danno forma al tipo di persona che sono. Dovrei riflettere di più sulla mia vita interiore, non solo sulle cose che faccio e che ottengo".*

*"È positivo, Jenny, che tu non stia prendendo nessuno di questi pensatori come vangelo. Sono solo particolari voci in un ricco coro di vita. Ma dove ci porta la tua conclusione? Vuoi sviluppare la tua vita interiore, ma come? Se potessi scegliere liberamente, che tipo di vita interiore vorresti?"*

*"Beh... ancora non lo so. Non mi viene in mente nessun modo per rispondere alla domanda".*

*Nella seduta successiva Linda presenta tre brevi testi filosofici e introduce ciascuno di essi in poche parole. Per prima spiega l'appassionata auto-creazione del "super-uomo" di Nietzsche; poi l'apertura di Emerson ad una sorgente interiore di ispirazione; infine la sinfonia olistica e creativa di esperienze di Bergson. Nelle sedute successive, Linda aiuta Jenny a riflettere su come queste filosofie potrebbero collegarsi alla sua vita di ogni giorno, ma la incoraggia anche a modificarle nel modo che crede.*

*Quando Jenny esamina se stessa attraverso la lente di queste idee, sperimenta nuove visioni su se stessa. Ora capisce che ha rischiato di soffocare entro la sua ristretta concezione della vita che lei anela a espandere. Nuove prospettive sull'esperienza umana cominciano a dispiegarsi per lei e a ispirarla. Sebbene continui col suo lavoro, sente il principio di un nuovo cambiamento interiore.*

*"Sono arrivata a capire che interiormente posso essere più grande; 'più vasta' è la parola che risuona in me, anche se non riesco ancora a definirla con precisione. Ma anche senza una definizione, sento che qualcosa dentro di me è rimasto soffocato per lungo tempo. E so che non deve necessariamente essere così".*

*Decide di non preoccuparsi di definire le parole che sta iniziando ad usare nel suo modo peculiare: "ampio", "stretto", "espandere", "compresso". Come dice Linda, è in procinto di dare alla luce la sua personale visione della vita, e ci vuole tempo e parecchia auto-riflessione e sperimentazione per far sì che la sua visione le divenga chiara.*

Il caso di Jenny illustra quanto la pratica filosofica sia diversa dal lavoro dello psicoterapeuta sui materiali psichici. Nella pratica filosofica il filosofo e il consultante lavorano principalmente con idee sull'esistenza umana, specialmente quelle che sono collegate alla dimensione superiore della vita, qualcosa che la maggior parte degli psicologi considererebbe come un diversivo rispetto ai veri problemi. Secondo molte forme di psicoterapia, le vere problematiche riguardano i materiali psichici che influenzano il benessere dell'individuo: esperienze infantili e meccanismi di difesa (nella psicologia del profondo), sistemi di convinzioni (nella terapia cognitiva), sentimenti riguardo se stessi (nella terapia centrata sulla persona), e così via. Per contro, per il filosofo i materiali che si trovano nella psiche dell'individuo non sono di primario interesse. La filosofia riguarda le idee.

Certo, gli psicologi usano idee (o teorie) nella loro prassi, ma principalmente come strumenti piuttosto che come argomenti di cui discutere con i loro consultanti. Per esempio, un analista freudiano potrebbe *usare* una teoria sulle esperienze angosciose represse e uno psicoterapeuta cognitivo potrebbe *usare* una teoria su come le convinzioni influenzino le emozioni, ma non discutono e analizzano queste teorie psicologiche col loro consultante. Allo stesso modo, i terapeuti centrati sulla persona *fanno uso* dell'idea che l'accettazione incondizionata produce una crescita, ma la terapia in sé non consiste nella spiegazione di questa idea ai consultanti e nel discuterla insieme. Per lo psicoterapeuta, le teorie psicologiche sono strumenti con cui lavorare, non argomenti da trattare nella seduta di psicoterapia.

All'opposto, nella pratica filosofica la discussione di idee (concetti, teorie, premesse, argomentazioni, ecc.) è al centro del processo. Nessuna teoria è data per scontata. Qualsiasi teoria è introdotta e aperta alla discussione, alla modifica o al rigetto.

Può essere obiettato che alcune forme di psicoterapia incorporano discussioni di idee con i consultanti. E questo è corretto solo fino a un certo punto. I terapeuti cognitivi, per esempio, discutono varie tematiche con i loro consultanti, ma la discussione è una tecnica per spingere i consultanti verso pensieri "positivi" o comportamenti "funzionali". Le discussioni non sono concepite per arricchire il mondo dei consultanti, ma piuttosto per dirigerli in direzioni pre-determinate. Nel corso del processo i consultanti sono indirizzati verso vedute semplicistiche sulla vita e verso soluzioni pratiche, piuttosto che verso orizzonti di comprensione complessi, profondi e persino disorientanti. Al contrario, la discussione filosofica è una indagine realmente aperta, ed è guidata da un tentativo genuino di sviluppare una comprensione più ricca e profonda della vita.

La forma forse più filosoficamente orientata di psicoterapia è la terapia esistenziale (e il counseling esistenziale). La psicoterapia esistenziale è basata sulle concezioni di importanti filosofi esistenzialisti – Friedrich Nietzsche, Karl Jaspers, Martin Heidegger, Jean-Paul Sartre, e altri – che hanno raffigurato la condizione umana come un impegno continuo e aperto. Secondo questi pensatori, essere pienamente umano significa cimentarsi con le questioni fondamentali della vita, specialmente con la ricerca del significato, con lo sforzo per essere autentici, col bisogno di riconoscere pienamente la propria libertà e responsabilità, la propria fondamentale solitudine e la propria morte che incombe. Queste idee filosofiche sono state adottate dagli psicoterapeuti esistenziali come base teorica. Un esempio rimarchevole è Irvin Yalom, un influente psichiatra esistenzialista americano il cui approccio è basato sull'idea che le persone normalmente sono alle prese con quattro fondamentali questioni esistenziali (o fondamentali "datità": libertà, solitudine, significato e morte), che sono alla radice di molte condizioni personali.[16]

In un certo limitato senso, questo tipo di terapia è filosofica, dal momento che fa riferimento a questioni esistenziali che sono state oggetto di molte discussioni filosofiche. D'altro canto, non è pienamente filosofica perché è legata ad una specifica teoria, cioè l'esistenzialismo. Prende l'esistenzialismo come una dottrina, come il fondamento della terapia, e non come una possibile filosofia tra molte altre di cui discutere. All'interno della seduta non c'è molto spazio per mettere in discussione gli assunti dell'esistenzialismo o considerare seriamente concezioni di vita alternative, e certamente non col consultante. Per questa ragione, la psicoterapia esistenzialista, sebbene contenga certi elementi filosofici, non impiega un vero filosofare con i consultanti, come fa la pratica filosofica.

Esattamente come una data psicoterapia può contenere elementi filosofici, una pratica filosofica può contenere elementi psicoterapeutici, nella misura in cui tiene in considerazione i processi e meccanismi psicologici del consultante. Senza dubbio, la consapevolezza sia delle prospettive psicologiche che di quelle filosofiche è utile, dal momento che si tratta di due dimensioni importanti della vita che non possono essere ignorate.

---

16. Irvin Yalom, *Love's Executioner*, New York, Basic Books, 1988; tr. it. *Guarire d'amore*, Milano, Raffaello Cortina, 2015, in particolare il prologo.

*Capitolo 3*

# LA NOSTRA CAVERNA
# PLATONICA – IL PERIMETRO

Sinora abbiamo parlato in modo molto generale della "caverna platonica" che ci imprigiona e di come la riflessione filosofica possa aiutarci ad uscirne. È tempo adesso di iniziare a tradurre queste idee in termini pratici e concreti.

Il punto di partenza del processo filosofico è sempre la presa di coscienza che sono prigioniero delle mie limitazioni. Solo se mi rendo conto di quanto sia angusta la mia vita, solo se riconosco i confini ristretti del mio mondo posso iniziare a lottare per superarli. Solo se comprendo che sono imprigionato nella mia caverna platonica posso tentare di uscire all'esterno e di ampliare la mia vita.

Ma che cos'è esattamente una caverna platonica?

**Il perimetro**

Nella vita di ogni giorno facciamo costantemente affidamento sul modo in cui vediamo il nostro mondo, sul modo in cui vediamo la gente intorno a noi, sul modo in cui vediamo le situazioni nelle quali ci troviamo, sulla nostra concezione di chi siamo, e di fatto della vita in generale. È solo perché vediamo la situazione in un certo modo che ci sentiamo soddisfatti o turbati, che reagiamo ansiosamente o fiduciosamente, che adottiamo questa o quella opinione. Se, ad esempio, ho paura di guidare su strade ghiacciate, è perché vedo questa guida come rischiosa. Se sono arrabbiato con la mia vicina, è perché vedo il suo comportamento come scorretto o aggressivo. Allo stesso modo, a meno che non capisca che sono in un supermarket e che un supermarket è dove si acquista il cibo, sarei incapace di comportarmi in modo appropriato alla situazione. Non posso funzionare e pensare in modo appropriato senza un complesso assortimento di modi di comprendere il mio ambiente. Sebbene non abbia bisogno di pensare a queste cose in modo conscio, devo in qualche modo averne una comprensione.

Alcune tra le mie concezioni riguardano fatti specifici: la mia particolare famiglia e i miei particolari vicini, la mia auto o la mia casa. Altre comprensioni sono un po' più generali: come comportarsi in un negozio, o il modo in cui il denaro va usato. Ma ci sono alcuni particolari tipi di concezioni che sono più fondamentali di tutto il resto. Sono il mio modo di concepire i principi fondamentali che stanno alla base della vita. Sono le mie risposte personali a questioni fondamentali dell'esistenza come: cos'è significativo nella vita? Cos'è il vero amore? Che significa essere liberi? Che significa essere corretto o responsabile o colpevole? Cos'è la verità o la bellezza?

Nella nostra vita quotidiana ci imbattiamo di continuo in queste domande fondamentali e diamo loro risposta. Non lo facciamo con i soli pensieri astratti, ma principalmente attraverso le emozioni, i pensieri e i comportamenti quotidiani. I nostri piani, scelte, gelosie, rabbie, speranze, desideri e molto altro esprimono il nostro particolare modo di rapportarci a queste tematiche. Per esempio, se sono un lavoratore compulsivo, allora il mio bisogno di lavorare costantemente è un'asserzione circa quello che reputo importante nella vita, anche se non ne sono consapevole. La mia spinta compulsiva dice, di fatto: la produttività è una cosa importantissima nella vita. Per fornire un altro esempio, quando faccio uno sforzo particolare per aiutare una persona povera, questo comportamento esprime la mia concezione delle responsabilità morali, cioè che le persone sono tenute ad aiutarsi a vicenda, sebbene possa non essere in grado di formulare a parole questa concezione. Allo stesso modo, se mi sento profondamente risentito dal fatto che il mio coniuge dissente dalle mie opinioni politiche, questo atteggiamento esprime l'idea che l'amore richiede l'essere d'accordo. Allo stesso modo le mie scelte – di guardare una semplice commedia o una pellicola sofisticata, di chiacchierare con amici o leggere un libro – esprimono la mia rappresentazione di ciò che ha valore nella vita. In questo senso, noi interpretiamo costantemente noi stessi e gli altri e

costruiamo una risposta personale alle questioni fondamentali
dell'esistenza, normalmente senza esserne pienamente consapevoli.

*Lisa ed Emma sono studentesse universitarie che lavorano come cameriere
nello stesso ristorante del posto. Sono state assunte un paio di mesi fa e si sono
subito trovate bene l'una con l'altra. Ben presto sono diventate amiche e hanno
cominciato a vedersi fuori dal lavoro e a pranzare insieme o passeggiare lungo
il fiume. Ma nonostante la crescente amicizia inizia ora ad apparire qualche
tensione.*

*"Non mi dici mai niente di te" lamenta spesso Lisa. "Dimmi qualcosa!"*

*"Che cosa? Non ho niente di interessante da raccontare".*

*"Cose come quello che hai fatto oggi, per esempio, o come sono i tuoi
genitori".*

*"Ma dai, è noioso" risponde di solito Emma. E Lisa si ritrova a sostenere
il peso maggiore della conversazione. Racconta ad Emma con dovizia di
particolari le cose che ha fatto quella mattina o ciò che le è capitato il giorno
prima, fino a quando Emma non si stanca di ascoltare.*

*Emma non ha l'impressione che stia tentando di nascondere faccende
personali nei confronti di Lisa, semplicemente le trova un argomento di
conversazione poco interessante. "Andiamo a divertirci insieme" dice. "Che te
ne pare di andare a comprare una sciarpa? Oppure potremmo giocare a ping-
pong: mi hai detto che da bambina ci giocavi".*

*Un giorno Lisa viene a sapere, da un commento casuale, che Emma e il
suo ragazzo si sono lasciati due settimane prima. Lisa è profondamente offesa
che Emma non le abbia detto nulla al riguardo.*

*"Dici che sono la tua migliore amica" esclama amareggiata, "ma non
condividi niente con me. Come puoi essere mia amica se non ti curi di
raccontarmi le cose che ti capitano?"*

*Quando riflettiamo sugli atteggiamenti di queste due giovani donne,
possiamo vedere che hanno concezioni differenti di ciò che significa l'amicizia,
potremmo anche dire differenti "teorie" sull'amicizia. Per Lisa amicizia
significa condividere i propri mondi: spartire i grandi e piccoli dettagli della
vita quotidiana, le gioie e i dolori, le preoccupazioni e le speranze. Per Emma,
al contrario, l'amicizia significa fare cose piacevoli insieme. Detto in modo
diverso, secondo la "teoria" sull'amicizia di Lisa, il "collante" che lega gli
amici è la mutua condivisione, mentre secondo quella di Emma è il
divertimento.*

*Il dettaglio interessante è che nessuna delle due ha formulato a parole ciò che l'amicizia significa per lei. Se chiedessimo loro di definire l'amicizia, nessuna delle due saprebbe cosa dire. E nondimeno, le loro emozioni, aspettative e comportamenti esprimono una precisa concezione dell'amicizia.*

Come Lisa ed Emma, tutti noi costantemente interpretiamo il nostro mondo, e lo facciamo automaticamente e in modo inconsapevole. Queste interpretazioni sono utili: dobbiamo interpretare il nostro mondo se vogliamo viverci, ed è meglio farlo senza impiegare troppo tempo a pensarci, altrimenti non cominceremmo mai a fare ciò che va fatto. Ma spesso esse sono anche la nostra prigione perché rappresentano una prospettiva unilaterale, ristretta, superficiale. Questo comodo-ma-angusto mondo può essere chiamato il nostro *perimetro*.

Il mio *perimetro* è il mondo come normalmente mi rapporto ad esso, o più precisamente come lo concepisco. È il mio modo di interpretare il mio mondo, raffigurando certe cose come interessanti mentre altre sono noiose, certi obiettivi come meritevoli mentre altri appaiono trascurabili, certe azioni come giuste mentre altre come sbagliate, certi stili come meravigliosi mentre altri come brutti. È, in breve, la somma di tutte le mie concezioni della vita, quelle che sono espresse non tanto attraverso le opinioni che manifesto, ma piuttosto attraverso i miei comportamenti, emozioni e atteggiamenti abituali.

L'espressione "perimetro" indica la duplice natura del mio mondo. Da un lato, implica comodità, praticità e sicurezza. Un perimetro significa un'area delimitata intorno a me, la mia zona di comfort, l'habitat dove so come muovermi. Dall'altro lato, la parola indica anche un recinto, un confine, un limite. Il mio perimetro determina il tipo di significato che un'azione può avere nel mio mondo, il grado di valore che una cosa può o non può detenere. Determina anche la tipologia di eventi che tendono a verificarsi nel mio mondo (intrighi e cospirazioni, per esempio, se sono un tipo sospettoso), e i ruoli che dovrei giocare (il clown, per esempio, se mi piace attirare l'attenzione). Esso stabilisce che certe situazioni probabilmente accadranno di continuo nella mia vita (conflitti, ad esempio, se interpreto il mondo come un campo di battaglia), e che altre sono meno probabili o estremamente improbabili. Il perimetro è relativamente rigido nel corso dell'intera vita, non cambia facilmente. Il mio perimetro segna il confine di ciò che può essere rinvenuto nel mio mondo e di ciò non può esservi trovato. Esso è, come dice Platone, la mia caverna.

Si tratta, naturalmente, di una semplificazione. Un perimetro non è una semplice linea netta. È spesso complesso, con molte aree poco definite, gradazioni e ambiguità. Ma, lasciando da parte queste complicazioni, possiamo dire che un perimetro circoscrive il repertorio dei miei atteggiamenti abituali verso il mio mondo, il mio modo normale di sperimentare le cose, le mie reazioni, i miei comportamenti, le mie emozioni e le mie preferenze tipiche. Esso definisce il regno delle mie possibilità: il tipo di relazioni che posso avere con gli altri, il genere di cose che posso dire o fare, le attività che posso trovare interessanti o piacevoli o allarmanti, il senso che posso scoprire nell'amore o in Dio o nella libertà. Sono i confini generali del mio mondo.

Da dove viene il mio perimetro? Si può ipotizzare che in parte tragga origine dallo specifico modo in cui sono cresciuto, dall'educazione o persino dai geni. Altri aspetti possono originarsi dalle influenze della cultura cui appartengo sul mio modo di pensare e sentire. Altri aspetti ancora possono derivare da tendenze psicologiche o biologiche generali condivise da tutti gli esseri umani. Parlando in generale, potremmo concludere che il perimetro di una persona è il risultato di vari meccanismi e processi psicologici dentro e fuori di essa. Ma la natura di questi meccanismi e processi non dovrebbe interessarci, qui. Questo non è un argomento di discussione per la filosofia, ma per la psicologia, la sociologia e l'antropologia, le neuroscienze o in breve la scienza. Come filosofi, ciò che ci interessa in questo caso è l'osservazione che le persone sono normalmente rinchiuse nei loro perimetri, non i meccanismi dietro questo fatto. Il mio perimetro, indipendentemente dai processi che l'hanno prodotto, limita la mia vita a una sottile fetta di possibilità, a una minuscola regione entro il vasto orizzonte della realtà umana.

*Jason è a un party. Si appoggia al muro, osservando le persone attorno a lui che chiacchierano, ridono e flirtano. Si sente così diverso da queste persone spensierate, e così superiore a loro! Se qualcuno gli parla lui borbotta impacciato. Le parole gli escono troppo intellettuali, troppo seriose.*

*Considera con derisione queste persone sciocche che parlano rumorosamente e stupidamente come se non ci fosse niente di meglio da fare, niente di più importante di cui parlare. Lui non è come loro, dice a se stesso: lui è un uomo serio. Sta eretto e immobile, guardandoli in silenzio. Un muro invisibile lo separa dagli altri e separa il suo modo d'essere da altri possibili modi che sono oltre i suoi orizzonti, oltre il suo perimetro. Il suo repertorio è limitato a un atteggiamento intellettuale nei confronti della vita.*

*Non c'è niente di male nell'essere intellettuali, all'occasione. Ma nel caso di Jason non è una scelta. È l'unico modo che conosce di relazionarsi con gli altri, e di fatto alla vita in generale. Il suo atteggiamento intellettuale dice in pratica: "Ogni situazione e ogni questione merita un serio atteggiamento intellettuale". Si potrebbe dire che questa è la "teoria" di Jason sulla vita, la sua concezione basilare del modo giusto di vivere. E Jason sta seguendo questa concezione automaticamente e in modo irriflesso.*

*È interessante notare come occasionalmente Jason prenda in antipatia il suo atteggiamento e segretamente desideri poter essere più "alla mano" come dice lui. Ma questi fuggevoli aneliti e insoddisfazioni restano vaghi alla periferia della sua coscienza e non influenzano il suo effettivo comportamento. In un capitolo successivo vedremo l'importanza di queste "voci" discordanti, ma per ora notiamo solo che sembrano incapaci di produrre una vera differenza.*

*Questa è quindi la "caverna" o il perimetro di Jason: lui è imprigionato nella concezione secondo cui pensare seriamente e intellettualmente è l'unico modo d'essere, laddove i comportamenti spensierati e le emozioni spontanee sono di natura inferiore e vanno evitati. Di certo non è del tutto consapevole della sua concezione e probabilmente non è capace di formularla a parole, tuttavia lo influenza profondamente. Lo controlla a tal punto che non sa come liberarsene.*

*Uno psicologo potrebbe interrogarsi sulle origini psicologiche dell'atteggiamento di Jason: è il risultato di determinate esperienze infantili? O un trauma rimosso? Una conseguenza di una educazione troppo rigida? O di qualche altra causa psicologica? Ma per noi, come filosofi, questo non è il punto importante. Ciò che conta non è l'origine della concezione di Jason, ma il fatto che la possiede ora. Indipendentemente da chi e dove l'abbia acquistata, indipendentemente dai meccanismi psicologici che l'hanno prodotta, questa concezione agisce adesso nella vita di Jason come un perimetro e limita il suo repertorio di atteggiamenti nei confronti della vita.*

*Il problema con la sua concezione perimetrale è che non gli consente di aprirsi ad una gamma più vasta di approcci, di usare ulteriori risorse interiori. Jason è ovviamente molto più che un atteggiamento intellettuale, ma si trova incapace di entrare in contatto con questo "più". Il problema non è che il suo comportamento è "disfunzionale" o "insoddisfacente", come qualche psicologo potrebbe esprimere, ma che è limitato a una parte automatica, superficiale del suo essere. Anche se il suo comportamento perimetrale fosse funzionale e gratificante – lo spingesse a fare grandi cose, motivo di fama universale – la sua vita interiore sarebbe tuttavia limitata ad una superficie automatica e priva di pienezza. Un consulente filosofico proverebbe ad aiutare Jason a divenire consapevole del suo perimetro e alla fine a ricercare sorgenti di vita più piene, ricche e libere.*

Come mostrano gli esempi di Jason, Lisa ed Emma, i nostri atteggiamenti di ogni giorno, specialmente le nostre emozioni e comportamenti, esprimono le nostre personali risposte a domande esistenziali fondamentali quali: cos'è importante nella vita? Cos'è la vera amicizia? Cos'è il vero amore? Cosa significa essere liberi? Cosa significa essere responsabili o colpevoli?, e così via. Queste concezioni delineano le coordinate fondamentali del nostro mondo, danno alla nostra vita la sua particolare forma e orientamento.

Le concezioni basilari permeano la nostra vita ordinaria. Appartengono non solo agli intellettuali o ai filosofi ma a ogni persona vivente. Possono rinvenirsi praticamente in ogni momento quotidiano, nelle nostre azioni, piani, scelte, gelosie, rabbie, speranze, desideri di ogni giorno. Come le regole della grammatica che governano il nostro discorso, o come le leggi della meccanica che controllano il movimento del nostro corpo, esse ci plasmano anche se ne siamo ben poco consapevoli. Ad esempio, è grazie alla mia concezione del significato dell'amore che intreccio un certo tipo di relazione romantica, ed è a causa della concezione che ho del rispetto di se stessi che mi sento offeso; e tuttavia raramente sono in grado di formulare a parole queste concezioni.

Dal momento che queste concezioni basilari riguardano questioni fondamentali della vita, sono *filosofiche*. Questo perché si occupano non di uno specifico dettaglio nel mio mondo, ma dei principi fondamentali, con i concetti elementari che sono i mattoni del mio mondo. Si può dire che siamo tutti filosofi perché tutti affrontiamo questioni filosofiche fondamentali, sebbene non con le parole. E dal momento che le nostre reazioni a questi problemi sono automatiche e non sottoposte ad esame, siamo tutti imprigionati, in una misura o in un'altra, nelle nostre rispettive "teorie" filosofiche, vale a dire nel nostro perimetro.

Esattamente come, secondo Platone, la filosofia ci può condurre fuori dalla caverna, la pratica filosofica può aiutarci a uscire fuori da questa condizione umana universale. Il punto di vista della pratica filosofica è che non siamo costretti a rimanere nella nostra prigione, anche se il viaggio per venirne fuori, per uscire dalla nostra caverna platonica, non è veloce né semplice. Coloro che praticano bene la filosofia sono persone che hanno l'esperienza, la conoscenza filosofica e la saggezza per condurre questo processo, e che vi sono essi stessi impegnati di persona.

L'idea fondamentale qui è che io sono ben di più del mio perimetro. Sebbene la maggior parte dei miei momenti quotidiani siano confinati entro i limiti del mio perimetro, in realtà la gamma delle mie possibilità è più ampia. Io appartengo ad una realtà più vasta, esattamente come gli abitanti della caverna di Platone appartengono a un mondo molto più grande della loro caverna. Occorre però un lungo processo filosofico di auto-riflessione e auto-trasformazione perché io mi renda conto delle possibilità più vaste del mio essere.

## Il perimetro come gioco

Un perimetro può essere paragonato a un gioco a cui prendiamo parte. Come un gioco, è una rappresentazione limitata della realtà ridotta a regole rigide e artificiali.

Pensate a una partita di scacchi. Lanciamo la monetina. "Ho i bianchi!"

Di fatto, nella mia mente, io *sono* i bianchi. Le pedine di plastica bianca sulla scacchiera di legno non sono solo mie: sono *me*. Fintanto che sono assorbito dal gioco, queste figure sono l'oggetto esclusivo delle mie speranze, dei miei pensieri, dei miei rimorsi e delle mie gioie. Quando infuria la battaglia sulla scacchiera, sono realmente in uno stato sospeso e di ansietà; e quando la regina nera mangia il mio alfiere bianco provo vera angoscia. Le azioni dei pezzi bianchi sono le mie azioni: per mezzo di essi io mi muovo, attacco, mi vendico, trionfo, vivo. Perché essi sono me. Per la durata del gioco, le sessantaquattro caselle bianche e nere sono il mio mondo.

Quando prendo parte a un gioco, sono trasportato dalla vita reale in un'altra realtà, in una scacchiera o in un mazzo di carte o in un campo di basket o in una battaglia con i mostri sullo schermo di un computer. Non sono più l'uomo che abita in Pine Street, la cui auto deve avere un cambio d'olio la settimana prossima, che lavora come insegnante o conducente di autobus, e che domani ha un appuntamento col dottore. Questi fatti sono svaniti dalla mia coscienza attiva. Per me, essi quasi non esistono più.

E tuttavia, nel retro del mio cervello, so che è solo un gioco e che ho un appuntamento col medico domani. In effetti, sono diviso in due parti: una parte di me vive il gioco, mentre un'altra parte è vagamente consapevole del mondo più vasto. Io vivo in due differenti realtà allo stesso tempo: il gioco e il mondo reale.

Il gioco è un fenomeno umano molto comune, così comune che normalmente non ci rendiamo conto di quanto sia sorprendente. È stupefacente che io possa *essere* i soldati bianchi sulla scacchiera e possa dimenticare la mia ordinaria identità e le mie ordinarie preoccupazioni. È incredibile il fatto che possa vivere due vite differenti. Vite differenti perché in ciascuna ho obiettivi e preferenze, speranze, paure e comportamenti diversi. È come se ci fossero, dentro di me, due fonti di motivazione, di pensiero ed emozione, di vita.

I giochi sono strumenti che mi mettono in grado di vivere una seconda vita, una realtà alternativa. Sotto questo aspetto, sono simili ai film e ai romanzi. Seduto al cinema guardando lo schermo, trattengo il fiato quando la protagonista principale è in pericolo, e sospiro di sollievo quando viene salvata. Mi identifico con la protagonista, le sue preoccupazioni, paure, speranze. Ma nondimeno, non confondo le due realtà l'una con l'altra. Non confondo mai un personaggio sullo schermo con la persona che siede accanto a me.

Un gioco ha profonde somiglianze con la vita reale. In primo luogo, ha regole che limitano i comportamenti possibili del giocatore. Negli scacchi, per esempio, potete muovere il vostro re solo una casella alla volta, e nel basket non potete calciare la palla. Analogamente, anche nel mondo "reale", la nostra vita è governata da regole: la legge di gravità, le limitazioni biologiche, le norme sociali, le proibizioni morali. La nostra vita viene limitata anche dalla nostra personalità: le nostre propensioni ad essere loquaci, o timidi, parsimoniosi o sulla difensiva. Esattamente come le regole del basket o degli scacchi limitano la gamma delle possibili mosse nel gioco, le nostre tendenze psicologiche, abitudini o paure limitano la gamma dei nostri comportamenti.

In secondo luogo, oltre le regole, un gioco ha anche un obiettivo, ad esempio impadronirsi del re dell'avversario. O mettere il pallone da basket nel canestro o uccidere il mostro sullo schermo del computer. Analogamente, anche nella vita reale le nostre azioni sono dirette verso vari obiettivi, vale a dire tendono a precisi esiti che desideriamo: successo, amore, comfort, sicurezza, divertimento, virtù morale, ecc.

In questo senso, i giochi che giochiamo corrispondono ai nostri perimetri. Per dirlo in termini differenti, un perimetro è un tipo di gioco. I giochi sono realtà limitate – proprio come i perimetri – e questa è la ragione per cui li troviamo così affascinanti. Ma naturalmente non sono la realtà. Perché le regole e l'obiettivo del gioco sono immaginari, una finzione. In una partita di basket ci comportiamo *come se* fosse importante mettere la palla nel canestro, e *come se* la palla non potesse essere calciata ma solo toccata con le mani. Dopotutto, fuori dal gioco non mi interessa minimamente come sia maneggiata la palla e dove sia messa. Queste regole e obiettivi non hanno un potere reale su di me. Ne sono vincolato solo fintanto che li accetto, solo fintanto che mi identifico con loro e lascio che determinino il mio comportamento.

Il sorprendente potere dei giochi deriva dalla nostra capacità di identificarci con regole immaginarie e scopi immaginari come se fossero reali. Noi ci identifichiamo con situazioni immaginarie e spingiamo la realtà fuori dalla nostra consapevolezza. Questo è analogo alla nostra tendenza a limitarci ai confini del nostro perimetro. La mia loquacità o timidezza o sensazione di impotenza non ha basi reali, è solo che qualcosa dentro di me le accoglie come valide. Io sono legato a questi schemi fintanto che li accetto; o più precisamente, fintanto che i miei meccanismi psicologici li seguono.

Ci sono giochi da tavolo e giochi col pallone e giochi di carte, ma ci sono anche giochi psicologici e sociali. Posso giocare il gioco "sono bella" o "sono saggia" o "il mondo è contro di me" o "non valgo niente". Questi sono giochi se mi identifico con loro, se faccio finta che determinino chi sono. Per esempio, potrei lasciare che l'idea "sono bello" controlli il mio comportamento e il mio modo di parlare, la mia postura corporea e la mia scelta degli abiti. Oppure potrei adottare un atteggiamento e uno stile comunicativo coerenti con "sono una persona sensibile". Di conseguenza impongo a me stesso specifici modelli (regole, obiettivi) e mi limito ad essi. La mia realtà ora è più angusta, più rigida e limitata a certi schemi. È, in altre parole, un perimetro.

Ci sono anche giochi intellettuali: io impongo a me stesso particolari modelli di pensiero e convinzioni. "Io sono un esistenzialista", "io sono un socialista", "io ho gusti raffinati". In questo modo adatto i miei pensieri a particolari schemi. Questi sono i miei giochi se li identifico come la mia realtà, se lascio che restringano il mio modo di pensare e di essere. Se immagino che determinino ciò che sono.

Più precisamente, non è accurato dire che sono *io* che lascio che i giochi psicologici controllino la mia vita. Dopo tutto, non ho mai preso una decisione conscia di giocare con loro, semplicemente mi sono ritrovato ad averli. Inoltre, il mio "io" non è separato da questi giochi. Non risiede al difuori di essi; non li sceglie e usa dal di fuori. Piuttosto, in larga misura io sono il *prodotto* di questi giochi. La persona che incarno – la mia personalità, le mie tendenze, preferenze, convinzioni – è il *risultato* dei miei giochi, piuttosto che il *creatore*.

In breve, possiamo dire che quando faccio un gioco sono confinato in una ristretta realtà immaginaria. E qui di nuovo vediamo che un perimetro è essenzialmente un gioco.

I giochi non sono necessariamente una cosa negativa. Possono essere divertenti. Possono anche aiutarci a raggiungere certi obiettivi. I giochi sociali contribuiscono alla stabilità sociale, ma se cado nei miei giochi inconsapevolmente, se mi perdo in essi per troppo tempo, allora non vivo pienamente la mia vita. Perdo contatto con l'ambito più vasto della vita umana. Comincio a vivere il mondo virtuale costruito dalle richieste della società, dalle mie finzioni e dalle mie fantasie, dagli effetti di traumi infantili. Comincio a trasformarmi, in altre parole, nel mio perimetro.

Noi siamo straordinariamente "bravi" nel perderci in regole e obiettivi immaginari. I bambini statunitensi imparano rapidamente le regole dell'identità e della cultura americana e i bambini russi i ruoli della identità e cultura russa. I tifosi americani fanno il tifo per le loro squadre di baseball e i tifosi italiani fanno il tifo per le loro squadre di calcio. Il povero lavoratore manuale sogna di diventare un capo importante nella sua compagnia, mentre il professore universitario sogna di diventare famoso tra i duecento accademici nel suo particolare campo. Le emozioni di una persona timida ruotano attorno al suo gioco di timidezza, e quelle di una persona narcisistica ruotano intorno al suo egocentrismo. La nostra psicologia è sorprendentemente brava ad adattare i nostri pensieri, le nostre emozioni, aspirazioni, comportamenti ad una fetta sottile di realtà umana, vale a dire al nostro perimetro.

Nondimeno, noi non siamo completamente imprigionati nei nostri giochi. Il giocatore di scacchi ha una qualche vaga consapevolezza che sta giocando e che la sua realtà è più ampia della scacchiera. Una donna ricca a un party dell'alta società può vestire ed agire secondo le norme sociali, e tuttavia qualcosa nel retro della sua mente potrebbe sussurrarle che sta semplicemente recitando. Io non sono completamente imprigionato nel mio gioco perimetrale. Anche quando sono costretto ad osservare le regole della mia psicologia, non sono tenuto ad identificarmici completamente e a circoscrivere ad esse la mia esistenza. Persino quando mi ritrovo controllato dalle mie abitudini o ossessioni o paure, posso rendermi conto che la mia realtà autentica è più ampia del mio perimetro.

La psicologia moderna ha sviluppato metodi per aiutare le persone a diventare consapevoli dei loro "giochi" psicologici distruttivi e trasformarli in giochi più funzionali. Ma questo compito, per quanto apprezzabile, è tuttavia limitato. Perché andare oltre un certo gioco psicologico non è ancora andare oltre tutti i giochi.

Cambiare un perimetro con un altro, per quanto comodo e funzionale, significa ancora rimanere entro i vincoli della forze psicologiche, entro il regno delle caverne platoniche.

L'obiettivo di andare oltre il reame dei giochi perimetrali – non oltre questo o quel particolare gioco, ma oltre tutti – è il compito della pratica filosofica come la vedo io. È un compito formidabile. Difficilmente ci può essere aspirazione più ambiziosa. E tuttavia, io credo che non sia impossibile. Naturalmente, come essere umano io non posso essere libero da tutte le costrizioni. Però non ho bisogno di identificarmi con esse. Non sono costretto a limitare la mia consapevolezza al reame dei giochi. Posso stare, almeno in parte, almeno qualche volta, anche nella realtà più vasta. Per analogia, se sono costretto a giocare un gioco di scacchi, posso ancora essere consapevole della stanza in cui sto giocando e partecipare alla conversazione che si svolge intorno a me.

Se è davvero possibile, se posso essere più grande dei miei giochi perimetrali ed entrare in contatto con un regno più vasto di realtà umana, allora questo dovrebbe essere il compito del discorso che affronta le basilari questioni della vita, e cioè della filosofia.

## Capitolo 4

# SCHEMI E FORZE

Il mio perimetro o caverna platonica non è facile da riconoscere. Sebbene plasmi gran parte della mia vita, lo fa implicitamente. Di solito non lo noto, almeno non pienamente, allo stesso modo di una mia espressione facciale abituale o dell'intonazione della voce. Spesso i miei amici notano queste cose prima di me. Sotto questo aspetto, un perimetro non è come un mal di testa o un prurito, perché non è qualcosa che sento immediatamente e direttamente.

Il mio perimetro è composto dal modo in cui concepisco la vita: la mia concezione di me stesso, del mio ambiente, delle mie relazioni con altri. Ma, come abbiamo già visto, queste sono le mie concezioni *vissute*, non le mie opinioni spiegate a parole. Io sono come un uccello che segue le leggi dell'aerodinamica senza saperle descrivere.

Questo non significa che le mie concezioni perimetrali siano "inconsce". Parlare di inconscio significa ipotizzare una particolare teoria psicologica riguardo meccanismi nascosti che sono stipati in qualche modo nella cantina oscura della psiche e sono responsabili del mio comportamento. Queste teorie non dovrebbero interessarci qui. Quale che sia la spiegazione psicologica delle mie concezioni perimetrali, il punto è che non sono facilmente accessibili per la mia coscienza, esattamente come le regole della grammatica che seguo nel mio discorso non sono facilmente accessibili per me. Il mio perimetro è qualcosa che devo indagare e scoprire, non qualcosa che percepisco direttamente.

Spesso un'altra persona, ad esempio una che fa pratica filosofica, può aiutarmi a indagare. Sebbene non sia qualcosa che percepisco, non è completamente nascosto alla vista. Si esprime in molti modi, alcuni più ovvi e altri più sofisticati. Come un animale notturno che caccia col buio, quando tutti sono addormentati, esso lascia impronte

49

dietro di sé. Queste impronte possono aiutarci a ricostruire il perimetro e tracciare i suoi contorni.

## Schemi

L'indizio più importante riguardo il perimetro è dato dagli schemi comportamentali ed emotivi. Quando la mia concezione della vita è confinata entro un perimetro ristretto, allora io possiedo un repertorio limitato di emozioni e comportamenti, perciò seguo schemi emotivi e comportamentali ben determinati. Perciò, se i miei comportamenti ed emozioni mostrano uno schema fisso, se non utilizzano l'intera gamma delle possibilità umane, ecco una chiara indicazione che il mio atteggiamento nei confronti della vita è limitato, che la mia concezione della vita è circoscritta a un perimetro ristretto. Così, se notate che io mostro uno schema comportamentale o emozionale, questo schema può servire come indicazione che ho un modo caratteristico di essere in relazione col mio mondo, un modo specifico di interpretarlo. Esaminando i miei schemi si possono indovinare le concezioni perimetrali che sono dietro di essi.

Cos'è esattamente uno schema? Uno schema è un tema che si ripete in continuazione. Significa che in un certo tipo di situazione io ho la tendenza a mostrare ancora e ancora comportamenti ed emozioni simili. Uno schema, dunque, implica una struttura fissa. Indica che i miei comportamenti, emozioni e pensieri non sono completamente liberi ma seguono una formula abitudinaria.

Il tipo più chiaro di schema è una semplice ripetizione dello stesso comportamento nel tempo. Un esempio è dato da una persona che sfrutta ogni pretesto per polemizzare con gli altri. Ogni volta che viene fuori un argomento di discussione lui si ritrova a polemizzare. Un altro esempio è una persona particolarmente loquace, o autoritaria, o sospettosa, o che ha la tendenza a scusarsi. Data l'occasione, con tutta probabilità ripeterà lo stesso comportamento abituale.

Ma spesso uno schema è più complesso. Può essere fatto di diversi tipi di emozioni, comportamenti e pensieri che sono interconnessi in modi complessi. Se per esempio Erica ha uno schema di comportamento che evita i conflitti, questo schema si può esprimere in più di una maniera: lei potrebbe dar subito ragione agli altri, potrebbe anche sentirsi troppo stupida per avere un'opinione propria, potrebbe detestare conversazioni politiche, potrebbe avere l'abitudine di scherzare per disinnescare la tensione, essere obbediente col capo, incline a giocare con gli amici a giochi divertenti, e così via. Per fare un altro esempio, se Edward è sempre in ritardo alle riunioni, se fa battute stupide quando ci si aspetta che sia serio, se alle volte diventa confuso e smarrito e poi se ne vanta e se si sente a disagio quando il suo capo gli dà un compito da svolgere, allora questi diversi comportamenti ed emozioni possono essere espressione di uno schema comune: lo schema dell'agire non responsabile caratteristico di un bambino. Lui sembra spendere un sacco di energia nel ripetere questo comportamento, sebbene possa non esserne consapevole.

Dal momento che gli schemi possono essere complessi, identificarli è un'arte. Richiede finezza di percezione, attenzione e molta esperienza.

*Tutti quelli che conoscono Andy sanno che gli piace vestire abiti appariscenti e che gode nello scioccare la gente con affermazioni scandalose. Quando gli viene chiesto perché si comporta in questo modo, lui spiega che i comportamenti "civilizzati" sono noiosi. Ma qualcuno dei suoi colleghi, al lavoro, ha notato che, contrariamente a ciò che dice, quando è a capo di un team è molto "civilizzato" e per niente annoiato. Diventa dispettoso solo quando è un membro qualunque del gruppo, non quando è il leader di un team. È stato anche notato che non gli piace stare da solo e che, come ha confessato, quando si trova solo si lascia andare a fantasie. La sua fantasia preferita è essere una rockstar.*

*In superficie, queste preferenze, comportamenti, sentimenti e fantasie sembrano scollegati. Ma uno sguardo più attento suggerisce che ruotano tutti intorno a un tema comune, in altre parole uno schema comune: in ognuno di essi Andy cerca di catturare l'attenzione degli altri.*

*Quello di cercare di catturare l'altrui attenzione è uno schema che abbraccia una molteplicità di comportamenti, emozioni e pensieri. Supponendo che questo sia realmente uno schema importante nella sua vita (cosa che andrebbe accuratamente verificata), questo significa che Andy si rapporta con se stesso e gli altri in modi molto specifici, in altre parole che ha una particolare concezione perimetrale di sé in relazione agli altri. Con tutta probabilità è la concezione secondo cui "è molto importante essere visibili" o forse persino che "io esisto solo nella misura in cui sono visto e riconosciuto dagli altri".*

*Questa è ancora una formulazione vaga della concezione perimetrale di Andy e sono necessari maggiori dettagli per affinarla. Nei capitoli seguenti vedremo come. Per adesso è importante notare che lui manifesta un complesso schema comportamentale ed emozionale, e che questo schema esprime un certo atteggiamento – dunque una concezione – nei confronti di sé e degli altri. Questa concezione forma il suo perimetro o caverna platonica e si manifesta tra l'altro in una gamma di comportamenti, sentimenti, fantasie, pensieri caratteristici.*

Viene talvolta obiettato che gli schemi emotivi o comportamentali non sono argomenti di filosofia ma di psicologia. Ma questo non è corretto. Scoprire uno schema non è né filosofico né psicologico ma soltanto questione di osservare i fatti e notare le connessioni tra di essi. La differenza tra la filosofia e la psicologia sta in *ciò che facciamo* con gli schemi osservati, se li usiamo per formulare idee (concezioni) e discuterli come idee su questioni esistenziali, o se usiamo lo schema per cogliere il funzionamento della psicologia della persona. La differenza sta, in altre parole, nel fatto che trattiamo le idee della persona come teorie sulla vita che necessitano di una discussione filosofica o se le trattiamo come processi psicologici. Se ad esempio cerchiamo il meccanismo emozionale inconscio responsabile dello schema di Andy, allora stiamo ovviamente facendo psicologia. Oppure possiamo usare lo schema di Andy per formulare il suo modo di intendere la vita, e quindi discutere se sia coerente e sostenibile. In questo secondo caso abbiamo a che fare con idee sulla vita e dunque stiamo facendo filosofia.

Per approfondire la differenza tra le prospettive filosofiche e psicologiche, considerate il seguente esempio.

*Miriam è una studentessa universitaria. Sembrerebbe dolce e amichevole, e tuttavia non ha buoni amici. Parecchi studenti hanno riportato la stessa impressione nei suoi confronti: quando la incontrate la prima volta è affascinante. I suoi sorrisi sono incantevoli e la sua voce vi fa sentire come se lei fosse completamente d'accordo con voi. E senza dubbio è felice di ascoltarvi, aiutarvi e incoraggiarvi. Allora pensate che le interessiate e che diverrete grandi amici. Ma dopo un po' accade una cosa strana: scoprite che è impossibile arrivarle più vicino. Continua ad essere simpatica e disponibile, ma trova tutte le scuse per evitare di incontrarvi troppo spesso e avvicinarsi troppo a voi.*

*Laura, una compagna di corso, è rimasta ferita per il comportamento di Miriam, e le chiede in modo franco perché la eviti. Miriam è dispiaciuta di urtare Laura e si profonde in scuse. E nei giorni successivi cerca di rimediare: siede vicino a Laura in classe, la accompagna alla caffetteria durante gli intervalli, è persino più dolce del solito. Ma presto inizia a stancarsi di Laura. Alla fine della settimana la sta evitando di nuovo.*

*Un'altra compagna di corso, Amy, reagisce a Miriam più aggressivamente. La affronta, alza la voce e la accusa di tradimento. Un sorriso educato, indifferente, appare sul volto di Miriam. "Che noia" dice a se stessa. "Lei non vale lo sforzo". E la cancella dalla sua mente.*

*Quando riflettiamo su questa storia possiamo notare uno schema comune che collega i vari episodi. Miriam è una conquistatrice: conquista i cuori delle persone intorno a sé. Tiene a loro, ma solo fintanto che non sono troppo vicine, perché le relazioni profonde non la interessano. E quando una conquista è impossibile, come nel caso di Amy, lei perde interesse. In breve, il suo schema sembra essere quello di una collezionista di cuori.*

*Nella cultura popolare di oggi si sarebbe indotti a interrogarsi sulle esperienze infantili di Miriam o sulle sue motivazioni inconsce. Uno psicologo potrebbe congetturare che ha difficoltà a sviluppare attaccamenti e legami, che ha paura dell'intimità, o forse ha avuto una relazione disfunzionale con i genitori. Come abbiamo già visto, comunque, nella pratica filosofica non ci interessano le diagnosi psicologiche di cause nascoste di comportamento. Ci interessa esplorare le idee o concezioni. Non facciamo congetture sul perché Miriam si comporta come fa, ma guardiamo al comportamento in sé e proviamo a vedere il tipo di asserzione che esso costituisce, il tipo di concezione che esprime.*

*Colui che fa pratica filosofica eviterebbe, dunque di diagnosticare le motivazioni nascoste di Miriam, e invece esaminerebbe come lei interpreta il significato delle relazioni, la sua "filosofia delle relazioni". Inizierebbe con l'esplorare con Miriam il suo schema in dettaglio, esaminare come si esprime nella sua vita quotidiana e poi, come vedremo più avanti, cercherebbe di scoprire la concezione che sottende. Potrebbe venir fuori ad esempio che alla base del comportamento di Miriam vi sia la "teoria" che dice "le relazioni sono un gioco di conquista che vi lascia liberi". Il filosofo rifletterebbe allora con Miriam sulla coerenza e difendibilità della sua teoria, sulle assunzioni che fa, sulle implicazioni, e sulla via in cui raffigura la vita.*

## Forze

Oltre agli schemi, un modo complementare di scoprire una concezione perimetrale è prendere nota della resistenza al cambiamento. Questa è la ragione per cui la nostra caverna platonica è stabile e rigida. Le nostre concezioni perimetrali – e dunque gli schemi che li esprimono – tendono ad essere rigidi. Presumibilmente, essi sono mantenuti da "ostinati" meccanismi della nostra psiche umana, sebbene la natura di questi meccanismi nascosti non sarà trattata in questa sede. Per esempio, per una persona loquace è molto difficile smettere di parlare e una persona malfidente trova quasi impossibile dar fiducia agli altri. Possiamo dire che questi schemi sono tenuti in piedi da una *forza* interiore che resiste al cambiamento. Un consulente filosofico che tenti di mettere in luce gli schemi dovrebbe cercare i segni di una tale forza.

Normalmente non siamo consapevoli dell'agire di questa forza nelle nostre vite perché non le resistiamo spesso, lasciando piuttosto che ci trascini. Ma la sentiamo pienamente nel momento in cui proviamo a cambiare noi stessi. Allora scopriamo che il cambiamento è difficile perché lo schema "vuole" continuare a ripetersi. Fa resistenza. Abbiamo bisogno di uno sforzo e di una determinazione non comuni per averne ragione. Miriam, nel caso precedente, dovrebbe fare uno sforzo consapevole per resistere allo schema di comportamento del conquistatore. Probabilmente riuscirebbe solo per un periodo limitato e poi tornerebbe, almeno occasionalmente, al suo vecchio modo di fare.

Questo è vero specialmente nel caso di schemi universali che sono comuni alla maggior parte degli esseri umani. Per esempio, la maggior parte di noi prova, senza particolare consapevolezza o sforzo conscio, a farsi capire dagli altri, ad apparire coerente e ragionevole, a fare una buona impressione sui propri conoscenti. Ci sentiamo a disagio o ansiosi quando ci discostiamo da questi comportamenti. Altri tipi di schemi automatici sono culturali. Per esempio di solito seguiamo le regole sociali dell'educazione senza pensarci e in modo irriflesso. Ma ci sono forze all'opera anche nei schemi personali dei singoli individui.

Il risultato è che sebbene noi normalmente ci sentiamo come se fossimo liberi, in realtà siamo impediti dai nostri schemi. Siamo imprigionati nel nostro repertorio limitato, ma non percepiamo la nostra prigione perché siamo soddisfatti di rimanerci: lì è dove ci sentiamo comodi e a nostro agio, è la nostra zona di comfort. Così, quando una persona loquace parla, e quando una persona polemica discute, essi non si accorgono dei muri della loro prigione fintanto che non provano a evaderne. Come un fiume che scorre tra due rive, essi procedono in uno stretto canale che è agevole e tuttavia angusto. È solo quando il fiume cerca di esondare oltre gli argini – quando il prigioniero prova a lasciare la prigione – che si rende conto che è di fatto confinato. Solo quando proviamo a rompere con i nostri automatismi scopriamo quanto sia difficile, talvolta impossibile.

Molti tipi di sentimenti – ansia, noia, imbarazzo, per citarne alcuni – ci spingono a mantenere il nostro comportamento normale: quando agiamo in modo inconsulto, ad esempio, ci sentiamo ansiosi di porre rimedio o dare spiegazioni. Una persona timida si sente nervosa quando decide di parlare in pubblico. Un uomo egocentrico si sente annoiato in una conversazione riguardo altri. Una donna insicura si sente imbarazzata quando le viene chiesto di mostrare il suo lavoro artistico. Un fumatore prova una tentazione irresistibile quando cerca di smettere di fumare. Un uomo sospettoso si sente inautentico e imbarazzato quando prova ad esprimere fiducia. Un parlatore compulsivo sente una tremenda spinta a parlare quando gli viene chiesto di ascoltare in silenzio.

Questi sentimenti e spinte ci fanno pressione perché torniamo al nostro vecchio schema familiare e, anche se ne abbiamo ragione una volta, probabilmente continueremo a sperimentarli mentre cerchiamo di resistere. In questo senso, i nostri schemi sono un reale muro di prigione. Agiscono come *forze* che ci spingono a rimanere entro di essi. Dunque, per colui che fa pratica filosofica, un comportamento che oppone resistenza è un segno che qualche schema perimetrale – e dunque qualche concezione perimetrale – è all'opera.

*Subito dopo il matrimonio Nancy scopre che lei non dice mai "no" al marito Ken. Se, ad esempio, Ken suggerisce: "Che ne pensi di uscire stasera a mangiare con gli amici, Nancy?" lei trova praticamente impossibile rifiutare.*

*Tony, un buon amico della coppia, che fa anche pratica filosofica, notando il suo schema di comportamento commenta: "Dire 'no' è difficile a volte, Nancy, è vero?"*

*"Che intendi dire, Tony? Io ho semplicemente deciso di venire".*

*Tony scrolla le spalle. "Certo. Come ieri, quando Ken ha suggerito di andare al lago; e l'altra settimana, quando ha suggerito di guardare un film. Ho notato esitazione sul tuo viso, un sorriso riluttante. E poi, con sorpresa, ti ho sentito dire: "Molto bene, verrò!"*

*Lui lo dice in modo gioviale, non col tono di chi giudica, e lei se ne scorda subito. Ma il giorno dopo capita una circostanza simile che le lascia la fastidiosa sensazione che lui potrebbe aver ragione. Dopo aver riflettuto, si rende conto che è il suo atteggiamento anche nei confronti dei genitori e verso i suoi due migliori amici.*

*Strano, riflette, suo marito è così dolce e gentile e i suoi genitori non hanno mai tentato di imporle la loro volontà, e allora perché lei deve essere così terrorizzata di dire "no"? Inoltre, ci sono molte persone che lei non è timorosa di contraddire: i vicini, i colleghi sul lavoro, persino il suo capo.*

*Guardando Nancy, Tony si rende conto che il suo schema di comportamento è basato su una certa concezione di cosa sono le relazioni. Lei si comporta come se qualcosa dentro di lei dichiarasse: "Amore significa concordia totale". Come se l'amore fosse un vetro fragile che la minima disarmonia potrebbe rompere. Questa teoria personale dell'amore la mette in guardia sul fatto che uno screzio significherebbe la rottura della relazione. In effetti, questo potrebbe essere parte di una concezione più ampia: "Amare significa fondersi. Se ami qualcuno voi due diventate un'unica persona: un'unica opinione, un unico comportamento, un tutto unico". Una simile concezione probabilmente la porta anche a prendere parte ai progetti di Ken quando possibile e a sentirsi inquieta quando lui è fuori casa da solo con gli amici.*

*Nancy decide di rompere col suo schema. Un paio di giorni dopo, quando Ken suggerisce una passeggiata nel parco lo guarda negli occhi ed esita. Vorrebbe dire no, ma il volto affettuoso di lui dissolve la sua decisione. Lei sente che non può contrariarlo, che non ne ha il coraggio.*

*"Devo provare con più determinazione"* decide quando ritornano dal parco.

La sera successiva, quando suo marito suggerisce di guardare insieme alla TV una partita di football, lei riesce a resistere alla tendenza naturale ad acconsentire. Piuttosto, si costringe a replicare: *"No, non stasera, Kenny. Perché non la guardi da solo?"*

All'istante viene investita dall'ansia. Trattiene il respiro e lo scruta in viso per vedere se è arrabbiato o offeso. Per il resto della serata è esageratamente carina con lui come se tentasse di compensare.

Più tardi, quella notte, quando aspetta che lui finisca di guardare la partita e la raggiunga a letto, si sente nervosa. *"Questo nervosismo è stupido"* si dice. *"Perché non dovrei lasciarlo solo per una sera?"* Ma il suo ragionamento non la calma, e le sue emozioni parlano ancora nel linguaggio del suo vecchio atteggiamento. Non riesce a dominare la sua ansia.

Per mesi combatte contro i suoi schemi emotivo-comportamentali. Ma sebbene diventi più brava a costringersi a dire *"no"* a suo marito di tanto in tanto, nondimeno la difficoltà rimane. Lei continua a sentire la spinta a fondersi con lui, e solo con una decisione e uno sforzo cosciente riesce a resistergli. Di fatto, nel profondo del suo cuore la sua concezione dell'amore rimane immutata.

*Esercizio*

Lo scopo di questo esercizio è di sperimentare le forze dei vostri schemi cercando di resistere loro. Per saggiarle più vivamente, è meglio scegliere uno schema che sia profondamente radicato nella maggior parte delle persone. Se siete come molti di noi, a cui non piace fare la figura degli sciocchi, potete procedere nel modo che segue.

Andate in un negozio o in un ufficio e chiedete qualcosa che non è chiaramente venduto lì. Per esempio andate in un ufficio postale e chiedete un sandwich al tonno, o andate in un ristorante e chiedete un martello. Anche se non avete il coraggio di farlo, provate ad arrivare fin dove siete capaci. Che ce la facciate o no, siate consapevoli della vostra resistenza interna: della tensione e dell'ansietà, della vergogna, della lotta interiore, dello sforzo.

Potreste essere tentati di obiettare: "Non è che non potrei farlo. Semplicemente *scelgo* di non recare disturbo alle povere persone al banco". Oppure: "Non penso che sia giusto sprecare il loro tempo". Queste sono con tutta probabilità scuse. È più probabile che non abbiate il coraggio di farlo, che è un altro modo di dire che il vostro schema è troppo potente. Questo è probabilmente lo schema che impone di adeguarsi alle attese sociali e potrebbe esprimere la concezione: "Ci si dovrebbe comportare come gli altri si aspettano", oppure: "Si dovrebbe apparire ragionevoli".

Potete anche fare un esercizio del genere con uno schema personale che sia tipicamente vostro. Anche stavolta, che riusciate o no, prestate attenzione alla resistenza interna, allo sforzo, alla lotta.

## Capitolo 5

# ESPLORARE IL PERIMETRO

Come abbiamo visto, i filosofi della trasformazione di tutte le epoche ci insegnano che la filosofia può aiutarci a prendere nota della nostra vita superficiale e limitata e ad andare oltre di essa, verso orizzonti più vasti. Questo suggerisce che il processo filosofico è fatto di due stadi: primo, una auto-indagine filosofica che mette in luce il nostro perimetro; secondo, l'uscita dal perimetro.

I due stadi sono di natura diversa. Il primo consiste principalmente nell'analizzare una situazione *esistente*, in altre parole nel tracciare la mappa delle nostre strutture perimetrali. Il secondo stadio, per contro, si concentra sull'esplorare *potenziali* orizzonti che non sono ancora realizzati. Laddove il primo stadio si concentra sull'osservazione e l'analisi, il secondo deve impiegare fonti di creatività e ispirazione. Il primo può essere paragonato al compito di un topografo, il secondo a quello di un creatore o di un esploratore creativo.

Dal momento che il primo stadio impiega osservazione e analisi, è basato principalmente su strumenti standard di pensiero filosofico: analizzare, definire, paragonare, esporre assunzioni nascoste, dedurre e simili. In contrapposizione, il secondo stadio è più creativo e sperimentale. Include trovare nuovi modi di comprensione, esplorare sentieri sconosciuti, sperimentare e brancolare nel buio. Come vedremo, questo richiede metodi e pratiche molto differenti.

I due stadi non devono essere completamente separati. Possono sovrapporsi entro certi limiti e procedere fianco a fianco. Per amore di chiarezza, comunque, in questo capitolo ci concentreremo solo sul primo stadio del viaggio filosofico.

**Lavorare con gli schemi nella consulenza filosofica**

Noi cominciamo sempre il processo filosofico con un auto-esame. Se vogliamo uscire dalla nostra prigione perimetrale, dobbiamo prima indagare su com'è fatta. Senza conoscere le nostre limitazioni, è difficile superarle.

Una tale indagine è adatta ad un piccolo numero di partecipanti, meglio se in incontri individuali; in altre parole nella consulenza filosofica, e in qualche misura nei gruppi di auto-riflessione filosofica, che sono contenuti, intimi, stabili. In gruppi più ampi è difficile esplorare il perimetro personale di ciascun partecipante.

Nella consulenza filosofica cominciamo esplorando gli aspetti più evidenti del perimetro del consultante, vale a dire gli schemi emotivi, comportamentali e di pensiero. Di solito le prime due o tre sedute sono dedicate quasi esclusivamente a scoprire e formulare questi schemi e questo processo continua, sebbene in un modo meno focalizzato, anche nelle sedute successive.

Ma a questo punto si presenta una tentazione comune. I consultanti spesso arrivano dal consulente filosofico con uno specifico problema: una difficoltà sul lavoro, per esempio, o problemi coniugali. Dopotutto, è nel momento in cui sperimentano disagio che chiedono aiuto. In tale situazione il consulente filosofico può essere tentato di cercare soluzioni per risolvere il problema del consultante.

Dalla prospettiva del presente approccio, questo è un errore. I consulenti filosofici non sono terapeuti di coppia o esperti di orientamento professionale. Il loro compito non è rendere la prigione perimetrale più comoda ma aiutare a sviluppare la saggezza necessaria per andare oltre. Questo deve essere spiegato sin dall'inizio al consultante per evitare false attese. Se è urgente una soluzione del problema, come nel caso di ansia acuta, allora non è un compito della filosofia e il consultante dovrebbe essere indirizzato altrove.

Questo non significa che il consulente filosofico debba evitare di discutere con il consultante le loro difficoltà personali. Al contrario, il disagio è un buon punto di partenza perché è vivo nella mente del consultante, e perché è spesso collegato a una profonda tensione nel suo mondo. Può servire come porta per andare più in profondità, a patto che sia considerata come una porta, non come un problema da risolvere.

*George è un programmatore di computer. Nella prima seduta di consulenza lamenta con il suo consulente filosofico, Linda, che le cose non stanno andando bene al lavoro. Linda spiega che la consulenza che lei offre non punta a risolvere questi problemi, ma piuttosto a lavorare sull'atteggiamento complessivo di George verso la vita.*

*George si dichiara d'accordo e la consulenza inizia. "Il lavoro non è più divertente" dice. "Il nuovo capo controlla molto da vicino quello che ciascuno fa. È esigente, e non mi sento più libero e naturale. Non svolgo più il lavoro in modo sciolto e spedito. E il peggio è che tutti in ufficio sono contenti del nuovo capo. Adesso prendono il lavoro 'seriamente'. È una vera noia".*

*"Come ti fa sentire tutto questo?"*

*"Mi sento annoiato. Prima che arrivasse, l'ufficio era un posto eccitante. Trasformavamo ogni compito in un gioco, o in una competizione: chi può risolvere per primo questo problema di programmazione? (Per inciso, è stata una mia idea, ma era piaciuta a tutti). Ma ora, tutti sono cooosì seri. Non scherzano e non chiacchierano più. E amano il nuovo capo perché è 'professionale'. È disgustoso".*

*A questo punto Linda resiste alla tentazione di cercare soluzioni soddisfacenti. Il suo compito come consulente filosofico non è produrre soddisfazione ma far progredire George sul sentiero dell'auto-comprensione, della saggezza e della crescita.*

*Essendo una consulente sensibile, Linda nota che George utilizza uno specifico linguaggio: "divertimento", "naturale", "fluire": termini contrapposti ad "annoiato", "serio", "una noia". Questo le suggerisce il principio di un tema o schema: George cerca il divertimento. Per Linda, questa osservazione è un possibile punto di partenza per l'esplorazione del perimetro di George.*

*"George" lei dice, "mi stai raccontando che la tua principale difficoltà col nuovo capo è che il lavoro non è più divertente. Sembra che il divertimento sia veramente importante per te".*

*"Beh, in un certo senso". George scrolla le spalle. "Mi piace il divertimento, ma non è l'unica cosa che mi interessa nella vita. Sono anche un buon lavoratore. Mi piace essere produttivo. Mi piace inventare cose nuove. Mi piacciono le persone".*

*"Guardiamo alcune delle cose che ti piacciono. Prendi essere produttivo, per esempio. Cosa ti piace di quello? Forse puoi farmi un esempio".*

*"Certo. Diverse settimane fa ci è stato affidato un progetto: dovevamo fare l'upgrade di un programma di archiviazione. Il vecchio programma era troppo inefficiente e abbiamo ricevuto un'infinità di reclami. Tre di noi, Lucy, Frank e io, ci abbiamo lavorato per quasi un mese. E, lasciami dire, l'esperienza di risolvere un problema dopo l'altro e di migliorare il programma passo dopo passo è stata entusiasmante. Era come un videogame: vai alla ricerca del cattivo, lo trovi, lo abbatti e passi la livello successivo".*

*"Mi stai dicendo"* nota Linda, *"che questa esperienza era bella perché era come un gioco".*

*"Capisco quello che vuoi dire. Beh... sì, c'era un elemento di suspense, un ritmo veloce, un sacco di adrenalina. Ma non stavo solo giocando. Il progetto era veramente impegnativo. Ho lavorato assai duramente per molte settimane".*

*"Sembri dire, George, che il progetto non era solo un gioco perché era anche una sfida. Ma gioco e sfida si contraddicono? Dopo tutto, la maggior parte dei giochi sono impegnativi. Un gioco non è divertente se è troppo facile. Preferiresti che i tuoi compiti fossero facili?"*

*George scuote la testa. "Il lavoro non mi piacerebbe affatto. Sarebbe proprio tedioso. Ho bisogno della tensione e dell'eccitazione. E anche del brivido del successo. Hai presente quando tutto finalmente va a posto e tu hai voglia di saltare su e giù stile: Siii, ce l'abbiamo fatta!"*

*"Così hai trasformato il progetto in un gioco. Avrebbe potuto essere noioso, ma una volta che l'hai trasformato in un gioco è diventato piacevole".*

*"Sì, hai ragione. Era il mio modo di rendere il progetto eccitante".*

*"Trovo interessante, George, che eccitazione e divertimento siano così importanti per te".*

*"Non è naturale? Non desiderano tutti divertirsi?"*

*"Entro certi limiti sì, ma mi chiedo se è importante per gli altri quanto lo è per te. Tutti amano le caramelle, ma la maggior parte delle persone non gradisce mangiarle tutto il tempo".*

*"Sono goloso di divertimento!"* scherza George.

*Adesso che il divertimento è stato identificato come un importante elemento nel mondo di George, Linda vuole approfondire ciò che significa esattamente. Divertimento può significare cose differenti in contesti differenti e per persone differenti. Per farlo, lei vuole che George confronti la sua idea di divertimento con quella di altre persone, perché questo può aiutare a precisare meglio cosa c'è di specifico nel suo atteggiamento. Un confronto può anche incoraggiarlo a smettere di dare per scontato il suo atteggiamento e rendersi conto che ci sono significative alternative.*

*"Mettiamola così" lei dice, "anche i tuoi colleghi hanno considerato il progetto come un gioco divertente?"*

*George riflette. "Probabilmente no. Frank non è quel tipo di persona. Per lui programmare è come creare un'opera d'arte. Quando batte sulla tastiera vede se stesso come un artista, un creatore, non un giocatore".*

*"E Lucy?"*

*"Non penso che a Lucy interessi il lavoro in sé. Vuole solo essere una brava ragazza e ottenere buoni voti dal suo capo-papà".*

*"Quindi sembra che il tuo atteggiamento sia diverso dal loro. Non tutti sono in cerca di divertimento. Frank cerca appagamento artistico, Lucy accettazione".*

*"Sì, hai ragione. Eccitazione e divertimento: quello è il mio stile personale sul lavoro".*

*"E forse non solo sul lavoro" suggerisce la consulente. "Forse anche al di fuori del lavoro tu trasformi le cose in giochi per renderle divertenti e interessanti. Esploriamo questo un altro poco. Guardiamo ad esempio ai rapporti con i tuoi amici".*

*Dopo una breve conversazione, cominciano a vedere che anche con gli amici George vuole divertirsi. Gli piace scherzare e giocare e guardare insieme lo sport. Diventa facilmente annoiato da discussioni serie, e anche dal semplice relax.*

*Sta cominciando ad emergere uno schema, ed essi continuano ad approfondirlo. Riflettono se possa essere descritto come ricerca del divertimento (a volte la prima impressione può essere errata), se caratterizza anche altri campi della vita di George, come viene manifestato in varie situazioni, e il tipo di sentimenti e pensieri che coinvolge. Una volta che lo schema di George sia stato rivelato, sarà tempo di procedere oltre e riflettere su come questo schema tesse il mondo di ogni giorno di George.*

## Lavorare sulle forze perimetrali

Mentre cerca gli schemi, il praticante filosofico cerca anche segni di comportamenti "ostinati" che entrano in gioco automaticamente o a cui il consultante trova difficile resistere. Questa ostinazione è probabilmente la forza perimetrale che mantiene uno schema emozionale o comportamentale. Una volta che l'ostinazione di un comportamento è scoperta, è molto probabile che sia coinvolto uno schema.

Le forze, comunque, sono difficili da scoprire, dal momento che raramente mettiamo alla prova la nostra capacità di resistere loro. Nell'esempio sopra riportato, George normalmente si lascia andare alla propria voglia di giocare e non percepisce mai il suo comportamento come uno schema estraneo che deve essere evitato. Da questa prospettiva, la voglia di giocare scaturisce in lui naturalmente e spontaneamente, lui la sente come parte di se stesso e non pensa mai di opporsi ad essa. Allo stesso modo, Nancy, nel capitolo precedente, normalmente si lascia andare alla sua tendenza a dire di sì. Anche quando ci fa caso, la considera come il suo comportamento naturale, non come qualcosa imposto a lei da una forza aliena.

Per questo, quando un consulente suggerisce per la prima volta al consultante che il suo comportamento segue uno schema fisso, alcuni consultanti lo negano o tentano di giustificarsi. Di fatto è spesso scioccante rendersi conto che il nostro solito comportamento è il risultato della forza automatica di uno schema e non della nostra libera volontà.

Ne segue che quando un consultante respinge l'indicazione di uno schema da parte del consulente questo può significare che il consultante ha problemi a riconoscere lo schema. Ma non sempre. Il rifiuto da parte del consultante potrebbe essere basato su buone ragioni. Solo se ci sono prove sufficienti il consulente può concludere che sia implicato uno schema. In tal caso, è necessaria la gentile insistenza del consulente per incoraggiare il consultante ad aprire la mente e riesaminare se stesso in una varietà di situazioni. Questo dovrebbe essere fatto con grande cautela. C'è una differenza sottile ma importante tra incoraggiare un consultante a riesaminare se stesso senza preconcetti e l'imporgli un'interpretazione.

### Dagli schemi del perimetro alle concezioni del perimetro

Come già detto, le prime due o tre sedute sono normalmente dedicate a scoprire anzitutto gli schemi comportamentali ed emotivi del consultante. Ma per colui che fa pratica filosofica gli schemi non sono interessanti in sé. Gli schemi sono esplorati solo perché sono indizi dell'oggetto principale: il modo del consultante di concepire il suo mondo; in altre parole, le sue concezioni perimetrali. Le concezioni perimetrali sono ciò di cui è fatto il perimetro (o caverna platonica), ciò che limita e impoverisce la sua vita. È questa prigione che cerchiamo di oltrepassare nel processo della pratica filosofica.

Qui dovremmo ricordare che le concezioni perimetrali (o, abbreviando, "le concezioni") non sono la stessa cosa delle opinioni. A differenza delle opinioni, che noi formuliamo consciamente e dichiariamo a parole, le concezioni perimetrali sono incorporate nei nostri comportamenti ed emozioni caratteristici, spesso senza consapevolezza. Di fatto, opinioni e concezioni si possono contraddire reciprocamente. Per esempio, il comportamento in cerca di divertimento di George esprime la sua concezione che il divertimento è importante, ma allo stesso tempo lui potrebbe dichiarare a parole – sinceramente – che il divertimento non è importante. Per dare un altro esempio, quando mi vergogno di essere scoppiata in lacrime i miei sentimenti di vergogna possono esprimere la mia concezione che mostrare debolezza è disonorevole, anche se l'opinione che dichiaro a parole potrebbe essere molto diversa. Io potrei pensare e dire che piangere sia perfettamente legittimo, mentre allo stesso tempo mi vergogno di piangere. Per fare un terzo esempio, se io cerco costantemente di controllare il mio coniuge allora questo comportamento potrebbe essere espressione della mia concezione che amare significa possedere, anche se io posso pensare e dichiarare a parole che il vero amore è non-possessivo.

Questi semplici esempi ci ricordano che per scoprire le concezioni perimetrali dei consultanti non è una buona idea chiedere le loro opinioni. Nel caso di George, ad esempio, se volessimo conoscere la sua concezione di ciò che rappresenta il divertimento, non sarebbe di grande aiuto chiedergli cosa pensa del divertimento. Una simile domanda produrrebbe solo opinioni astratte. Non sono le sue opinioni che ci interessano qui ma il suo effettivo atteggiamento verso il divertimento, in altre parole la concezione espressa dal suo comportamento e dalle sue emozioni. E per scoprire questa concezione dobbiamo esaminare i suoi schemi comportamentali ed emotivi. Il ruolo di colui che fa pratica filosofica è guidare i consultanti in questo processo e aiutarli a vedere in che modo le loro concezioni agiscono come un perimetro, come essi limitano la vita entro confini automatici, rigidi e superficiali. Una esplorazione riuscita delle concezioni perimetrali può in seguito aiutare il consultante a intraprendere il secondo stadio importante del processo filosofico, quello di esplorare i modi di uscire da esse.

Il passaggio dall'esplorare schemi all'esplorare le concezioni perimetrali è estremamente importante nel processo filosofico. È il punto di unione tra il livello dei fatti ("Io sono sempre imbarazzato dopo che ho pianto") e il livello filosofico delle idee ("Esprimere debolezza è disonorevole"), vale a dire tra il livello dei comportamenti o emozioni e il livello delle concezioni.

Nella consulenza filosofica questo passaggio normalmente inizia ad aver luogo più o meno nella terza o quarta seduta, dopo che nel primo paio di sedute hanno cominciato ad emergere schemi emotivi e comportamentali basilari. Quando il consultante inizia a comprendere che un potente schema si snoda lungo la sua vita quotidiana, il consulente può suggerire che questo schema esprime un certo atteggiamento, o concezione, che vale la pena di indagare. Per parecchie sedute, l'esplorazione di schemi e di concezioni può avvenire fianco a fianco. In sedute successive, l'argomento delle concezioni diventa dominante, sebbene l'argomento degli schemi non sparisca mai completamente.

È solo più tardi, intorno alla sesta o settima seduta, che il problema di come andare oltre la prigione delle concezioni perimetrali diventa centrale. Questo segna il passaggio al successivo stadio importante della consulenza: dal comprendere la propria prigione all'andare oltre. Ne parleremo più avanti nel libro.

*Mike è un giovanotto misterioso. È un meccanico e sul lavoro è noto come un giovane lavoratore gentile e scrupoloso. Piace alla gente, ma persino i suoi amici trovano difficile capire cosa stia pensando o provando. Quando gli si chiede: "Cosa pensi di quel film?" potrebbe sorridere e dire vagamente: "Non mi sono addormentato nel guardarlo". Quando gli si chiede come si sente, può capitare che dica: "Un sacco di cose". E se voi insistete potrebbe replicare spazientito: "Perché? Vuoi affibbiare un'etichetta ai miei sentimenti?"*

*Non ha mai avuto una ragazza fissa. Di recente è uscito al cinema con Sylvia, ma i suoi messaggi contraddittori l'hanno confusa e lei non è riuscita a capire cosa lui volesse. Più tardi, in un raro momento di sincerità, lui ha confidato ad un amico che "non era riuscito a decidere se lei gli piaceva o no" e immediatamente si è pentito della sua franchezza. Di solito evita di prendere posizione in una discussione tra amici o di prendere una decisione, ma quando è costretto a farlo si sente ansioso. Dopo aver preso una decisione spesso diviene vulnerabile e irritato, ma quando i suoi amici glie lo dicono, "Sembri agitato, oggi, Mike", lui è seccato.*

*Possiamo scorgere un tema ricorrente negli atteggiamenti di Mike, uno schema: egli evita di identificarsi con qualsiasi particolare sentimento o opinione. Cerca di rimanere vago e ambiguo.*

*Questo schema è sorretto da una forza notevole. Lui lo segue automaticamente, senza pensarci. Quando viene spinto a esporsi un moto d'ansia o di irritazione gli impedisce di farlo. Persino quando diventa consapevole della sua irritazione trova difficile resistervi. È necessario uno sforzo speciale per superare la sua ansietà e manifestare i suoi pensieri o sentimenti.*

*Mike si reca da Linda, il consulente filosofico, e si lamenta di un senso di isolamento. Nella prima seduta parlano del suo comportamento nei confronti di amici e conoscenti. Linda continua a chiedere descrizioni dettagliate di episodi concreti. Non è granché interessata alle generalizzazioni di Mike ("di solito faccio..." o "spesso preferisco..."), perché le generalizzazioni sono facilmente falsate da interpretazioni e preconcetti. Le persone non sono molto brave ad osservare se stesse e a comprendere i loro stessi atteggiamenti. Perciò per quanto possibile lei vuole sentire che cosa è accaduto esattamente in determinati momenti, senza le interpretazioni che Mike dà di questi casi.*

*Alla fine della prima seduta Linda spiega a Mike le ragioni delle sue domande. Suggerisce che i comportamenti e i sentimenti tipici di Mike possano esprimere il modo in cui lui vede se stesso in relazione agli altri. Questa concezione, lei dice, merita un esame più approfondito. Anche se la consulenza non è concepita per risolvere i suoi problemi e farlo star meglio, un profondo auto-esame può aiutarlo a capire la sua prigione e alla fine metterlo in grado di provare a liberarsene.*

*Nelle successive due sedute diventa via via più chiaro che un importante schema caratterizza molti dei comportamenti e sentimenti di Mike: lui cerca sempre di tenersi vago e indefinito. Una volta che le linee generali del suo schema diventano chiare, il compito successivo del consulente è fare un passo in una nuova direzione: comprendere ciò che soggiace a questo schema.*

*All'inizio della quarta seduta, Mike commenta che è scosso dal vedere quanti sforzi investa nel cercare di nascondersi.*

*"Ma non è uno sforzo di cui sono conscio" commenta. "Non è come se pianificassi intenzionalmente il mio comportamento. Esso fluisce semplicemente da me con naturalezza. È proprio come il mio cane: ha imparato un sacco di trucchi per ottenere ciò che vuole, ma non li pianifica in anticipo. Sono parte di ciò che è".*

*A questo punto si mette a descrivere alcuni dei trucchi del suo cane.*

*Un buon consulente sa che gli schemi non si manifestano solo fuori dello studio del consulente; essi spesso si manifestano anche nella seduta di consulenza.*

*"Guarda cosa stai facendo ora" gli fa notare Linda. "Stai cambiando argomento, da te stesso al tuo cane. È un altro esempio del nascondersi?"*

*Mike scrolla le spalle. "Qualcosa deve avermelo ricordato".*

*"Questa non è la prima volta che hai cambiato argomento" insiste cautamente Linda. "Prima ti ho chiesto dei tuoi amici e dopo una frase o due hai cominciato a descrivere la trama di un film che hai visto con loro".*

*"Il che mi ricorda" butta lì Mike, "lo scherzo del gigante e dei suoi tre amici…" Mike si ferma, poi sorride timidamente.*

*"Vedi?" Anche Linda sorride. "Sta succedendo di nuovo".*

*"Beh… probabilmente hai ragione. Ho cambiato discorso due volte in un minuto. Ma che cosa significa? Immagino che è un trucco che uso per evitare di parlare di cose personali. Che è evidentemente parte di ciò che tu chiami il mio 'schema di mantenermi vago'. Molto bene, abbiamo parlato di questo per tre sedute. Capisco che questo schema è praticamente in ogni cosa che faccio. Ma cosa significa?"*

*"Una eccellente domanda, Mike. Tu che ne pensi?"*

*"Forse è perché i miei genitori esaminavano continuamente il mio comportamento. Suppongo che, da bambino, mi facesse sentire nervoso, così ho sviluppato questi trucchi per nascondere il mio sé reale".*

*"Forse hai ragione" replica Linda, "ma è un argomento per uno psicologo, non per noi. Per noi ciò che è importante non sono le cause infantili del tuo schema, ma il fatto che questo schema esista. La nostra domanda è: che sta dicendo adesso lo schema?*

"*È proprio come quello che ho detto ad una signora che è venuta al garage stamattina: non importa ciò che ha rotto il parabrezza, signora, se un uccello o un sasso. Il fatto è che ora è rotto e va riparato*".

"*Esattamente, Mike. È una bella metafora; ma non ci distraiamo di nuovo. Cosa stai realmente dicendo quando impedisci a chiunque di vedere cosa provi o pensi? Cosa sta dichiarando il tuo comportamento quando cambi l'argomento della conversazione per non esporre te stesso?*"

"*Immagino*" dice Mike dopo averci pensato un po', "*che il mio comportamento dica: non provare a definirmi perché io non sono incasellabile nelle tue definizioni*".

"*Interessante. Previeni ogni possibile tentativo di definirti prima che ci possano anche solo provare*".

Mike ridacchia. "*Esatto! Il mio comportamento dice: non ti darò alcuna informazione su di me perché potresti usarla per catturarmi con le tue parole*".

"*Mmm… Catturarti? Sembra che tu abbia una teoria su quello che gli altri vogliono da te*".

"*Davvero? Non so se mi piacciono le teorie*".

"*Non intendo una teoria espressa a parole*" spiega Linda. "*Intendo una teoria che esprimi col tuo atteggiamento. Il tuo atteggiamento verso gli altri sembra dire qualcosa come: gli altri vogliono catturarmi con le loro parole, così io mi devo tenere vago*".

"*Sì. È meglio rimanere sconosciuti*".

Riflette in silenzio per un lungo istante e Linda aggiunge: "*Così attraverso il tuo comportamento tu stai dicendo che le relazioni sono una specie di battaglia*".

"*Le relazioni sono una specie di battaglia*" ripete Mike, e annuisce. "*Una battaglia per definire, catturare, nascondere. E io combatto per rimanere libero. Sono un combattente per la libertà*".

"*Perché, Mike? Cosa pensi potrebbe accadere se gli altri ti definissero?*"

"*Mi chiuderebbero in una scatola, e il passo successivo, sai com'è, è che mi chiederebbero di fare cose. E giungerebbero a farmi fare quel che vogliono*".

"*Questa è una visione piuttosto cupa di ciò che la gente potrebbe farti*" suggerisce Linda.

"*Non sto dicendo che tutti mi stiano alle calcagna. La maggior parte della gente è a posto. Mi piace stare con le persone. Ma non mi piace quando pensano di saperla più lunga. Così sto attento*".

*"Questo mi ricorda una cosa che mi hai detto una volta, che sospettavi che i tuoi amici complottassero per trovarti una ragazza. Mi ricorda anche che quando giochi a scacchi preferisci sempre una strategia difensiva. Se altri possono manipolarti e ferirti, anche in buona fede, cosa ci dice questo sul modo in cui ti vedi?"*

*Mike riflette. "Vulnerabile, immagino. Debole".*

*"E cosa dice sul modo in cui vedi gli altri?"*

*Ride. "So che è assurdo. Non sono così debole e loro non sono così forti e manipolatori. Ma mi comporto come se lo fossero. Ma, aspetta un attimo, nessuno vuole essere ferito dagli altri, giusto?"*

*"Entro certi limiti sì, certo. Ma si danno da fare tutti con tanto impegno per proteggere se stessi come fai tu?"*

*"Immagino di no" replica Mike pensosamente. "Vedi, non so da dove viene questo comportamento. Non mi ero mai reso conto che sono così".*

*"Qualcosa dentro di te ha una certa 'teoria' riguardo te e gli altri. Questa teoria sembra dire che il sé che hai dentro è tenero e vulnerabile e che il mondo esterno è duro e prepotente, persino pericoloso. Questa è una teoria interessante".*

*"Wow, non ho mai pensato di avere teorie. Ma è vero, ora capisco che ne ho una. Dice che è molto più sicuro nascondermi dentro me stesso che uscire fuori".*

*"Il che significa che la tua teoria fa una netta distinzione tra l'interno e l'esterno, il dentro e il fuori, il privato e il pubblico, il nascosto e il visibile. Mi chiedo cosa sia questo 'dentro', cosa lo renda così vulnerabile, e come altri potrebbero minacciarlo. Queste sono idee intriganti. Vale la pena di esplorare più dettagliatamente la tua teoria".*

Parlando da un punto di vista intellettuale, non c'è niente di male nella teoria di Mike, si potrebbero trovare ragioni pro e contro. Ma quando controlla la vita di Mike diventa una prigione. Mike è imprigionato in una determinata concezione di sé e delle sue relazioni con gli altri, una concezione che si traduce in rigidi schemi di comportamento evasivo mantenuto da forze potenti sotto forma di ritrosia, irritazione e ansietà. A lui il proprio comportamento può apparire naturale, spontaneo e probabilmente anche libero. È l'unico atteggiamento che conosce, la buona vecchia caverna platonica dove ha vissuto per anni, e probabilmente la dà per scontata. Ma una volta

che inizia a riflettere su se stesso filosoficamente, si rende conto che
è di fatto prigioniero in un perimetro.

Si potrebbe essere tentati di fare ipotesi sul perché Mike si
comporti in questo modo. È a causa delle esperienze infantili con i
suoi genitori? Si nasconde a causa di una bassa autostima? O è
inconsciamente spaventato dall'intimità? Queste domande,
comunque, qui non sono pertinenti. Sono interrogativi psicologici
perché hanno a che fare con processi e meccanismi psicologici. Come
tali interessano lo psicologo, non il filosofo. Ciò che è importante nel
viaggio filosofico è il modo in cui Mike interpreta se stesso e gli altri,
la sua teoria del mondo, non il processo psicologico nella sua testa.

Per definirlo con più chiarezza, possiamo paragonare l'indagine
sul perimetro a una telecronaca di una partita di scacchi. Un
commentatore di scacchi analizza la logica del gioco: la posizione dei
pezzi sulla scacchiera, la sequenza delle mosse, le strategie e
manovre, le minacce innescate da un pezzo sulla scacchiera e le
possibili difese contro di esso. Il commentatore non è di solito
interessato alla psicologia dei giocatori di scacchi, ai loro traumi
infantili o alle loro relazioni coi genitori. Questo non per sminuire
tali fattori psicologici, solo per dire che non sono importanti per il
significato delle mosse sulla scacchiera.

Per analogia, in filosofia siamo interessati alla logica del
perimetro di Mike, al significato delle sue mosse, ossia alla rete di
concezioni che compongono il suo mondo. L'oggetto della filosofia
sono le idee – teorie, concezioni, concetti, assunti –, a differenza della
psicologia, che studia meccanismi e processi nella psiche e
nell'ambiente della persona. Il praticante filosofico si concentra
dunque sulla "teoria" di Mike in quanto teoria; o, per tornare
all'analogia, al gioco di scacchi.

Questo non è facile da fare oggigiorno. La cultura contemporanea
è permeata dal modo di pensare psicologizzante: in letteratura, al
cinema, nei talk show televisivi, persino nelle conversazioni per
strada. Parliamo quasi senza pensarci di "meccanismi di difesa",
"razionalizzazione", "repressione", "desideri inconsci", vale a dire
degli "ingranaggi" psicologici delle nostre menti. Siamo a tal punto
abituati a questo linguaggio psicologico che spesso è difficile pensare
alla gente senza paraocchi.

La filosofia parla un linguaggio completamente diverso. È un viaggio nel reame delle idee fondamentali – le concezioni della vita proprie di una persona o filosofie dell'esistenza – perché le concezioni hanno il potere di plasmarci.

*Esercizio*

Potreste esservi interrogati sulle vostre concezioni perimetrali. Esplorare un perimetro richiede parecchio addestramento ed esperienza, esattamente come analizzare un gioco di scacchi o un'opera artistica. Non ci sono stratagemmi universali, dal momento che ciascun perimetro è un mondo unico e si esprime in un modo caratteristico e complesso. Nondimeno, il seguente esercizio può aiutarvi a notare qualche aspetto del vostro perimetro.

Per amore di semplicità concentriamoci su uno specifico tipo di esperienza che vi è familiare, cioè le occasioni di disagio nelle vostre interazioni con gli altri. Pensiamo, per esempio, a un incontro col capo che vi mette ansia, un senso di irritazione nei confronti di un amico polemico, o un momento di imbarazzo con un estraneo in ascensore.

Nel corso della prossima settimana osservate voi stessi in queste situazioni. Prestate speciale attenzione alle esperienze che tendono a ripetersi, come pensieri e reazioni frequenti, emozioni, sensazioni e gesti corporei, o modi di parlare.

Quando vi osservate è importante guardare a specifici momenti ("Questa mattina mi sono sentita imbarazzata quando Sarah ha esaminato la mia nuova gonna") ed evitare generalizzazioni ("Per tutta la settimana mi sono sentita a disagio con Sarah").

Non pensate a ciò che *normalmente* fate o provate questa settimana, ma piuttosto a ciò che fate e provate in particolari momenti. I momenti particolari rivelano dettagli ricchi e complessi che non sono catturati da affermazioni di carattere generale.

Alla fine della settimana disegnate su un foglio un cerchio che rappresenta il vostro perimetro. Dentro scrivete i sentimenti e i comportamenti che avete osservato in voi stessi. Fuori scrivete i sentimenti e comportamenti che avete scoperto di aver evitato.

Dopodiché guardate il vostro foglio e provate ad identificare almeno uno schema che sia comune a qualcuno degli elementi che avete scritto, in altre parole un tema comune che appare più di una volta. Per esempio, immaginate che nel corso di questo esercizio abbiate fatto le seguenti tre osservazioni: (1) Quando il mio capo mi ha strapazzato, ho smesso di ascoltarlo. (2) Una persona mi ha spinto quando stavo in fila al cinema e io l'ho ignorata. (3) Il mio amico mi ha fatto delle domande irritanti, così ho mormorato una scusa e sono andato via. Questi tre elementi hanno evidentemente in comune un tema o schema, e cioè: "Quando qualcuno mi ha irritato, ho staccato la spina e me ne sono andato (fisicamente o mentalmente)".

Ora che avete trovato qualche schema iniziale nel vostro comportamento quotidiano, chiedetevi cosa dice riguardo la vostra concezione (o teoria) di voi stessi e degli altri. Cosa vi dicono, in altre parole, questi schemi sul modo in cui vedete voi stessi e le persone intorno a voi?

Chiaramente questo esercizio è del tutto preliminare e i risultati sono probabilmente provvisori e ipersemplificati. Nella realtà gli schemi e le concezioni sono più complessi e richiedono molta più osservazione e analisi. Eppure l'esercizio vi darà un assaggio di cosa sia l'esplorazione di un perimetro.

**Esplorare le concezioni perimetrali nei gruppi di auto-riflessione**
Sinora abbiamo discusso come esplorare le concezioni perimetrali nella forma della consulenza filosofica individuale. Una esplorazione simile può aver luogo anche coinvolgendo un gruppo.

Come già detto, un tipo di gruppo filosofico è il *gruppo di discussione filosofica* (*philosophical discussion group*), nel quale una persona che fa pratica filosofica da esperto offre alla gente comune un'attività strutturata su specifici argomenti filosofici. L'intimità tra i partecipanti è limitata perché l'accento è sulla discussione di un argomento filosofico piuttosto che sulle vite personali dei partecipanti. La continuità è anch'essa normalmente limitata, sia perché il gruppo si incontra solo per un ridotto numero di sedute, sia perché i partecipanti vanno e vengono, senza alcun impegno a partecipare con continuità. Come risultato, il gruppo di discussione filosofica non è una forma adatta ad esplorare i perimetri personali, qualcosa che richiede continuità, intimità, e fiducia.

Invece, l'esplorazione del perimetro è possibile in un altro tipo di gruppo filosofico, il *gruppo di auto-riflessione filosofica* (*philosophical self-reflection group*). Questo è un gruppo chiuso in cui i partecipanti si sono impegnati a prendere parte a numerose sedute, e mette l'accento sull'essere-in-unità e sul condividere esperienze personali. Come nella consulenza individuale, un gruppo di auto-riflessione può esaminare le esperienze personali di un volontario e riflettere insieme sul perimetro che esse esprimono. Il gruppo come un tutto agisce come consulente filosofico, possibilmente sotto la guida di un facilitatore che si assicura che il processo sia fatto in modo rispettoso e sensibile.

Ma ci sono anche importanti differenze tra queste due tipologie. Nella consulenza filosofica c'è solo un consultante, ed è perciò possibile approfondire maggiormente il suo perimetro. Per contro, un gruppo di auto-riflessione filosofica è composto da parecchi partecipanti, talvolta anche dieci o quindici, ed è molto più difficile approfondire il perimetro di ciascun partecipante. Una parte del lavoro deve essere assegnata a casa ai partecipanti.

Nonostante questi limiti, il vantaggio del gruppo di auto-riflessione filosofica è che può creare ricche interazioni tra gli individui, consentendo loro di apprendere ciascuno dalle esperienze dell'altro e di dare e ricevere *feedback* e sostegno. Un buon modo di utilizzare questo vantaggio è creare un sistema di riferimento condiviso centrando ogni seduta su uno specifico problema filosofico, per esempio: "Cos'è il vero amore?", o "Cosa significa essere libero?", o "Cosa rende un momento significativo nella vita?". Il facilitatore introduce il tema scelto e può anche illustrare diversi approcci filosofici ad esso. I partecipanti poi riflettono sulle loro esperienze personali alla luce di queste idee filosofiche, usando metodi come la discussione, il gioco di ruolo, l'auto-espressione mediante il disegno o la recita, esercizi di contemplazione.

Per esempio, se l'argomento della seduta è la libertà interiore, i partecipanti possono cominciare con l'esaminare due o tre teorie filosofiche alternative sulla libertà, e alla luce di queste riflettere sulla propria idea di libertà interiore. Queste teorie filosofiche non sono prese per autorità, ma come materiale grezzo da sviluppare, modificare, o respingere se necessario. Dei volontari condividono col gruppo le loro esperienze personali al riguardo, dando occasione agli altri partecipanti di vedere come vengono indagati i perimetri di altre persone, di paragonare se stessi agli altri, di offrire sostegno e ricevere feedback.

*Daniel è membro di un gruppo di auto-riflessione filosofica che si incontra una volta a settimana. Negli incontri è molto attivo e disponibile. I suoi ponderati commenti aiutano i suoi compagni ad esaminare se stessi e il suo atteggiamento empatico li incoraggia ad aprirsi e condividere le loro esperienze personali.*

*Nel loro terzo incontro Irena gli dice: "Sai, Daniel, incoraggi sempre tutti a parlare di se stessi ma noi non conosciamo ancora molto di te".*

*Daniel sorride. "Questo ti mette a disagio?"*

*Roger lo interrompe. "L'hai fatto di nuovo, Daniel! Invece di rispondere a Irena, le hai rimpallato la domanda e hai evitato di parlare di te".*

*Daniel si rende conto che Irena e Roger hanno ragione. "Sì, grazie per averlo notato. A quanto pare evito di rivelare me stesso. Uno schema interessante, no? Forse è qualche tipo di meccanismo di difesa…"*

*"Ricorda" lo interrompe Bruce, "che qui non stiamo facendo psicologia. Stiamo facendo pratica filosofica. La domanda è cosa ci dice il tuo schema sul modo in cui concepisci te stesso e gli altri".*

*"Vuoi che il gruppo ne discuta, Daniel?" chiede Jessica.*

*Daniel aggrotta la fronte. "Non so. Preferirei di no".*

*"Perché no? Come ti farebbe sentire?"*

*"Immagino di aver timore che la mia vita personale sia l'argomento al centro dell'attenzione di tutti".*

*"Non ti preoccupare, Daniel, non saresti tu l'argomento. Il nostro argomento principale sarà l'idea di auto-esporsi. Dopotutto questo è un gruppo filosofico. Abbiamo bisogno delle tue esperienze per indagare insieme cosa significa auto-esposizione".*

*"Va bene, ci sto. Stabiliamo che l'auto-esposizione sia l'argomento di questo incontro".*

*Daniel adesso tenta di spiegarsi. "Non mi piace l'idea che tutti qui mi ascoltino e parlino di me. Mi fa sentire come se fossi un ragazzino e voi gli adulti che si occupano di me".*

*Riferisce anche una esperienza recente in cui ha interrotto una conversazione con sua zia perché gli aveva chiesto della sua vita privata.*

*Quando il gruppo esamina la sua esperienza, viene fuori che la zia non stava realmente "interrogandolo" ma probabilmente solo esprimendo il suo amore e la sua attenzione.*

*"Non lasciare che nessuno mi sottoponga ad un esame personale: questo è ovviamente il mio schema" dice Daniel. "Qualcosa nella mia testa pensa che nel lato personale della mia vita io mi veda un bambino vulnerabile".*

*"E pensa anche" aggiunge Irena, "che è importante non essere vulnerabile, e non essere un bambino. Io devo essere un omaccione forte e invulnerabile!"*

*"Quello che trovo interessante qui" dice Bruce pensieroso, "è che la distinzione tra un bambino vulnerabile e un adulto forte sia così importante per te. È come se fosse la distinzione più importante nella vita".*

*Più tardi, altri due partecipanti condividono le loro esperienze di auto-esposizione, e attraverso questo confronto acquisiscono delle visioni riguardo i rispettivi schemi e le concezioni che si esprimono attraverso di essi. Naturalmente non c'è tempo sufficiente per approfondire il perimetro di ciascuno, e la conversazione non va oltre idee preliminari. Ma il feedback meditato e l'atmosfera di sostegno danno loro molto materiale da portare a casa per ulteriore auto-riflessione.*

*Per affinare le osservazioni, il gruppo discute diverse teorie filosofiche sull'auto-esposizione. Viene menzionato Sartre (vergognarsi è essere oggettivato dallo sguardo di un'altra persona[17]), così come Nietzsche (con gli amici "tu non devi voler vedere ogni cosa"[18]). In questo modo, i partecipanti sviluppano una rete di idee collegate alla auto-esposizione che gettano luce sulle loro personali esperienze. Essi si rendono conto che la vita parla in una varietà di idee che sono interrelate in modo complesso.*

*"Sto cominciando a capire il mio atteggiamento" dice Heather, che, come Daniel, ha rivelato al gruppo quanto detesti essere al centro dell'attenzione. "Non mi piace quando la gente parla di me perché odio essere passiva. Odio essere quello che riceve. Immagino che la mia assunzione nascosta sia: 'Se sono un ricevente passivo allora smetto di essere qualcuno'. Esisto solo se do, aiuto, agisco".*

*"Un'interessante idea filosofica" commenta Melinda. "Essere qualcuno significa agire nei confronti degli altri. Ricevere azioni significa non esistere".*

---

17. Jean-Paul Sartre, *L'Être et le néant*, 1943, tr. it. *L'essere e il nulla*, Milano, Il Saggiatore, 2014.
18. Nietzsche, *Così parlò Zarathustra*, cit., Libro 1, "Dell'amico", pp. 64-66.

*"Esattamente. Il filosofo danese Kierkegaard non ha forse discusso il problema di cosa significhi esistere?"*

*"Sì" dice Irena. "Ha sollevato una questione del genere ma in un contesto molto differente. Tuttavia, sarebbe interessante confrontare il tuo approccio col suo".*

## Dalle concezioni perimetrali alle visioni del mondo del perimetro

Una persona normalmente ha parecchie concezioni perimetrali riguardo argomenti disparati: una concezione di cosa sia una relazione significativa, una concezione di cosa sia giusto e corretto, una concezione di cosa sia il sé, e così via. Per di più, qualche volta situazioni differenti danno vita a concezioni differenti. Per esempio, posso avere una concezione degli altri improntata al sospetto quando sono tra estranei, ma una concezione fiduciosa quando sono con i miei migliori amici.

Nondimeno, le varie concezioni che una persona possiede sono normalmente coerenti tra loro. Raramente troviamo qualcuno che si comporta come il Dr. Jekyll e Mr. Hyde, come due persone completamente differenti che hanno due concezioni completamente diverse. Persino quando c'è un conflitto tra una concezione e un'altra, le due tendono ad essere facce della stessa medaglia. Per esempio, quando sono con estranei posso avere una concezione che dice: "L'altro è un pericolo sconosciuto" mentre con gli amici ho una concezione differente, che dice: "L'altro è un rifugio sicuro". Ciò non toglie che invece possano essere due facce della stessa concezione generale: "L'amicizia è un rifugio dai pericoli potenzialmente causati dagli sconosciuti".

Il risultato è che le differenti concezioni perimetrali individuali si intersecano in una concezione globale e coerente. Questa concezione globale può essere chiamata *visione del mondo perimetrale* o, in breve, *visione del mondo*. Una *visione del mondo* è quindi la somma di tutte le concezioni perimetrali di una persona; o, più precisamente, la concezione generale che include le concezioni minori come sue parti. Una visione del mondo, dunque, è il perimetro della persona nella sua totalità.

Una visione del mondo non è mai un insieme casuale di idee scollegate, ma piuttosto una "teoria" più o meno coerente del mondo.

Per di più, essa di solito ha un nucleo, una concezione centrale più influente e potente delle altre. Le altre concezioni sono organizzate attorno a questo centro. Questo sembra logico: nella vita di ogni giorno concezioni in contraddizione creano un conflitto interiore e dunque "apprendono" ad adattarsi ciascuna all'altra.

Eppure non implica che ci sia una completa armonia tra differenti concezioni. Ovviamente una visione del mondo spesso contiene tensioni e conflitti. Ma tali conflitti sono essi stessi elementi intrinsechi alla visione del mondo della persona. Per esempio, la mia visione del mondo può contenere la concezione: "Da un lato l'amore è importante, ma dall'altro ti rende dipendente".

La mia visione del mondo, come le specifiche concezioni di cui è composta, non è qualcosa che si può spiegare a parole, ma qualcosa che vivo, spesso senza esserne consapevole. Esprime il mio atteggiamento generale verso me stesso e il mondo. Molto spesso agisce sulla mia vita come un vincolo limitato, rigido, automatico, e in questo caso la mia visione del mondo è la mia prigione, la mia caverna platonica, il mio perimetro. La maggior parte delle persone sono di fatto imprigionate nelle loro visioni del mondo perimetrali.

*Alicia ama leggere, soprattutto libri che trova profondi e saggi. Trascorre ore leggendo letteratura classica, poesia e filosofia, e questi libri la fanno commuovere e la ispirano. Dall'altro lato, è annoiata da argomenti "banali": news, bestseller popolari, commedie, chiacchiere. Trova praticamente impossibile impegnarvisi.*

*Alicia dice che le piacciono le persone, ma di fatto si trova in difficoltà nel mantenere relazioni con esse. Sembra sollevare opposizione negli altri, che spesso la trovano fredda, priva di emozioni e polemica. Lei attribuisce questo alla sua sincerità e alla sua incapacità di giocare giochi sociali. Ma le sue abitudini di parlare in modo molto astratto, di correggere gli altri in una conversazione e di insistere nel sostenere i propri punti di vista contribuiscono al senso di distanza che suscita negli altri. "Ho tanto amore nel mio cuore" dice, "ma la gente non è pronta a riceverlo". Questo comunque non la preoccupa granché. Gode del suo amore come se fosse un tesoro personale dentro di sé. Non è preoccupata della tendenza della gente a tenerla a distanza. Le piace stare da sola.*

*Alicia dice anche che in compagnia degli altri è molto timida. Negli eventi sociali sembra schiva e non sa cosa ci si aspetti che dica. "Socializzare è seccante" dice, "e io lo evito per quanto posso". Quando si trova in un gruppo, preferisce rimanere silenziosa.*

*Ora, se esaminiamo questi fatti riguardo Alicia, essi delineano almeno tre differenti schemi comportamentali ed emotivi: il suo interesse per libri e idee profonde; il suo atteggiamento freddo e polemico verso gli altri e la sua timidezza. Questi schemi sembrano esprimere tre concezioni perimetrali principali: la concezione che la profondità è importante, che la via per entrare in rapporto con le altre persone è attraverso le idee, e che le persone sono incomprensibili e noiose.*

*Ebbene, uno sguardo più attento rivela che questi sono tre aspetti di una concezione più generale, in altre parole una visione del mondo perimetrale. Comune a tutte e tre è la distinzione tra ciò che è significativo e interessante e ciò che è senza significato e banale, e questo corrisponde alla distinzione tra il suo mondo privato e il mondo sociale all'esterno. Secondo la sua visione del mondo solo materie profonde meritano attenzione, e queste si trovano nel suo mondo privato, che comprende le attività che le piace fare da sola: leggere, pensare, provare amore. In altre parole, il suo mondo privato è presumibilmente la fonte di tutto il senso e di tutta la profondità, il luogo dei tesori che lei si sente chiamata a coltivare e sviluppare. Di contro, il mondo sociale, all'esterno del suo mondo privato, è fatto di persone, conversazioni, eventi che hanno scarso significato o importanza. Contiene giochi sociali, chiacchiere e simili cose di poco conto. Un buon esempio è l'amore che sente verso gli altri: ciò che conta per lei è che lo senta nel suo cuore; è molto meno importante che raggiunga o no gli altri.*

*In breve, le tre concezioni di Alicia sono aspetti di un'unica visione del mondo che ruota attorno a un'idea fondamentale: solo materie profonde che risiedono nel mio mondo privato sono significative e degne di essere coltivate.*

Nella consulenza filosofica normalmente si inizia con l'identificare uno schema per poi scoprire la concezione perimetrale che gli sta dietro. Ma è importante ricordare che questa concezione può rivelarsi solo un elemento minore di una più ampia visione del mondo che può contenere altre concezioni. Per scoprire altre concezioni, il consulente può orientare la conversazione verso altri argomenti, altre esperienze e altri aspetti della vita della persona.

Per esempio, una conversazione filosofica può iniziare con la sensazione di tedio del consultante sul lavoro. Dopo che il quadro di base inizia a diventare chiaro, il consulente può chiedere al consultante dei suoi hobby, delle sue relazioni familiari o dei suoi amici. Accade spesso che ciò che a tutta prima appare una concezione fondamentale si rivela essere solo un elemento in una più ampia visione del mondo.

*Esercizio*

Immaginate che nel processo di consulenza filosofica con un certo consultante siano esposte e formulate le seguenti tre concezioni:

- concezione 1: il divertimento è importante (un esempio nelle parole del consultante: "Mi piacciono i film divertenti. Mi piace ridere e scherzare. Sono piuttosto fiero del mio senso dell'umorismo")

- concezione 2: è importante essere riconosciuti (per esempio: "Qualche volta mi irrito con le persone, specialmente quando mi ignorano o non mi capiscono")

- concezione 3: la presenza di un'altra persona significa aspettative ("Sono piuttosto nervoso quando sono in compagnia di altri. Sento che si aspettano da me qualcosa, non so bene cosa").

Ora provate a immaginare diversi modi in cui queste tre concezioni possono unirsi insieme come elementi di una più ampia visione perimetrale del mondo. Provate a sintetizzare l'essenziale di questa visione del mondo in una sola idea fondamentale.

## Capitolo 6

# ESPLORARE IL SIGNIFICATO PIÙ PROFONDO DEL PERIMETRO

Nel capitolo precedente abbiamo visto che i comportamenti, le emozioni e i pensieri di una persona non sono un cumulo casuale di elementi scollegati, ma piuttosto costituiscono un atteggiamento più o meno coerente nei confronti della vita. Essi esprimono un corpo di concezioni perimetrali riguardo vari argomenti, che, presi insieme, costituiscono la visione del mondo perimetrale della persona. Abbiamo anche analizzato un certo numero di casi concreti di concezioni perimetrali di consultanti e le abbiamo formulate sinteticamente, in una frase o due.

Questa è, di fatto, una ipersemplificazione: una concezione perimetrale è molto più complessa di un'idea racchiusa in una sola frase. L'atteggiamento di una persona nei confronti della vita non può essere esaurito da una formula semplice, dal momento che si applica a una grande varietà di situazioni. Per esempio, la mia concezione perimetrale delle relazioni personali include il mio modo di vedere gli amici, i conoscenti e gli estranei, e ciascuna di queste relazioni può variare in dipendenza dalle mie particolari tendenze e dalle circostanze. A meno che io non sia un semplice automa, la mia concezione delle relazioni deve includere una rete di idee che vanno a comporre un'intera teoria sulla natura delle relazioni. Dunque, se vogliamo formulare la visione del mondo perimetrale di una persona e le concezioni da cui è composta, dobbiamo andare oltre semplici riassunti e imparare a prestare attenzione ai dettagli più sottili. In questo capitolo esamineremo il modo in cui può essere fatto.

**La concezione perimetrale come teoria filosofica**

Una concezione perimetrale può essere definita come una teoria su un certo argomento – una teoria dell'amore, per esempio, o della libertà, o del significato, ecc. – che spiega o interpreta le occorrenze di tutti i giorni al riguardo. Sotto questo aspetto è simile alle teorie che studiamo nei libri universitari: a una teoria biologica che spiega come funziona la fotosintesi, o a una teoria geologica che spiega come si sono formati i continenti, o a una teoria psicologica che spiega gli effetti dei traumi, o a una teoria filosofica che spiega in cosa consiste il comportamento morale.

Le teorie scientifiche si basano in larga misura su scoperte empiriche osservate in esperimenti controllati e su osservazioni, e spesso anche su calcoli matematici. Una teoria filosofica, per contro, riguarda principalmente idee fondamentali e si basa soprattutto sul ragionamento (sia esso logico, intuitivo, ecc.). È in gran parte un prodotto del pensiero, e ben poco di osservazioni empiriche. Anche una concezione perimetrale ha a che fare con idee fondamentali ed è dunque simile a una teoria filosofica, come quelle che potremmo trovare nei libri di filosofia: la teoria di Aristotele dell'amicizia, per esempio, la teoria di Jean-Jacques Rousseau sull'autenticità, la teoria di John Stuart Mill dell'azione morale o la teoria dell'amore di Ortega y Gasset. Ciascuna di queste teorie filosofiche propone alcune idee fondamentali – concetti, distinzioni, assunti, ecc. – e le usa come "mattoni" per capire l'argomento in oggetto.

Una teoria può essere vista come un trama di idee che cerca di gettar luce su un dato oggetto. E questo è anche il caso delle concezioni perimetrali di una persona. Naturalmente, le concezioni perimetrali dell'uomo della strada non sono sofisticate come le teorie filosofiche dei grandi pensatori. Possono essere semplicistiche, distorte, viziate da pregiudizi, basate su ragionamenti fallaci; e tuttavia sono ancora teorie, simili come genere, se non come sofisticazione, a quelle che troviamo nei libri di filosofia. In questo senso, possiamo dire che ogni persona che pensa è un filosofo, sia pure non necessariamente un buon filosofo. Come un filosofo professionista, ogni individuo pensante si rapporta al mondo attraverso teorie su argomenti come l'amore, l'amicizia, la morale o il senso della vita.

Ne segue che esplorando le concezioni perimetrali di una persona o la visione perimetrale del mondo nel suo insieme si arriverà a tratteggiare la teoria implicita nella vita quotidiana di quella persona. Questo non è un compito semplice. Una concezione perimetrale di solito non è articolata in parole ma è integrata nel comportamento quotidiano. La persona stessa non è normalmente consapevole della "teoria" che vive. Il compito di chiarire una visione del mondo e descriverla a parole è dunque un lavoro di decifrazione.

Inoltre, formulare una teoria filosofica a parole è un'impresa difficile, di certo per qualcuno che non è stato formato al pensiero filosofico. È arduo analizzare gli atteggiamenti di una persona in termini di idee astratte. Fortunatamente, molti pensatori attraverso i secoli hanno affrontato i temi esistenziali fondamentali che gli esseri umani si trovano di fronte e hanno formulato un tesoro di idee e teorie su di essi. Coloro che fanno pratica filosofica possono, dunque, trarre personalmente vantaggio dalle teorie tramandate dalla storia della filosofia.

Questo non significa, naturalmente, che un consulente filosofico debba imporre al consultante una teoria filosofica preconfezionata. Le persone sono diverse l'una dall'altra, le loro concezioni sono personali e non si inquadrano esattamente in una teoria di Sartre o Buber. Nondimeno, le teorie filosofiche possono servire come materiali grezzi con cui lavorare, come fonti di idee utili. Possiamo formulare e affinare le nostre osservazioni riflettendo sulle idee di pensatori profondi, adottando qualcuna di esse, modificando altre, rifiutandone altre ancora. Anche quando rigettiamo una teoria filosofica come completamente inapplicabile al nostro consultante, essa può ancora aiutarci a formulare le concezioni perimetrali del consultante semplicemente per contrapposizione.

### Studio di un caso: teorie dell'altro

*Donna non è una filosofa, ma come tutti ha il suo peculiare modo di vedere le persone intorno a lei. Questa concezione modella il suo comportamento, le sue aspettative, le sue speranze e le sue emozioni, anche se lei ne è a malapena consapevole. Essa è parte della visione perimetrale del mondo in cui è rinchiusa.*

*"Sono sola" dice Donna a Linda, la sua consulente filosofica. "Mi piace stare da sola, altrimenti perdo il contatto con me stessa. E tuttavia vorrei avere un buon amico, qualcuno di cui possa realmente fidarmi. Ho già 35 anni e ho ancora la speranza di trovare qualcuno con cui condividere i miei sentimenti. Ma ho sperimentato troppe delusioni".*

*Donna conserva un ricordo del nonno risalente alla prima infanzia, a quando aveva quattro anni. Lo ricorda vividamente: suo nonno che aveva perso le staffe e la sgridava. Strano che Donna ricordi questo particolare episodio. Suo nonno era stato sempre molto affettuoso con lei, senza mai alzare la voce. Quella era stata l'unica volta in cui si era arrabbiato.*

*Donna una volta ha avuto una relazione piuttosto lunga con un uomo. Lui era schivo e tranquillo, e per due o tre anni si erano trovati molto bene insieme. E poi, sei anni prima, lui era rimasto ucciso in un incidente d'auto. Quello fu un brutto momento per lei. Si sentiva abbandonata da lui. Era arrabbiata con lui per averla lasciata. Razionalmente sapeva che la sua rabbia non aveva senso, ma nondimeno la avvertì intensamente per molte settimane.*

*Fortunatamente, diversi mesi dopo incontrò un'altra donna solitaria, Peggy. Le due donne sole divennero amiche. Ma poi Peggy trovò un compagno. "Spariva per tre-quattro giorni" dice Donna amareggiata a Linda, "finché finalmente ho capito che non le importava più di me. Così ho imparato a non aspettarmi niente da lei".*

*Alla fine, Donna aprì una scuola di addestramento per cani. "È più facile andare d'accordo con gli animali " spiega. "Specialmente con i cani. Non ti riserbano mai sorprese. Se sei amichevole con loro, loro sono leali nei tuoi confronti. La gente al contrario è troppo imprevedibile".*

*Di fatto, se vede qualcuno malmenare o trattare male un cane lei si controlla a stento. Non molto tempo addietro aveva visto nel suo vicinato una giovane donna che si trascinava dietro il cane come se fosse un bagaglio. Donna era esplosa. Fortunatamente un vicino l'aveva fermata prima che potesse picchiare la proprietaria.*

*"Questa donna è un mostro" aveva detto al vicino.*

*Il vicino appariva scettico. "Forse è stato soltanto un momento di malumore o aveva fretta. O forse semplicemente non sa come trattare un cane".*

*"No, è un mostro" aveva replicato Donna. "E se non lo è, è mentalmente disturbata".*

*È interessante che, per quanto critica Donna sia verso gli altri, appare molto indulgente verso se stessa. Quando era ancora in buoni rapporti con Peggy, alle volte la eludeva, trovando ogni sorta di scuse per non vederla, e tuttavia non reputava di comportarsi in modo inappropriato.*

*"Sembra" commenta Linda, "che tu non esiga da te stessa la stessa lealtà che pretendi dagli altri".*

*Donna concorda con riluttanza.*

*Persino da questa sintetica descrizione possiamo cominciare a individuare uno schema fondamentale nella relazione di Donna con le altre persone: lei non si fida di loro. Quando le si mostrano amiche, è preoccupata dalla possibilità che alla fine possano deluderla o abbandonarla. Tende ad avere una prospettiva unilaterale del comportamento delle persone, ad amplificare fino a proporzioni irrealistiche qualsiasi accenno di negligenza e interpretarlo come prova del loro tradimento o della loro insensibilità. Così, trascinare un cane si trasforma in un mostruoso abuso; la morte del suo compagno diviene un tradimento; ciò che ricorda del nonno è la sua insolita durezza, non i molti momenti dolci che hanno condiviso.*

*Lo schema di Donna esprime la sua concezione delle altre persone, la sua "teoria" del significato dell'Altro. Lei non ha mai formulato a parole la sua "teoria", anche se il suo comportamento la esprime praticamente ogni giorno. Per questa ragione Linda non le chiede le sue opinioni sull'Altro, come tendono a fare i consulenti inesperti. Lei sta cercando la concezione che guida il suo effettivo comportamento, non il suo parere.*

*Un modo utile per approfondire la "teoria" di Donna dell'altro è leggere testi filosofici pertinenti e usarli come materiali grezzi per l'auto-riflessione. Ciò che c'è di speciale nei buoni filosofi non è che le loro teorie sono vere per tutti, ma che sono capaci di esprimere a parole l'esperienza umana in modo penetrante. Essi possono esprimere la loro visione del mondo con grande sensibilità, con osservazioni e concetti illuminanti, con analisi profonde. E tuttavia, la loro filosofia esprime niente di più che la loro concezione, non quella di Donna.*

*Nondimeno, queste teorie non sono prive di valore per lei. Possono essere di grande aiuto per tracciare la mappa del suo perimetro e infine prepararla a passare oltre. Per questa ragione, di tempo in tempo Linda richiama una teoria filosofica pertinente, qualche volta con l'aiuto di un breve testo che leggono insieme. Il primo filosofo che le presenta è Sartre.*

*Jean-Paul Sartre - lo sguardo oggettivante[19]*

Nel suo libro *Essere e nulla*, l'esistenzialista francese Jean-Paul Sartre (1905-1980) descrive come l'Altro appaia nel mio mondo.

Sono in un parco pubblico. Non lontano c'è un prato e lungo il bordo di quel prato vi sono delle panchine. Improvvisamente un uomo passa di lì. Cosa intendo quando dico che questo oggetto è *una persona*? Qual è la differenza tra vedere una panchina e vedere una persona?

Una panchina è un oggetto entro il mio mondo, mentre una persona è più di quello. Contrariamente alla panchina, la persona che è là può vedere, udire, toccare. Ha una prospettiva. Il mondo è visto anche dai suoi occhi, e dalla sua prospettiva il mondo è disposto intorno a lei. Inoltre, una volta che l'altra persona entra nel mio mondo, gli oggetti che vedo intorno a me – l'albero, la panchina, il prato – non stanno solo intorno a me. Non sono più il *mio* mondo. Essi sono anche il *suo* mondo.

Questo significa che una volta che l'altra persona appare, le coordinate del mio mondo sono distrutte. Non sono più il centro del mondo perché anche lei è un centro. L'altra persona mi ruba il mondo, per così dire. Il mio mondo fugge verso di lei.

Immaginate poi che l'uomo ora guardi me. Io mi rendo conto di essere visto da lui. Sono un oggetto sotto il suo sguardo. Se stavo facendo un gesto volgare, ora cerco di nasconderlo ai suoi occhi. Se stavo parlando da solo, adesso comincio immediatamente a canticchiare per dissimulare la mia azione. Perché sperimento me stesso come oggetto del suo sguardo.

L'Altro pone una nuova minaccia: che io divenga un puro oggetto, che io non sia più un soggetto libero che ha un mondo ma un semplice oggetto nel suo mondo. E naturalmente lui è minacciato in modo identico dal mio sguardo.

*A Donna la teoria di Sartre non sembra piacere. "Io non trovo affinità con l'idea che sono un oggetto per altri".*

*Linda le chiede di non giudicare la teoria sul momento, ma di rifletterci su. Quel che è importante, spiega, non è tanto se a Donna piaccia o no la*

---

19. Sartre, *L'essere e il nulla*, cit.

teoria, ma se può trarne elementi per chiarificare la propria concezione dell'Altro.

E per la verità, con l'aiuto di Linda, Donna scopre che può mutuare da Sartre un'interessante visione: che incontrare un Altro significa incontrare una prospettiva differente dalla sua. L'Altro introduce nel suo mondo un punto di vista estraneo che consiste di valori e preferenze estranei. L'Altro dunque rappresenta un invasore straniero che minaccia di cambiare il suo mondo.

Comunque, come Linda sottolinea, Donna non ha ragione di accettare la teoria di Sartre nella sua totalità. Per prima cosa parecchi aspetti della teoria di Sartre sono differenti dalla sua: lei non teme che gli altri la oggettivino. Lo sguardo oggettivante di Sartre non fa parte del suo perimetro. Inoltre, a differenza di lui, lei crede che l'"essere insieme" sia una possibilità reale.

In secondo luogo, adottare la teoria di Sartre significherebbe entrare in un'altra caverna platonica, un'altra concezione limitata, un'altra teoria, un'altra prigione. Ma lei non ha bisogno di un altro perimetro. Vuole usare le visioni filosofiche per liberarsi, non per limitarsi.

Un'altra volta, in una seduta successiva, si presenta l'occasione per il consulente di presentare una seconda teoria filosofica sull'Altro.

### José Ortega Y Gasset - l'interiorità nascosta[20]

Nel suo libro, *L'uomo e la gente*, il filosofo spagnolo José Ortega y Gasset (1883-1955) descrive l'altra persona come una sorpresa. Improvvisamente io scopro che non sono il solo abitante del mondo. Qualcun altro co-esiste con me nel "mio" mondo e io non posso più rilassarmi come facevo prima.

Prima, il mio mondo era comodo e familiare. Era casa mia, era mio. Di fatto era il solo e unico mondo ad esistere. Ma ora che l'Altro è entrato nel mio mondo, c'è qualcosa di inquietante in lui: a differenza degli oggetti inanimati, l'apparire di una persona introduce una realtà nascosta. Dietro i suoi occhi ci sono emozioni, pensieri, intenzioni, e io non possono vedere quali siano. La sua interiorità è nascosta alla mia vista. Posso solo percepire la sua manifestazione esterna: i suoi gesti, la sua espressione facciale, le parole che escono

---

20. José Ortega y Gasset, *El hombre y la gente*, Madrid, Revista de occidente, 1957; tr. it. *L'uomo e la gente*, Roma, Armando, 2001.

dalla sua bocca. L'altra persona, dunque, rappresenta una fonte misteriosa di comportamento.

Di conseguenza, l'altra persona è, per me, uno sconosciuto. Per usare la metafora di Ortega, è come se io avessi udito passi nella nebbia. La mia reazione sarebbe: "Ehi, chi è là?"

Non posso vedere la sua interiorità, ma attraverso il suo corpo posso vedere che la sua interiorità si relaziona con me, che risponde alla mia presenza esattamente come io posso rispondere alla sua. In questo senso, l'altra persona rappresenta un pericolo o una sorpresa perché non posso mai pienamente predire e controllare il modo in cui mi considera.

Ma l'Altro per me non è solo un problema. Grazie alla sua apparizione scopro i miei propri confini, i miei limiti, e quindi le mie capacità e incapacità, i miei gusti, le mie opinioni. Attraverso l'Altro scopro me stesso.

*Donna riflette. Alla fine nota che la nozione dell'Altro di Ortega come una sorpresa pericolosa può gettare qualche luce sul suo perimetro. Anche nel suo perimetro, l'Altro è imprevedibile e dunque è un potenziale pericolo.*

*Ma qui, a quanto pare, la somiglianza termina. Nella successiva conversazione con Linda lei arriva a capire che il resto della teoria di Ortega è piuttosto differente dalla sua. Per Donna, gli altri sono pericolosi perché mancano di buone intenzioni, non solo perché la loro interiorità è nascosta. Inoltre, per Ortega io scopro me stesso nei miei incontri con gli altri, mentre Donna sembra scoprire se stessa nel suo solitario isolamento. Nondimeno, attraverso il confronto con la teoria di Ortega, Donna riesce a precisare meglio il proprio atteggiamento.*

*"Sì, è vero" ammette, "Io mi relaziono indubbiamente con gli altri come se ci fosse uno sconosciuto nascosto nel loro cuore; un potere oscuro dormiente che può risvegliarsi in ogni momento e mordermi".*

### Emmanuel Lévinas - il volto dell'altro[21]

Sia Sartre che Ortega presentano un quadro piuttosto cupo dell'Altro. Sotto questo aspetto sono vicini all'atteggiamento di Donna. Ma ci sono filosofie dell'Altro più ottimiste.

---

21. Emmanuel Levinas, *Alterité et trascendance*, Parigi, Fata Morgana, 1995; tr. it. *Alterità e trascendenza*, Genova, Il Melangolo, 2006.

Per il filosofo francese Emmanuel Lévinas (1906-1995) la filosofia occidentale ha mancato di rispettare l'altra persona come Altro, come radicalmente differente da me, come una realtà che è oltre gli orizzonti della mia conoscenza. I filosofi hanno sempre cercato di tradurre l'Altro in ciò che lui chiama "il Medesimo". A mio parere, hanno tentato di capire le donne per confronto con gli uomini, o le culture non occidentali in termini della cultura occidentale. In modo simile, essi hanno sempre inteso l'Altro come semplicemente un altro "io". Lévinas lo reputa un atteggiamento imperialista perché cerca di invadere ciò che è differente e di renderlo comprensibile secondo i miei criteri.

Incontrare realmente l'Altro è incontrarlo come radicalmente diverso. L'Altro è sempre oltre i miei orizzonti. E questo significa che la sua apparizione manda in frantumi il mio mondo egocentrico. Quando l'Altro entra nel mio mondo io non sono più libero di fare ciò che mi pare. Adesso ho nuove responsabilità: devo prendere atto degli altri. Il volto dell'Altro manifesta la domanda etica: "Non mi uccidere!", non cancellarmi.

Notate che l'approccio di Lévinas non solo offre un'analisi di come ci relazioniamo con gli altri, come fanno Sartre e Ortega, ma anche di come *dovremmo* relazionarci con loro. Esprime una chiamata, esortandoci a trascendere il nostro normale atteggiamento verso uno più alto. Comunque, a questo stadio stiamo ancora occupandoci dell'analisi del perimetro e accantoneremo questa chiamata.

*Linda aiuta Donna a confrontare il suo atteggiamento con Lévinas. Donna si rende conto che può prendere da lui il concetto di Altro come radicalmente differente. Ma il resto del suo quadro si rivela meno rilevante per lei. In contrasto con quanto Lévinas suggerisce, l'altro per lei non è una domanda etica, ma una forza minacciosa. Nondimeno, Donna impara presto qualcosa di interessante su se stessa: l'idea di Lévinas dell'Altro come una domanda etica le fa rendere conto che anche nel suo perimetro l'altro implica una domanda, ma in un senso molto differente. Nel suo perimetro la domanda è sull'Altro, non su di sé. L'altro è per lei un essere che "dovrebbe" essere fedele, sollecito e comprensivo. Lei, per contro, non ha simili responsabilità verso gli altri.*

*"Posso ora vederlo" commenta Donna, "anche se non mi piace quello che vedo. L'Altro ha responsabilità verso di me, ma io non ho responsabilità verso l'Altro".*

*"C'è proprio un'asimmetria tra te e gli altri" annuisce Linda.*

*Più tardi, Donna usa le idee di Lévinas per formulare un'importante spiegazione di questa asimmetria: nel suo perimetro, l'Altro non è solo imprevedibile e sconosciuto come direbbe Ortega, ma anche completamente differente da lei. Presumibilmente il suo comportamento è comprensibile e razionale, mentre l'altra persona è al di là dei confini della razionalità e della correttezza. Lei stabilisce gli standard morali che gli altri dovrebbero seguire.*

*Martin Buber - l'io e il tu[22]*

Nella sua opera *L'Io e il Tu*, il filosofo ebreo di nascita austriaca Martin Buber (1878-1965) spiega che "Io" non è una entità separata. Io sono definito nei termini delle mie relazioni. Non sono un atomo separato che è indipendente da altri, perché le mie relazioni sono parte di ciò che sono.

Buber distingue due tipi di relazioni con gli altri (così come con animali, piante e persino con Dio): Io-Esso e Io-Tu. Nelle relazioni del primo tipo, io considero l'altra persona come un oggetto: un oggetto di percezione, di conoscenza, di manipolazione, di cura, ecc. Lo guardo, lo esamino, cerco di capirlo, lo uso. Posso farlo con buone intenzioni, per esempio quando provo a capire come aiutarlo, ma anche in questo caso c'è uno spazio tra noi: io lo esamino a distanza, come se fosse un oggetto di osservazione, come qualcosa situato fuori di me.

Ma c'è un altro modo di relazionarsi con una persona: io-tu. In questo tipo di relazione io sono *con* l'altra persona. Non ti *guardo* attraverso una distanza che ci separa. Non provo a conoscerti, a usarti, a migliorarti; io sono semplicemente presente *con* te. Tu non sei più un oggetto nel mio mondo, ma piuttosto colori il mio intero mondo con la tua presenza.

In una tale situazione, io sono pienamente presente. A differenza che nella relazione Io-Esso che coinvolge solo una certa parte di me

---

22. Buber, *L'Io e il Tu*, cit.

stesso (i miei pensieri, per esempio, o un certo sentimento), la relazione Io-Tu coinvolge il mio intero essere.

Dal momento che le mie relazioni definiscono chi sono, io sono diverso quando sono in una relazione Io-Tu da quando sono in una relazione Io-Esso. Le relazioni io-esso sono spesso utili per scopi pratici, ma Io-Tu è il mio autentico modo di relazionarmi. Esprime il mio pieno potenziale, il mio pieno essere. E sebbene possa durare anche solo pochi minuti, dà vita alle mie relazioni e dunque a me.

Come esempio possiamo pensare ad un matrimonio che consiste solo di comportamenti "corretti". Se la coppia non sperimenta l'Io-Tu di quando in quando, allora la relazione è morta.

*"Sembri commossa dalle parole di Buber" nota Linda dopo che loro due hanno letto diversi passaggi poetici dal libro di Buber.*

*"Sono magnifiche" replica Donna. "L'essere insieme di cui parla è precisamente quello a cui aspiro".*

*Presto notano, però, che altri aspetti dell'approccio di Buber sono decisamente estranei alla sua visione del mondo. A differenza di lui, lei non definisce se stessa in termini di relazioni. Non è disturbata dalla distanza: di fatto necessita di una dose di distanza per sentirsi in contatto con se stessa. I concetti di Buber non sono il linguaggio del suo perimetro.*

*Malgrado ciò, attraverso le sue idee lei scopre che c'è una contraddizione nel suo mondo: da un lato brama una relazione Io-Tu, ma d'altro canto l'Altro nel suo mondo è essenzialmente un oggetto, un oggetto di sospetto, di esame e giudizio, di aspettative. Lei si rende conto adesso che le relazioni Io-Tu non possono esistere in un mondo come il suo, anche se lei anela ad esse. Fintanto che il suo perimetro non cambia, è improbabile che lei abbia una vera relazione Io-Tu.*

### Tracciare la mappa della visione perimetrale del mondo

Non deve sorprendere che nessuna delle quattro teorie filosofiche colga esattamente la concezione dell'altro di Donna. Una teoria filosofica esprime una particolare concezione formulata da un particolare pensatore, e come tale è un singolo filo nel complesso tessuto degli atteggiamenti umani. Non possiamo attenderci che un essere umano reale venga incasellato in uno schema universale.

E tuttavia, come abbiamo visto, le teorie filosofiche possono essere usate per gettare luce sulla visione perimetrale del mondo tipica di Donna anche se sono notevolmente differenti da essa. Il suo atteggiamento personale non è completamente privo di affinità con quello di Sartre o Ortega o Lévinas o Buber. I buoni filosofi sono capaci di descrivere aspetti della realtà umana con grande profondità, sensibilità e dettaglio, così che anche una sovrapposizione parziale tra le loro prospettive e quelle di Donna può aiutarla a tracciare la mappa della sua concezione.

Un modo utile per comprendere la struttura della concezione perimetrale di una persona (o di una qualsiasi teoria filosofica) è delineare una mappa delle idee centrali da cui è composta. Questo perché una teoria può essere vista come un *network* di idee. Per esempio, la concezione di Sartre dell'Altro (così come molta parte del resto della sua filosofia) è un corpo di idee che si incentra su una dicotomia fondamentale: la dicotomia tra coscienza libera da un lato e fatti e oggetti finiti dall'altro; ovvero, per usare la terminologia di Sartre, tra libertà e fatticità. Altri importanti concetti nella sua filosofia ruotano intorno a tale dicotomia fondamentale. Questo può essere rappresentato graficamente nella seguente "mappa di idee":

Come mostra questa mappa di idee, nel mondo di Sartre esiste una fondamentale tensione tra me e un'altra persona: ciascuno di noi può oggettivare l'altro o esserne oggettivato; in altre parole, derubare l'altro della sua libertà di interpretare il proprio mondo o essere derubato da lui e diventare un fatto. Il vero essere insieme di due individui liberi, dunque, sembra impossibile. La preoccupazione principale di un individuo che vive in un mondo del genere è mantenere la sua libertà, rifiutando di essere oggettivato e resistendo al tentativo di essere derubato del mondo che è suo.

Per contro, la rete di idee che costituisce la teoria dell'Altro di Buber è molto differente. Non c'è praticamente spazio per i concetti di Sartre, come lo sguardo oggettivante. La rete di idee di Buber ruota attorno alle relazioni, non agli individui. Al centro della sua teoria sta l'idea che si è determinati dalle proprie relazioni. Questo conduce a una dicotomia fondamentale tra Io-Tu e Io-Esso, invece della dicotomia di Sartre di fatti contro libertà.

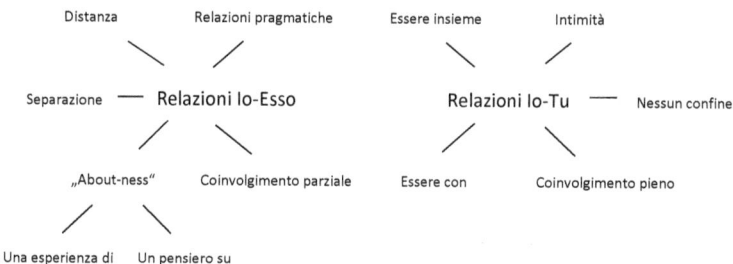

In un simile mondo, la vita individuale oscilla tra relazioni pragmatiche e intimità. Chiaramente questo quadro è molto differente da quello di Sartre, anche se entrambi riguardano lo stesso argomento: l'Altro.

La nozione di reti di idee, e la mappa che l'illustra graficamente, può essere applicata a Ortega e a Lévinas e di fatto a ogni teoria sull'Altro, inclusa quella di Donna. La concezione di Donna dell'altro è una teoria filosofica proprio come qualsiasi altra, anche se prima della conversazione con Linda lei non l'aveva mai tradotta in parole.

*Nel corso della loro conversazione, Donna esplora con la consulente filosofica, Linda, la rete di idee che costituisce la sua concezione dell'altro. Esse scoprono che anche il suo mondo ruota intorno a una dicotomia fondamentale, ma una dicotomia molto differente da quella di Sartre o di Buber. La dicotomia fondamentale nel suo mondo risulta essere non tra due tipi di relazioni o due modi di essere, ma tra due strati entro una persona. Nel mondo di Donna una persona è vista come dualità di due elementi fondamentali: in primo luogo, l'aspetto nascosto della persona caratterizzato da forze oscure, egocentriche, insensibili; in secondo luogo, la parte visibile della persona, normalmente beneducata e addomesticata.*

*È interessante che l'elemento oscuro sia identificato qui come la realtà fondamentale della persona, mentre l'elemento civilizzato sia visto come uno stato secondario, temporaneo, come un'isola provvisoria nel mezzo di un abisso cupo. Questo abisso primordiale è trasformato in una realtà civilizzata solo quando viene alla vista, e ritorna all'oscurità una volta che scompare dalla vista.*

*Dato che l'interiorità delle altre persone è nascosta, Donna pensa che sia soggetta a forze oscure. Dal momento che la sua interiorità le è nota, la vede come corretta e ragionevole.*

*Sulla base di queste riflessioni, Donna e Linda costruiscono la seguente mappa di idee.*

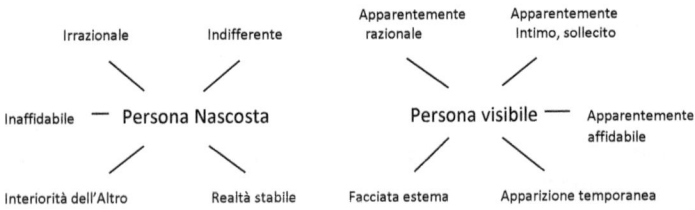

Non c'è bisogno di dire che Donna è ben più che questo schema: è un essere umano, e non può essere compressa in una semplice mappa. Ma questo diagramma non è concepito per catturare Donna nella sua interezza. Tratteggia solo alcuni aspetti del perimetro di Donna, alcuni comportamenti e atteggiamenti che seguono schemi rigidi, e come tali possono essere facilmente definiti. Come una carta geografica, non può sicuramente comprendere ogni dettaglio del paesaggio, ma solo le caratteristiche principali della visione perimetrale del mondo tipica di Donna, almeno approssimativamente.

È giunto ora il momento per Linda di aiutare Donna ad esaminare questa mappa, assimilarla, confrontarla col suo comportamento effettivo, e arricchirla e modificarla ove necessario. Una volta che ritengano che questa mappa ritragga il perimetro di Donna con ragionevole accuratezza, sarà giunto il momento di intraprendere il secondo stadio cruciale del processo filosofico: trovare una via di uscita dal perimetro e uscire fuori da questa prigione. Questo sarà discusso nei capitoli successivi.

## Esplorare il perimetro in gruppo - studio di un caso

Sostanzialmente lo stesso processo che abbiamo visto nel caso di Donna può essere applicato all'attività di gruppo, specialmente ai gruppi di auto-riflessione, che sono gruppi a lungo termine e chiusi. In tali gruppi, approfondire la visione del mondo di ciascuno dei partecipanti prenderebbe troppo tempo e alcune informazioni confidenziali non possono essere discusse in presenza di altri. Nondimeno, è possibile fare qualche esplorazione del perimetro con vari gradi di profondità. Vari esercizi e procedure possono essere di aiuto in questo caso. Per esempio, la conversazione può concentrarsi su volontari che acconsentano a condividere le loro esperienze personali mentre altri partecipanti possono essere d'aiuto quando vengono formulate le domande. Oppure i partecipanti possono essere divisi in piccoli gruppi che lavorano in parallelo e utilizzano il tempo più efficientemente.

*Linda, che fa pratica filosofica, lavora anche con i gruppi. Oggi è il secondo incontro del suo gruppo di auto-riflessione filosofica, formato da dodici non-filosofi. Il gruppo si ritrova una volta a settimana e ciascun incontro è dedicato a un argomento filosofico personalmente rilevante per almeno uno dei partecipanti.*

*Il primo incontro è stato una seduta introduttiva. I partecipanti si sono anzitutto presentati e poi Linda ha illustrato l'argomento centrale del gruppo: le concezioni perimetrali che plasmano la nostra esperienza quotidiana. Per spiegare cosa sia un perimetro il gruppo ha esaminato molto brevemente svariate esperienze personali che diversi partecipanti hanno acconsentito a condividere.*

*Il loro secondo incontro è più mirato: è dedicato al tema dei doveri, "cosa dovrei fare". Linda ha scelto questo tema perché nell'incontro precedente due partecipanti, Angela e Phillip, hanno detto al gruppo che spesso provano un senso del dovere soffocante.*

*All'inizio dell'incontro Linda chiede ad Angela e Phillip di descrivere un'esperienza personale attinente il tema. Angela racconta al gruppo che in un recente incontro tra amici ha avuto notevole difficoltà a rilassarsi perché pensava costantemente a ciò che "doveva" dire per migliorare l'atmosfera alquanto competitiva. Questa è un'esperienza abbastanza comune per lei, aggiunge. Spesso cerca con tale impegno di essere disponibile e premurosa che si sente come se stesse giocando un gioco sociale e non fosse sincera con se stessa. Phillip descrive come sul lavoro sia spinto spesso da un senso del dovere e come sia preoccupato circa "la cosa giusta da fare". Teme che questo lo possa rendere critico, rigido e non spontaneo.*

*Linda non vuole spingersi oltre nella sfera intima di Angela e Phillip, come invece fa nella consulenza filosofica con un consultante individuale. Invece invita altri partecipanti a rispondere alle due storie e condividere esperienze simili. Nella conversazione che segue la maggior parte dei partecipanti fanno notare che anch'essi talvolta hanno esperienze simili di "io dovrei", sebbene di minore intensità.*

*"Grazie a tutti voi per la condivisione". Linda riassume la conversazione. "Ora che abbiamo un insieme di esperienze simili, proviamo a capirle in modo più approfondito. Proviamo a pensare a cosa significa vivere una tale esperienza".*

*"Per me" inizia Angela, "è come se la voce della mia coscienza mi dicesse cosa fare".*

*"Concordo". Phillip è della stessa idea. "È quello che provo anch'io".*

*"Una voce che mi dice cosa fare". Linda ripete le parole. "È un'idea veramente interessante. Intendete dire, Angela e Phillip, che sentite questa voce come qualcosa di diverso da voi? Sembrate dire che ci sono due persone dentro di voi: una che comanda e una che obbedisce, una che parla e una che ascolta e segue ciò che le viene detto".*

*Angela esita. "Beh… non esattamente. Questa voce della coscienza non sembra una parte di me. Sembra estranea, come qualcun altro che mi dà delle istruzioni".*

*"Ma dai" obietta Jeff. "Non può essere altri che te!"*

*"Sto parlando di come la voce mi appare" insiste Angela. "So che in realtà è parte di me, ma non è così che ne faccio esperienza. È questo che volevi sapere, Linda, vero?"*

*"Esattamente. Nel gergo filosofico questo è chiamato indagine fenomenologica: indagare l'esperienza stessa nel modo in cui appare".*

*"Capisco" replica Jeff. "Dunque anch'io ho questo tipo di esperienza, alle volte. È come se qualcuno stesse sulla mia spalla e mi giudicasse e dicesse cosa sto facendo di giusto e sbagliato".*

*Alcuni partecipanti annuiscono. Essi ovviamente sanno di cosa sta parlando. Ma altri obiettano che le loro esperienze personali sono piuttosto differenti.*

*"Bene" replica Linda, "così abbiamo parecchi tipi diversi di esperienze di 'io dovrei' in questo gruppo. Proviamo a esaminarne oggi almeno alcune. Cominciamo con l'esperienza descritta da Angela e Phillip e da qualche altro: una voce interiore estranea che mi dice cosa dovrei fare. Qualcuno può dirci di più sulla sua voce interiore? Cosa vi dice?"*

*"Penso che venga dai miei genitori" suggerisce Phillip. "Quando ero un bambino erano sempre severi con me. Forse mi identifico ancora con la loro voce".*

*"Freud sarebbe d'accordo" commenta Debbie. "Lo chiama super-ego. Hai interiorizzato i giudizi dei tuoi genitori".*

*"Fermi un attimo". Linda interrompe. Sa che questa è una opportunità importante per ricordare al gruppo la differenza tra pensiero filosofico e pensiero psicologico. "Ricordiamoci che non stiamo facendo psicologia e non siamo interessati a congetture psicologiche. Gli psicologi sono interessati ai processi psicologici: i processi che vi fanno comportare nel modo in cui vi comportate, gli ingranaggi della vostra mente, per così dire. In filosofia noi siamo interessati alle idee, alle nostre idee riguardo noi stessi e il mondo. Possiamo guardare alle esperienze di Angela e Phillip da questa prospettiva?"*

*"Non sono sicura di come farlo esattamente".*

*"Hai ragione, Mary, la mia domanda è ancora troppo vaga. Permettimi di spiegarlo con l'aiuto di esempi. Ci sono parecchie teorie filosofiche interessanti su ciò che 'dovremmo' fare, intorno ai nostri doveri morali. Vediamo cos'hanno da dire al riguardo".*

*"Intendi dire che le esperienze di Angela e Phillip rientrano in una di queste teorie filosofiche?"*

*"Forse sì e forse no, Anne. Dovremo verificarlo. In un modo o nell'altro, una volta che avremo compreso il linguaggio di queste teorie filosofiche saremo meglio attrezzati per capire il linguaggio delle nostre personali esperienze".*

Linda ora comincia ad introdurre diverse filosofie morali (etiche[23]). *"Queste teorie cercano di dirci, ciascuna a suo modo, come prendere decisioni morali, o come giudicare se un'azione sia morale o immorale".*

### Immanuel Kant - rispetto per i diritti delle persone[24]

Cosa sono moralmente obbligato a fare? La risposta data dall'importante filosofo tedesco Immanuel Kant (1724-1804) è comunemente chiamata etica "deontologica" o "basata sul dovere". Per Kant la mia azione è moralmente giusta se io agisco con l'intenzione di adempiere ai miei doveri morali. Dunque, ciò che rende la mia azione morale è la mia intenzione: un'azione morale è quella che non faccio solo perché mi piace farla, non per interesse personale, neanche per compassione o empatia o amicizia, ma per senso del dovere. Ciò che mi motiva a farla è che mi rendo conto che è quello che dovrei fare, che è il mio dovere morale.

Che cos'è che viene considerato un dovere morale? Kant suggerisce che esiste una legge morale generale, che chiama l'*imperativo categorico*, che determina tutti i nostri doveri morali. Fornisce tre formulazioni di questa legge, date per equivalenti.

Per il nostro scopo è sufficiente considerarne una sola. Detto in parole povere, il punto è che il nostro dovere è di trattare le persone (me e gli altri) nel modo in cui esseri razionali meritano di essere trattati. Detto in modo leggermente più articolato, dovremmo trattare le persone non solo come mezzi per qualche scopo, ma come aventi un valore intrinseco e meritevoli, come fini in sé. Per esempio, sarebbe moralmente sbagliato per me ridurre in schiavitù un'altra persona, perché la userei come uno strumento per il mio appagamento, piuttosto che come un essere razionale responsabile della conduzione della sua vita. Allo stesso modo, sarebbe sbagliato

---

23. Considero qui come sinonimi le parole "etici" e "morali", come è consuetudine nel campo di studio dell'etica.
24. Immanuel Kant, *Grundlegung zur Metaphysik der Sitten*; tr. it. *Fondamenti della metafisica dei costumi*, Milano, Rusconi, 1994.

per me mentire a qualcuno perché lo manipolerei senza rispettare il suo diritto di conoscere e decidere liberamente e razionalmente.

Da questa prospettiva, quando affronto un dilemma morale dovrei chiedermi: come posso adempiere al mio dovere di rispettare la gente come persone autonome, in altre parole come posso trattare gli altri come meritano di essere trattati, come individui razionali e liberi che sono fini in sé? Come mi devo comportare in modo da rispettare la loro abilità di prendere decisioni libere e razionali? Come posso, in altre parole, rispettare la loro responsabilità per le loro azioni, i diritti sui propri corpi e i propri beni e diritti e responsabilità analoghi?

Se tengo a mente questa domanda, essa può aiutarmi a decidere come trattare moralmente le persone. Può aiutarmi a stabilire quando ho un dovere verso qualcuno e quando no, quando ritenere una persona responsabile e quando scagionarla, quando ho il diritto o meno di fare ciò che voglio.

*"Mi piace questa teoria" esclama Anne. "Spiega magnificamente l'esperienza che Angela e Phillip hanno descritto: la voce del dovere che dice loro ciò che dovrebbero fare. Tutti e due sono motivati non dalle loro emozioni o desideri, ma dalla voce del dovere".*

*"È vero" concorda Phillip. "Il mio senso del dovere non coincide coi miei sentimenti ed emozioni. Qualche volta mi sento di fare una cosa, ma il dovere mi dice di farne un'altra".*

*"Una buona osservazione" dice Linda. "C'è qualcos'altro da aggiungere al riguardo? Cosa ne pensate dell'idea di Kant che è mio dovere rispettare le persone come individui razionali che sono fini in sé?"*

*"Quella in cui mi imbatto" riflette Angela, "non è tanto la questione del rispetto. Non sto pensando a ciò che le persone meritano, o ai loro diritti e responsabilità. La voce che parla in me mi dice di far sì che ognuno si senta bene, che nessuno sia a disagio".*

*"So cosa intendi" interviene Debbie. "Quando sono con altre persone, qualche volta voglio assicurarmi che ci stiamo tutti divertendo insieme, e che ci sia un senso di unità e amicizia".*

*"Penso" rileva Linda, "di sentire parecchie voci differenti, ed è importante non confonderle. La voce kantiana che mi dice che è mio dovere rispettare le persone come esseri razionali appare diversa dalla voce che vuole assicurarsi*

*che tutti stiano bene e anche dalla voce che vuole che siamo amici l'uno
dell'altro".*

*"Suonano differenti" concorda David, "sebbene non sappia spiegare
perché".*

*"Bene" dice Linda, "guardiamo a qualche altra teoria filosofica e
speriamo che ci possano aiutare a capire queste differenze".*

### John Stuart Mill – la massima felicità per il maggior numero di persone[25]

L'autorevole filosofo inglese John Stuart Mill (1806-1873) offre
un approccio differente al comportamento morale e ai dilemmi
morali (che ha sviluppato a partire dalla filosofia di Jeremy
Bentham). Sostiene che un'azione è moralmente giusta o sbagliata
solo se ha peso per la felicità o la sofferenza della gente. Se l'azione
non fa alcuna differenza per nessuno, se non cambia il benessere di
nessuno, allora non è né moralmente giusta né moralmente sbagliata.
È neutrale.

Dunque ciò che rende la mia azione giusta o sbagliata sono le
conseguenze: è moralmente giusta se assicura una maggiore felicità
alle persone (o riduce la sofferenza) rispetto ad azioni alternative che
potrei compiere. È moralmente sbagliata se genera più sofferenza (o
meno felicità) di altre azioni che potrei compiere. In breve, un
comportamento è moralmente corretto se massimizza la felicità.

Questo significa che ciò che è importante per Mill non è
l'intenzione di seguire un dovere (come è per Kant), non il rispetto
per la libertà e la razionalità della gente, ma piuttosto la felicità in
contrapposizione alla sofferenza. Ciò che rende morale un
comportamento è la sua incidenza sulla felicità delle persone.

Ne segue che quando mi trovo in un dilemma morale e sono
libero di scegliere tra diverse azioni alternative, dovrei chiedermi:
come dovrò agire in un modo che darebbe la massima felicità al
maggior numero di persone (incluso me)? Per esempio, dovrei dire la
verità piuttosto che mentire quando è probabile che la verità
porterebbe alle persone più felicità che la menzogna. Ma dovrei
mentire quando la menzogna probabilmente ha come effetto meno
sofferenza e più felicità.

---

25. John Stuart Mill, *Utilitarianism*, 1861; tr. it. *L'utilitarismo*, Milano, SugarCo, 1991.

Mill chiamò il suo approccio *utilitarismo* perché ci dice di massimizzare l'"utilità", termine col quale egli intende la felicità delle persone (o altre cose che contano per loro).

Qui andrebbe menzionato un sottotipo importante di utilitarismo (che forse Mill professava): il *rule-utilitarianism*. Il *rule-utilitarianism* pone l'attenzione non sulla felicità prodotta da una singola azione, ma sulla felicità prodotta da una regola generale di condotta. Si concentra, per esempio, non sulle conseguenze di una particolare menzogna, ma sulle conseguenze delle menzogne in generale. Secondo questa norma, quando mi trovo di fronte a un dilemma morale, dovrei chiedere a me stesso: quale regola generale di condotta dovrei seguire? E la risposta è che dovrei seguire la regola di condotta che ha le conseguenze di maggiore felicità. Questa è la regola che, se seguita dalla maggior parte delle persone, porterebbe più felicità di tutte le altre regole.

Ne deriva che dovrei seguire la regola che in generale conduce alla felicità anche se in alcuni casi particolari può condurre alla sofferenza. Per esempio, benché in qualche caso particolare mentire possa avere conseguenze positive, è immorale perché in generale tende ad avere conseguenze negative: frustrazione, danno, perdita di fiducia, ecc. Dunque dovrei evitare di mentire in ogni caso, come regola generale di condotta.

*"Questo suona molto più vicino alla mia esperienza"* commenta Angela. *"La mia voce interiore mi dice di assicurarmi che tutti intorno a me siano felici".*

*"Inclusa te?"* chiede Heather. *"Secondo l'utilitarismo di Mill la tua felicità è anch'essa importante. Non meno della felicità di ogni altra persona. Ho interpretato correttamente, Linda?"*

Linda annuisce. *"Cosa pensi al riguardo, Angela? Sei un'utilitarista?"*

*"In questo caso, immagino di non essere esattamente un'utilitarista. Tuttavia, sono più vicina all'utilitarismo che alla teoria deontologica di Kant. Per me, come per Mill, è significativo che la gente sia o non sia contenta".*

*"La mia opinione"* si intromette Jeff, *"è che sebbene la felicità è importante, non lo è quanto i doveri. Tu devi compiere il tuo dovere anche se scontenterai le persone. Perciò mi sembra che alla teoria di Mill manchi qualcosa".*

*"Questa è una problematica interessante da esplorare" replica Linda, "ma ricorda che al momento non stiamo discutendo quale teoria sia migliore delle altre. Stiamo solo tentando di esporre la teoria nascosta nelle esperienze di Angela e Phillip. Non stiamo ancora valutando teorie, stiamo solo formulandole".*

### Aristotele - essere una persona virtuosa[26]

L'approccio chiamato "etica della virtù" era comune nell'antica filosofia greca. In tempi moderni è stato ripreso da diversi pensatori contemporanei. Secondo questo modo di vedere, la nostra principale preoccupazione morale non dovrebbe essere *ciò che facciamo*, ma piuttosto *chi siamo*. In altre parole, il nostro principale dovere morale nella vita non è compiere *azioni* morali, ma essere *persone* morali. Questo naturalmente solleva l'interrogativo: cosa rende una persona morale?

Gli etici della virtù differiscono nelle loro risposte a questa domanda, ma sono tutti d'accordo sul principio generale che una persona morale è qualcuno che ha tendenze e tratti della personalità buoni, ovvero le cosiddette *virtù*. Esempi di queste virtù potrebbero essere il coraggio, l'onestà, la sincerità, la bontà o la generosità. Una persona che ha queste virtù è definita virtuosa. Per divenire una persona morale voi avete bisogno di sviluppare queste virtù in voi stessi. Questo è ovviamente un compito di lungo termine che può richiedere molti anni per essere realizzato.

Sotto questo aspetto l'etica della virtù è molto diversa sia dall'approccio deontologico di Kant che dall'utilitarismo di Mill. Entrambi sono interessati a ciò che rende un'*azione* morale, mentre l'etica della virtù riguarda *personalità* morali. Per gli etici della virtù, la domanda fondamentale che dovrei farmi non è come dovrei comportarmi, ma piuttosto che tipo di persona dovrei essere; in altre parole, quali caratteristiche della personalità dovrei conservare e sviluppare.

Cosa accade, allora, quando un etico della virtù incontra un dilemma morale ed è costretto a scegliere tra due comportamenti? Dovrebbe mentire per far sentire meglio l'amico, o dovrebbe rivelare

---

26. Aristotele, *Etica nicomachea*, Milano, Bompiani, 2000.

la dolorosa verità? Dovrebbe fare l'elemosina ad un mendicante per la strada o non dovrebbe? A differenza del deontologo e dell'utilitarista, non possiede principi di condotta morale per guidarlo. Come risolve allora questi dilemmi?

Una risposta è che l'etico della virtù deve chiedere a se stesso come una persona virtuosa si comporterebbe al suo posto. Se per esempio crede che la sincerità sia una virtù e che una persona virtuosa eviti di mentire allora sceglierebbe di dire la verità ad un amico. Viceversa, se crede che la sincerità non sia una virtù, almeno non una importante, potrebbe decidere di mentire al suo amico.

Molto dipende, allora, da cosa sia esattamente una persona virtuosa, quali caratteri della personalità valgono come virtuosi. E qui gli etici della virtù sono in disaccordo. Sebbene tutti sottoscrivano che la moralità sia questione di virtù, possono tuttavia discordare riguardo quali tratti della personalità costituiscano queste virtù. Platone, ad esempio, sostiene nel suo libro *La Repubblica* che le quattro principali virtù sono saggezza, giustizia, forza e temperanza. Altri non sono d'accordo e offrono elenchi diversi di virtù.

Un interessante approccio generale è fornito da un altro antico filosofo greco, Aristotele (384-322 a.C.). Secondo lui le virtù morali sono abitudini che apprendiamo e sviluppiamo con la pratica e che stanno tra due estremi: tra l'eccesso e il difetto. Il coraggio, per esempio, è una virtù perché sta tra la codardia e la sconsideratezza. In modo analogo, la moderazione è una virtù perché sta tra la ricerca del piacere e l'astinenza. Una persona moralmente virtuosa manifesta questi tratti morali che sono una via di mezzo. L'etica aristotelica ci dice, dunque, che dovremmo tentar di diventare virtuosi sviluppando in noi stessi certi tratti della personalità, o tendenze morali, che non sono estremi. Agire così ci arrecherà un senso di benessere, o "eudaimonia" (in greco).

*"Interessante" dice Anne. "Ma questo non mi sembra ciò che Angela o Phillip hanno in mente. Il loro senso del dovere dice come dovrebbero comportarsi, non che tipo di persona dovrebbero essere".*

*Angela e Phillip concordano. "Tuttavia" nota Phillip, "ho imparato qualcosa di importante da Aristotele: che il mio senso del dovere parla nel linguaggio delle azioni morali, non in quello delle personalità morali.*

*Ringrazio Dio" aggiunge con un sorriso, "che non sto a torturarmi riguardo chi dovrei essere, solo riguardo ciò che dovrei fare".*

*C'è un momento di silenzio mentre i partecipanti riflettono. Jeff rompe il silenzio, parlando con esitazione. "Temo che questo sia esattamente il modo in cui torturo me stesso certe volte. Molto spesso sono investito dalla sensazione di non essere una brava persona, che dovrei essere più paziente, più generoso, più affettuoso. Capisco ora che è una specie di voce dell'etica della virtù. Cosa vuole da me, che sia un santo?"*

*Diversi altri sorridono con comprensione. "Capisco esattamente come ti senti" dice Anne con un sospiro.*

### Nel Noddings - sviluppare relazioni improntate alla cura[27]

Nel Noddings, una filosofa dell'educazione americana contemporanea, è un'importante teorica della cosiddetta "etica del prendersi cura" (*care ethics*), talvolta considerata una forma di etica femminista. Lei suggerisce che l'etica tradizionale – inclusi gli approcci deontologico, utilitaristico, e dell'etica della virtù – rappresenta un modo maschile di pensare. Procede a identificare un modo alternativo di pensiero morale al femminile, basato sul concetto di "prendersi cura".

Alcune persone hanno messo in discussione il fatto che la *care ethics* debba essere guardata come "femminile" e opposta ai tradizionali e presunti approcci "maschili". Essi sostengono che questi approcci non sono questione di genere. Non tenteremo di risolvere il dibattito qui. Accantonando la questione del femminile contrapposto al maschile, la cosa importante è che Noddings distingue tra due tipi di approccio: l'etica (o moralità) basata sulla giustizia e l'etica (o moralità) basata sul prendersi cura. Gli approcci basati sulla giustizia ("maschili"), come l'etica utilitarista e deontologica, sono incentrati sulla domanda di chi sia nel giusto e di chi sia nel torto. Tentano di definire principi generali in grado di determinare la giustizia e l'ingiustizia. L'accento principale è sull'individuo, in primo luogo sui diritti dell'individuo o sulla sua felicità.

---

27. Nel Noddings, *Caring: A Feminine Approach to Ethics and Moral Education*, Berkeley, University of California Press, 1986.

Per contro, per la *care ethics* (che Noddings considera femminile) la cosa importante sono le relazioni improntate al prendersi cura delle persone. Il suo problema centrale non è come rispettare i diritti dell'individuo o migliorare la felicità degli individui, ma come coltivare e mantenere relazioni caratterizzate dalla cura.

Da questa prospettiva, quando ci troviamo di fronte ad un dilemma etico, il nostro interrogativo fondamentale non dovrebbe essere: chi ha ragione e chi ha torto?, ma piuttosto: come posso comportarmi in un modo che esprima e coltivi relazioni improntate al prendersi cura reciprocamente?

*Sebbene lo scopo del gruppo non sia discutere filosofie astratte, Linda vuole assicurarsi che i partecipanti comprendano le idee che ha spiegato e siano in grado di cogliere le loro implicazioni principali. Dunque i partecipanti discutono per un certo tempo le quattro differenti teorie etiche, le applicano a esempi immaginari e le confrontano l'una con l'altra. Quando Linda sente che il gruppo ha una comprensione generale del materiale, arresta la discussione e suggerisce che si esamini adesso come queste teorie si applicano alle loro esperienze personali.*

*"Si spera" spiega Linda, "che queste teorie getteranno qualche luce su come noi sperimentiamo la nostra voce della coscienza. Dal momento che il nostro gruppo è troppo grande per parlare delle esperienze di tutti, dividiamoci in quattro team più piccoli. Ciascun team esaminerà le esperienze di uno dei suoi membri. In questo modo avremo quattro conversazioni che procedono in parallelo. Phillip e Angela, volete condividere le vostre esperienze con i membri del team? Il loro ruolo sarà di farvi domande e dare suggerimenti per aiutarvi a esprimere con chiarezza la voce della vostra coscienza e interpretare cosa vi stia dicendo esattamente".*

*I due accettano.*

*"Qualcun altro che si offra volontario? Abbiamo bisogno di quattro volontari, uno per ciascun team".*

*"Io" dice Mark. "Il dovere non è qualcosa che mi preoccupa, ma ho le mie opinioni su ciò che una persona morale sia tenuta a fare".*

*"Il nostro oggetto non sono le opinioni, Mark. Siano interessati alle nostre esperienze quotidiane, al nostro atteggiamento verso la vita, alla nostra caverna platonica. Vogliamo capire non opinioni astratte, ma il senso del dovere che motiva alcuni di noi nella vita quotidiana".*

*Alla fine, due altri partecipanti si offrono di condividere le loro esperienze e discuterle con i loro compagni di team. I partecipanti si dividono in quattro team, ciascuno composto da un volontario e due altri membri. Ciascun gruppo siede in un angolo differente della stanza.*

*Come punto di partenza, Linda chiede a ogni volontario di rievocare una recente esperienza significativa e di condividerla con gli altri membri del team. I membri del team sono poi liberi di chiedere al volontario maggiori dettagli e discuterli tra loro.*

*Quattro conversazioni sono ora condotte in parallelo. Linda passeggia tra di loro, fermandosi occasionalmente ad ascoltare le loro discussioni o per offrire commenti e suggerimenti.*

*Mezz'ora più tardi i partecipanti ritornano nel gruppo principale. Essi condividono con ciascuno degli altri ciò che il loro team ha fatto e ciò che hanno appreso sulle concezioni perimetrali dei volontari. Linda li aiuta ad affinare le loro osservazioni.*

*"Affascinante" commenta Phillip alla fine del meeting. "Non avevo mai notato che il mio senso del dovere parla nel linguaggio della giustizia – in termini di giusto e sbagliato – alle spese di altri criteri importanti. Non avevo mai capito che ci sono altri modi legittimi di relazionarsi con le persone. Posso vedere adesso che quando pongo l'accento sul dovere sottovaluto l'importanza della felicità e delle relazioni improntate al prendersi cura. In effetti, il mio senso del dovere dichiara: il dovere è la cosa che conta! Scordati ciò che la gente sente, scordati chi sono queste persone, scordati di entrare in contatto con loro: l'unica cosa che conta è se siano nel giusto o nel torto".*

*"Questa è un'osservazione coraggiosa, Phillip" risponde Linda. "Potremmo dire che è parte della tua visione del mondo perimetrale. È il tuo modo di default di concepire te stesso e gli altri: la tua teoria automatica, per così dire. E come ogni perimetro limita il tuo mondo. Forse in futuro potremmo cercare di vedere cosa potresti fare al riguardo".*

*Capitolo 7*

# FUORI DAL PERIMETRO –
# LA DIMENSIONE INTERIORE

Adesso che abbiamo cominciato a studiare la struttura del perimetro, possiamo chiederci cosa significhi superarlo. Per usare la terminologia di Platone, se la nostra caverna rappresenta il nostro modo normale di vedere il mondo, allora cosa significa uscire da essa? E cosa si può trovare là fuori?

### La pratica filosofica può mirare alla soddisfazione dei bisogni?
Prima ho suggerito che dovremmo intendere l'uscire dalla caverna come un processo di auto-trasformazione. Però l'idea di trasformare se stessi sembra troppo difficile e persino irrealistica. Per questo può essere allettante decidere per obiettivi molto più mondani e tradurre il mito della caverna di Platone in problemi familiari, quotidiani.

Così si potrebbe credere che uscire dalla caverna significhi semplicemente superare la propria insoddisfazione o angoscia o comportamento disfunzionale, o soddisfare un qualunque bisogno personale che ci si trovi ad avere: vincere la timidezza e sviluppare assertività, migliorare la comunicazione in famiglia, trovare un lavoro soddisfacente, controllare la propria ansia.

Un tale approccio è molto comune nel counseling psicologico e nella psicoterapia, ma quando è applicato alla filosofia è fondamentalmente inadeguato per un buon numero di ragioni. In primo luogo, distorce e banalizza la grande visione dei tanti filosofi della trasformazione attraverso le epoche. Invece di mettere in discussione la nostra vita abituale e stimolarci a trascenderla, vuole che torniamo alla normalità. Invece di risvegliarci dalla "caverna" della nostra piccola vita, vuole aiutarci ad abbellirla e renderla più confortevole.

In secondo luogo, una volta che diamo alla filosofia il compito di risolvere i problemi personali e di soddisfare i bisogni, stiamo di conseguenza trasformandola in un mero strumento per conseguire appagamento. Questo significa che la pratica filosofica è ora guidata da considerazioni relative al benessere del consultante, che scavalcano le considerazioni filosofiche. Non importa più se un processo filosofico sia profondo o superficiale, coerente o confuso, aperto o dogmatico, fintanto che riesce a far sentire meglio il consultante. Se ad esempio come filosofo che fa pratica filosofica mi chiedo se devo dare o no un certo testo da leggere al consultante o se mettere in discussione gli assunti che mi espone, la mia decisione dovrebbe dipendere da cosa favorirebbe il suo benessere, non da cosa lo condurrebbe a una comprensione filosofica più profonda. Dopo tutto, si può scoprire che uno slogan banale risolve meglio l'ansia del consultante che una profonda visione filosofica. Così, puntare alla soddisfazione del consultante significa tradire la filosofia come ricerca di comprensione e saggezza.

In terzo luogo, una volta che alla filosofia sia stato dato l'obiettivo di soddisfare bisogni e procurare appagamento, diviene parte dello spirito consumistico dell'economia di mercato contemporanea. Il filosofo viene trasformato in un fornitore di beni che sono confezionati per adattarsi ai bisogni apparenti del consultante, esattamente come lo chef che prepara il cibo in conformità ai gusti del cliente, come il chirurgo plastico che modifica nasi per soddisfare il bisogno di essere ammirati, o il designer di interni che progetta salotti per soddisfare i bisogni di comodità ed eleganza della gente. Il risultato è che la filosofia, che ha sempre aspirato ad essere una critica di norme sociali accettate, ora diventa solo un altro giocatore *dentro* la società. Invece di mettere radicalmente in questione e di analizzare i bisogni che percepiamo, è trasformata adesso in appagatrice di tali bisogni. Coloro che fanno pratica filosofica si ritrovano ora ad adattarla alla domanda del mercato, ai bisogni e obiettivi dichiarati dai consultanti. Non sono più un Socrate o un Rousseau o un Nietzsche, che scuotono la gente dalle compiaciute illusioni e dalla ricerca dell'auto-soddisfazione, che gridano alla società quel che la società non vuole sentire, ma piuttosto sono professionisti addomesticati che cercano di recare soddisfazione.

Naturalmente, non c'è niente di sbagliato nell'aiutare la gente a sentirsi meglio, ma questa non è più filosofia nell'originale senso di philo-sophia, di amore della saggezza e ricerca della verità e della comprensione. La filosofia nel suo senso profondo è una critica dei bisogni che percepiamo, non una appagatrice di bisogni. Il suo scopo è suscitare scontento, non offrire soddisfazione. Cerca di far nascere perplessità e meraviglia, non di produrre soluzioni e acquiescenza; di incoraggiare un apprezzamento della complessità e ricchezza della vita, non di semplificare la vita entro soluzioni e conclusioni pratiche. La vera pratica filosofica cerca di mettere in discussione tutto ciò che è "normale", non di condurre la gente alla normalità.

Coloro che fanno pratica filosofica spesso citano Socrate e Platone come loro modelli. Ma Socrate non era certamente un appagatore di bisogni: era un provocatore. Ai suoi "consultanti" offriva agitazione, meraviglia, confusione, insoddisfazione creativa. In modo analogo, Platone cercava di tirare fuori gli altri dalle loro anguste caverne, fuori dal loro mondo di ombre, vale a dire fuori dalle loro "normali" concezioni e dai loro bisogni come sono percepiti. Il suo scopo non era di risolvere problemi *entro* la loro caverna – come affrontare il capo, come sentirsi meglio con se stesso, come trovare una carriera soddisfacente – ma di risvegliare in essi un anelito dormiente ad andare oltre la loro caverna, oltre i problemi che avvertivano.

In questo senso socratico e platonico, il vero filosofo è un agitatore, un rivoluzionario, e per un'ottima ragione: la ricerca della saggezza richiede di mettere in discussione l'ovvio, di dimenticare le nostre precedenti convinzioni, di sacrificare il nostro auto-appagamento e la nostra sicurezza per volgere le spalle ai bisogni e valori percepiti ed avventurarsi in un terreno inesplorato.

## Uno sguardo da vicino ad alcuni pensatori della trasformazione

Una comprensione migliore del significato dell'uscire fuori dalla caverna si può trovare negli scritti dei filosofi della trasformazione. Come ho già detto, è comune a tutti loro una distinzione tra due atteggiamenti nei confronti della vita, uno limitato e uno più

completo. Sebbene questa distinzione possa essere questione di gradi
piuttosto che una netta dicotomia, per amore di semplicità possiamo
concentrarci sui due poli estremi. Mentre nel primo atteggiamento
noi siamo coinvolti solo in aspetti superficiali di noi stessi,
nell'atteggiamento più completo noi siamo coinvolti negli aspetti più
profondi del nostro essere.

Per una migliore comprensione di cosa significhi questo,
esaminiamo in maggiore dettaglio una manciata di esempi. Io ho
scelto di soffermarmi qui su Rousseau, Bergson, Buber e Marco
Aurelio come campione rappresentativo dell'intero gruppo, dal
momento che sono molto differenti l'uno dall'altro e dunque coprono
un vasto spettro di possibili prospettive. Come vedremo, nonostante
le differenze tra di loro, essi ritraggono variazioni degli stessi temi
comuni.

*Jean-Jacques Rousseau - il sé naturale contrapposto alla falsa maschera*

Rousseau è un importante filosofo francese del 18° secolo i cui
scritti hanno avuto un'immensa influenza sul pensiero moderno. Nel
suo libro *Émile*[28] egli distingue tra il sé sociale, falso, artificiale, e il
vero sé naturale.

Una problematica centrale per Rousseau sono i giochi sociali che
la gente gioca e attraverso i quali sviluppa un falso senso di sé. La
gente segue norme sociali, adatta se stessa a modi di parlare e
comportarsi che sono socialmente accettabili o rispettabili, aspira ad
avere quel che hanno i vicini, e pensa e sente nei modi stabiliti.
Quello che la gente adotta non è solo un comportamento esteriore. Il
peggio è che alle persone vengono inculcati questi schemi di pensiero,
emozione e comportamento così che esse giungano ad identificarsi
con i giochi sociali a cui prendono parte. La loro vita diviene distante
dal loro vero sé e in questo senso esse diventano alienate da se stesse.

Parecchi processi psicologici sono responsabili di questa
alienazione, incluso confrontare se stessi con gli altri, soccombere a
pressioni esterne, mimare, manipolare, agire spinti dall'orgoglio e
dall'amor proprio. Il risultato è che l'individuo sviluppa un falso
concetto di ciò che è, vale a dire un falso sé. Ma dal momento che si

---

28. Rousseau, *Émile o dell'educazione*, cit.

identifica con questo falso sé, non è consapevole della sua inautenticità.

Il rimedio a questa condizione umana alienata, secondo Rousseau, è una educazione che inizi dalla prima infanzia. Essa isolerebbe i bambini dagli influssi sociali distruttivi e fin tanto che sono ancora giovani e plasmabili li porrebbe in un contesto educativo protettivo, dove le loro autentiche sorgenti di vita siano libere di svilupparsi senza distorsioni esterne.

Qui Rousseau fa un'asserzione importante (e discutibile), vale a dire che noi possediamo risorse interiori naturali che sono sostanzialmente indipendenti dall'influenza della società. Queste risorse sono ciò che lui chiama il *sé naturale*. Il sé naturale rappresenta il potenziale innato di una persona e può esser paragonato alla natura insita di un albero, che ha il potenziale per svilupparsi da un seme in una robusta pianta con un tronco forte, rami e foglie. Perché questa natura interna agisca, l'albero necessita di condizioni essenziali come terreno fertile e sole e acqua, cosicché si possa esprimere pienamente. Analogamente, una persona autentica è animata da un sé interiore – una sorgente di energie auto-motivate che sono spontanee, produttive, autonome, autosufficienti e orientate al bene – che hanno bisogno di alcune condizioni essenziali per poter esprimersi pienamente nel processo di crescita. Ne deriva che il ruolo che Rousseau immagina per l'educazione è di creare la "serra" in cui la giovane pianta cresca in buona salute prima di entrare nella società. L'educatore è paragonato a un giardiniere che non tenta di imporre alla giovane pianta come crescere, ma gli fornisce solo le condizioni che permettono al potenziale naturale di svilupparsi in modo ottimale.

La visione di Rousseau può essere soggetta a critica, in quanto impiega una distinzione semplicistica tra le influenze sociali e le risorse interiori. Si potrebbe obiettare che un sé che non è plasmato da influenze sociali non può determinare un individuo completo e sano. Le influenze sociali sono una parte essenziale della crescita, della maturità, dell'auto-comprensione e dell'auto-identità.

Questa è un'obiezione legittima, ma non abbiamo bisogno di discuterla qui. Per i nostri scopi possiamo considerare i dettagli della teoria di Rousseau come le vesti esteriori di una visione fondamentale che lo ha ispirato: che la faccia quotidiana del nostro sé non è affatto ciò che possiamo essere, e non è neanche la parte più profonda e vera di noi stessi. Il nostro sé più vero e più profondo è normalmente dormiente e ignorato, e può essere risvegliato solo in condizioni adeguate.

Notate che il falso sé di Rousseau è una struttura psicologica che segue specifici schemi: la tendenza a fare confronti, a manipolare, a imitare, a fare giochi di potere, ecc. È un *meccanismo* psicologico e questa è la ragione per cui esprime se stesso in schemi fissi.

Al contrario, il sé naturale di Rousseau non è governato da meccanismi psicologici e non segue nessuno schema del genere. Esso è, piuttosto, spontaneo e libero. Per la verità, è a malapena descrivibile, se mai lo è. Mentre Rousseau descrive in dettaglio i meccanismi che informano e controllano il nostro falso sé, dice molto poco sulla struttura del nostro sé naturale. Ciò che dice su Emile – il suo immaginario esempio di un fanciullo naturale – è una storia, un caso specifico, non una teoria generalizzata, e sicuramente non una teoria sulla psicologia di Emile. Questo è comprensibile. Il sé naturale manca di meccanismi e di schemi di comportamento ben definibili e come tale non può essere catturato da formule generali.

Ma come può il sé naturale informare il nostro comportamento, i nostri pensieri ed emozioni, se non è un meccanismo psicologico? Sebbene Rousseau non lo dica esplicitamente, io suppongo che il sé naturale appartenga ad una categoria del tutto differente dal falso sé. Il sé naturale di Rousseau è una sorgente di energie e motivazioni, anziché un meccanismo che controlla e dà forma. La persona autentica è nutrita da un sé interiore e fluisce da esso, piuttosto che esserne governata.

Così noi vediamo qui una dicotomia tra due realtà mentali: una è governata da meccanismi che ci impongono schemi psicologici e di comportamento, mentre l'altra fluisce da una sorgente di energie vitali. Si tratta di una dicotomia tra un meccanismo e una sorgente, tra schemi fissi in contrapposizione a spontaneità, tra forze che controllano in contrapposizione a pienezza.

*Henri Bergson - integrità contrapposta a frammentazione*

Una distinzione simile si riscontra negli scritti della maggior parte degli altri filosofi della trasformazione, sebbene ciascuno di loro guardi ad essa da un punto di vista diverso. Per analizzare un altro esempio, facciamo un salto in avanti di tre secoli fino a Henri Bergson, un filosofo francese premio Nobel che è stato molto influente specie agli inizi del ventesimo secolo, ma il cui apporto è ancora vivo nella filosofia europea contemporanea.

A differenza di Rousseau, i cui interessi sono centrati principalmente sulla relazione tra l'individuo e la società, Bergson si concentra sulla nostra vita mentale interna e sul modo in cui fluisce attraverso il tempo. Nella sua opera *Saggio sui dati immediati della coscienza*[29] sostiene che i vari elementi della nostra vita mentale – le tante sfumature di emozioni, sensazioni, sentimenti, pensieri, immagini, ecc. – sono organizzati con una modalità particolare, radicalmente differente dall'organizzazione degli oggetti materiali. Pietre, sedie e case sono "cose" fisse e stabili che sono separate ciascuna dall'altra. Esse hanno determinate proprietà, occupano un determinato segmento entro le dimensioni dello spazio e del tempo, sono esterne l'una rispetto all'altra e sono fatte di (o possono essere scisse in) parti separate e indipendenti.

Al contrario, la nostra vita mentale ha una organizzazione che Bergson chiama "durata": un flusso olistico di qualità che si compenetrano l'una rispetto all'altra. Queste qualità, a differenza degli oggetti materiali, non sono né elementi separati né stabili nel tempo. Quando bevo un bicchiere di vino, per esempio, il suo gusto non è completamente distinto dalla sensazione olfattiva nelle mie narici, dalla sensazione di consistenza nella mia bocca, dal piacere dell'essere insieme che provo con i miei amici, o persino dal mal di testa e dall'ansia che mi capita di avere. Queste qualità si "colorano" a vicenda. Sono anche colorate dai momenti precedenti: dal cibo che ho mangiato dieci minuti prima, o dalla irritante conversazione che ho appena avuto. E, come il passato aumenta di consistenza di momento in momento, una qualità mentale non rimane mai la stessa nel corso del tempo. Il primo istante in cui bevo il vino, per esempio,

---

29. Bergson, *Saggio sui dati immediati della coscienza*, cit.

non è lo stesso di un istante dopo, quando la sensazione di gusto si è diffusa da una gentile sollecitazione della lingua all'intera bocca, e non è la stessa del gusto del secondo o terzo bicchiere, quando la sensazione è pesante e attutita. Il passato accumula continuamente qualità aggiuntive man mano che il tempo scorre, cosicché ogni esperienza cambia costantemente.

Anzi, ad essere precisi, non si può neanche parlare di intensità diverse della stessa sensazione. La qualità di un "debole" mal di testa – diciamo una fitta alle tempia – non è la stessa della natura martellante di un "forte" mal di testa che pulsa. Mal di testa diversi differiscono non solo nella loro intensità ma nelle loro qualità fondamentali. È il linguaggio che li raggruppa insieme e li raffigura come se fossero intensità differenti della stessa cosa.

Così, la nostra vita mentale interiore non è una permutazione di qualità fisse che sono semplicemente riorganizzate in combinazioni e intensità diverse, ma piuttosto un flusso cangiante e olistico di qualità nuove e compenetrate. È solo per amore della semplificazione e della comunicazione che consideriamo la nostra vita mentale come se fosse fatta di elementi separati, stabili e misurabili, contraddistinti da gradi di intensità. Noi estraiamo una specifica qualità dal flusso in cui appare, ignoriamo le gradazioni e i cambiamenti graduali, e vi imponiamo una netta caratterizzazione: "mal di testa", "amore", "massima felicità", "la stessa rabbia".

La conseguenza di queste astrazioni linguistiche è di grande portata. Poco a poco diventano reali nelle nostre menti perché si sovrappongono alle nostre qualità mentali, che cristallizzano e diventano frammenti separabili. Si forma una crosta sopra il flusso della nostra vita mentale, una crosta fatta di qualità mentali che non sono più vive e fluide ma sono staccate e fisse. Questi elementi mentali senza vita galleggiano sulla superficie del flusso mentale olistico come foglie morte su uno stagno. Gradualmente giungiamo ad ignorare la ricca corrente che fluisce in profondità sotto di esse e così iniziamo a vivere prevalentemente sulla superficie del nostro essere.

Come risultato, perdiamo il contatto con la pienezza della nostra vita interiore. Per la maggior parte del tempo non ci accorgiamo neanche che la vita che viviamo è solo una crosta di elementi mentali cristallizzati e senza vita, e che questi elementi separati non fluiscono più in una sinfonia creativa, ma piuttosto seguono schemi meccanicistici fissi. A questo livello non siamo completamente noi stessi. È solo in particolari momenti che il flusso più profondo della nostra vita mentale fa breccia attraverso la superficie ed erompe. È solo allora che noi esprimiamo il nostro intero e vero essere pienamente e liberamente.

Ma, sebbene siamo normalmente inconsapevoli del flusso sinfonico della nostra vita mentale, abbiamo la capacità di notarlo. Questo è ciò che Bergson chiama *intuizione*. L'intuizione, per Bergson, è un modo di comprendere olistico e diretto. Cattura l'insieme senza spezzarlo in parti, senza imporgli concetti e distinzioni. Si tratta, inoltre, di un modo di comprendere la vita dal di dentro, che ci connette direttamente al fiume della vita.

È sorprendente quanto siano simili le teorie di Bergson e Rousseau, nonostante le evidenti differenze. Entrambe tracciano una distinzione tra due aspetti della nostra vita interiore: uno strato superficiale della nostra esistenza prodotto da strutture che sono imposte dall'esterno di contro a una profonda, autentica e libera vita interiore che emerge dalla pienezza del sé profondo. Per entrambi i pensatori, il risultato è che normalmente non viviamo la nostra vita quotidiana in tutta la sua pienezza potenziale; che la vita superficiale che viviamo di solito è distorta da strutture estranee; che queste strutture limitano la vita a modi angusti e artificiali di porsi in relazione con noi stessi e il nostro mondo; e che ci sono sorgenti più ampie dentro di noi che normalmente non riconosciamo ed utilizziamo. Evidentemente i due pensatori esprimono la stessa consapevolezza, ciascuno in termini dei propri concetti ed idee.

*Martin Buber – l'essere-insieme contrapposto alla distanza*

Come nostro terzo caso da studiare ho scelto Martin Buber, un influente filosofo israeliano del 20° secolo nato in Austria, proprio perché la sua filosofia sembra tanto diversa sia da quella di Rousseau che da quella di Bergson. L'abbiamo già brevemente incontrato in questo libro ed è adesso tempo di dare un'occhiata alle sue idee con maggiore dettaglio.

Buber situa la vita autentica nelle relazioni interpersonali con altri, in contrapposizione alla visione individualistica di Rousseau e Bergson che colloca la fonte di vita autentica entro l'individuo. Ma nonostante questa evidente differenza possiamo trovare lo stesso tema centrale negli scritti di Buber, la stessa distinzione fondamentale tra due modi di essere.

Nel suo libro *Io e Tu*[30] Buber spiega che noi normalmente mettiamo in atto nei confronti degli altri ciò che chiama relazioni Io-Esso. Io sono in una relazione Io-Esso con un'altra persona quando mi relaziono con lei come con un oggetto; un oggetto dei miei pensieri, delle mie emozioni, delle mie esperienze, ecc. Questo accade, per esempio, quando cerco di capire cosa pensi o quando la analizzo o psicologizzo, quando mi formo un'impressione o concepisco un pensiero su di lei, quando la guardo con curiosità, la considero come un disturbo o come un mezzo per soddisfare i miei bisogni, faccio fantasie sul suo conto, la temo, la manipolo, ecc. Le relazioni Io-Esso non implicano necessariamente cattive intenzioni. Ad esempio posso essere uno psicologo ben intenzionato o un amico affettuoso che desidera curare l'animo tormentato dell'altro. Se mi sforzo di indovinare che cosa preoccupa l'altra persona o di indagare la fonte della sua angoscia attuo una relazione io-esso nei suoi confronti.

Possiamo attuare relazioni Io-Esso verso altre persone, ma anche verso la natura, le piante e gli animali, le opere musicali e artistiche, e persino Dio. Questo avviene quando li consideriamo come oggetti dei nostri pensieri o delle nostre esperienze, come cose da indagare o manipolare o usare. La nostra vita di ogni giorno è normalmente dominata da relazioni Io-Esso.

Il problema delle relazioni Io-Esso è che sono parziali, distanti e alienanti. Anzitutto, dato che l'Altro nella relazione Io-Esso per me è un oggetto, mi relaziono attraverso pensieri o esperienze *circa* l'Altro. Questo *essere-presso* significa che siamo esterni l'uno all'altro. Una distanza ci separa: la distanza tra il soggetto e l'oggetto, tra l'osservatore e l'osservato.

---

30. Buber, *L'Io e il Tu*, cit.

Inoltre, solo una parte limitata di me è coinvolta in una relazione Io-Esso, vale a dire i pensieri o esperienze che impiego in un dato momento. Io posso, per esempio, provare interesse per l'altra persona mentre il resto della mia personalità rimane non coinvolto. Oppure posso seguire le sue parole con rispetto e piacere, ma senza coinvolgere il resto di me.

Così, le relazioni Io-Esso sono oggettivanti, parziali e causa di distanza. E dal momento che per Buber le relazioni sono al cuore dell'esistenza umana, questo significa che quando attuo queste relazioni non vivo pienamente la mia vita.

Qui il modo di vedere di Buber è paragonabile all'idea fondamentale di Rousseau e Bergson: nella vita quotidiana non sono di solito fedele alla pienezza potenziale del mio essere, sebbene sia normalmente inconsapevole di questa condizione inautentica. Per di più, come gli altri due pensatori, anche Buber suggerisce che io possa superare questo stato alienato e impoverito. Ciò di cui ho bisogno è un cambiamento che trasformi radicalmente, anche in via transitoria, il mio modo di entrare in relazione con le altre persone e con il mondo.

Per Buber una tale trasformazione è solo in parte in mio potere. Io posso essere attento e aperto a essa, ma essa ha anche una vita propria. Talvolta appare per pochi momenti, senza alcun perché, e poi se ne va. Questa è una trasformazione in ciò che Buber chiama relazioni Io-Tu.

Quando sono in una relazione Io-Tu con un'altra persona, io sono con essa col mio intero essere. Questo avviene, per esempio, in particolari momenti in cui una sensazione ineffabile di essere-insieme mi lega ad un'altra persona, talvolta un amico o persino un completo estraneo. In quei momenti non penso all'altra persona, non cerco di indovinare ciò che sente. Nessuna conoscenza o pensiero o esperienza opera una separazione tra noi, nessuna relazione di essere-presso è necessaria per colmare la distanza tra le nostre vite, dal momento che non esiste una simile distanza. Noi siamo collegati dall'essere-insieme come da una relazione fondamentale che non può essere scissa in elementi più piccoli. In questi momenti noi siamo pienamente presenti nella nostra relazione, nella nostra completa totalità, e siamo dunque fedeli alla pienezza del nostro essere.

Attraverso questa relazione io-tu conseguiamo la nostra autenticità. Sebbene sia impossibile mantenerla ininterrottamente, è una sorgente di senso e valore per tutte le interazioni e per la vita in generale.

Come possiamo vedere, Buber, come Rousseau e Bergson, suggerisce che una auto-trasformazione può farci entrare in contatto con la pienezza del nostro essere, che essa può consentirci di stabilire una relazione più piena con la vita e così vivere autenticamente. Ma Buber fa qui un una ulteriore considerazione che è meno fondamentale negli altri due approcci. Per scoprirla, si noti che Buber mette in discussione un'assunzione apparentemente ovvia, cioè che io come persona sono una entità autosufficiente la cui esistenza è separabile dalle altre persone e dalle cose intorno a me. Secondo questa asserzione comune, la mia natura e identità sono indipendenti dagli altri intorno a me, proprio come una roccia è indipendente dalle altre rocce.

Ma per Buber è solo nelle relazioni alienate Io-Esso che noi siamo questi atomi separati e autosufficienti. Nella mia realtà più profonda, che appare in modalità Io-Tu, le mie relazioni con gli altri sono parte di ciò che sono. Io sono una persona-in-relazione, cosicché la mia essenza include le mie relazioni con altre persone, con le cose, con la natura, con le idee, con Dio. In altre parole, io sono fondamentalmente relazionale, fondamentalmente volto oltre me stesso. Le fonti della mia esistenza – quelle che mi danno vita, senso, identità – non sono solo in me, ma nel mio essere con altri.

Abbiamo già visto il germe di una idea simile in Bergson. Bergson sostiene che le nostre qualità mentali non sono cose separate, esterne ciascuna all'altra, perché si compenetrano immancabilmente con quelle vicine e sono aperte oltre se stesse. Buber fa un passo oltre quando suggerisce che una persona come un tutto non è un'entità autosufficiente. Nella mia realtà essenziale, come viene manifestata nelle relazioni Io-Tu, sono aperto all'altro, e in questo senso io sono più che me stesso. Di fatto, in un libro successivo di Bergson, *L'evoluzione creatrice*, la vita di una persona è raffigurata come parte del flusso universale della vita sulla terra.[31]

---

31. Henri Bergson, *L'Évolution créatrice*, Paris, Félix Alcan, 1907; tr. it. *L'evoluzione creatrice*, Milano, Rizzoli, 2012.

*Marco Aurelio - essere parte dell'universo*

Questo ultimo tema – della nostra essenziale apertura a ciò che è oltre noi stessi – era stato già sviluppato secoli prima dallo Stoicismo, un'importante scuola filosofica che fiorì nell'antico mondo ellenistico. Un esempio interessante si legge nell'opera *Ricordi*[32], scritta dal filosofo stoico (e imperatore romano) del secondo secolo Marco Aurelio.

In un capitolo successivo discuterò quest'opera in maggiore dettaglio, per ora, è sufficiente dire che essa concepisce una auto-trasformazione dalla schiavitù psicologica alla libertà interiore razionale. Per Marco Aurelio noi siamo normalmente controllati da forze psicologiche come desideri e paure, e in questo modo operiamo un tradimento del nostro vero sé, che è la nostra capacità di agire liberamente e razionalmente. Quando cadiamo vittime delle nostre forze psicologiche, lasciamo che noi stessi ci attacchiamo agli oggetti di desiderio e diventiamo insoddisfatti di ciò che abbiamo, ansiosi riguardo il futuro e vittime di rimorsi, gelosia, rabbia e altre emozioni angoscianti. Questo non è solo uno stato di schiavitù ma anche di infelicità.

La ragione, all'opposto, può renderci liberi dai falsi desideri e dalle false preoccupazioni, poiché ci insegna ad accettare con tranquillità qualsiasi cosa ci capiti in ogni circostanza possibile. La ragione è la nostra natura essenziale in quanto esseri umani. È il nostro "principio-guida" (o "daimon") che risiede nell'animo di ogni persona, ma nella vita quotidiana normalmente lo dimentichiamo e perdiamo il contatto con esso quando ci immergiamo nei nostri problemi di ogni giorno. Occorrono esercizi filosofici particolari per risvegliare dentro di noi una consapevolezza della nostra prigione e riportarci al nostro vero sé o principio guida.

Fino a questo punto vediamo in Marco Aurelio temi di trasformazione simili a quelli di altri filosofi. Ma una ulteriore idea è degna di nota: la ragione guida non solo gli esseri umani ma anche l'universo in generale. L'universo è un *cosmos*, un sistema armonioso e organizzato che procede secondo il *Logos* universale o ragione. È dunque un mondo buono, dove ogni cosa accade come dovrebbe. Se

---

32. Marco Aurelio, *I ricordi*, cit.

noi siamo tentati di definire ciò che ci accade come imperfetto e deplorevole, è solo perché rimaniamo attaccati ai nostri angusti, egocentrici desideri e non riusciamo a vedere il quadro più ampio. Noi ci aspettiamo che l'universo soddisfi le nostre attese.

Una volta che lasciamo andare il nostro punto di vista egocentrico e guardiamo alla vita dalla prospettiva più ampia della ragione universale, ci accorgiamo che è un mondo perfetto, di fatto un mondo sacro. Questa è la ragione per cui Marco Aurelio ricorda a se stesso senza sosta, per tutto il libro, di auto-concepirsi nel contesto del *cosmos*, e che è soltanto una minuscola parte di questa totalità sacra. Questa non è una prospettiva pessimistica. Al contrario, comprendendo che siamo piccoli particolari in un vasto universo siamo liberati dai nostri meschini problemi e arriviamo a vedere noi stessi come facenti parte nell'ordine più esteso delle cose. La nostra minuscola vita riceve valore e significato dal tutto.

Non abbiamo bisogno di addentrarci nella metafisica stoica per apprezzare la visione fondamentale che soggiace a questa metafisica: che dovremmo vedere noi stessi non come atomi isolati, ma piuttosto come parti di una totalità più vasta. Adottando una prospettiva più ampia trascendiamo la nostra piccola visione personale del mondo.

Questa è, dunque, la trasformazione suggerita negli scritti di Marco Aurelio: dovremmo superare la nostra chiusura in noi stessi e nei nostri desideri e aprire i confini del nostro mondo egocentrico agli orizzonti più vasti della realtà. Questo richiede un profondo cambiamento nella nostra concezione di noi stessi, degli altri e del nostro mondo. Ci chiede di non rapportarci più agli eventi quotidiani dalla prospettiva esclusiva dei nostri interessi personali, come se fossimo il centro del mondo, ma dalla prospettiva universale.

### La dimensione interiore

I quattro pensatori appena citati – Rousseau, Bergson, Buber e Marco Aurelio – sono solo un campione di un gruppo più ampio di pensatori della trasformazione che attraverso i secoli hanno immaginato una auto-trasformazione guidata dalla filosofia. Da quanto abbiamo appena visto, è chiaro che sono ispirati da una medesima visione, vale a dire che noi viviamo di solito una vita soggetta a costrizioni, meccanica, frammentata, che nondimeno siamo in grado di trascendere. Non solo *possiamo* trascendere questi limiti, ma *dovremmo* farlo. Nel profondo di noi c'è un anelito – una *chiamata* – a trasformare noi stessi e a giungere ad una vita più grande, ricca, ampia.

Le trasformazioni immaginate da queste quattro filosofie sono ovviamente diverse ciascuna dall'altra sotto aspetti importanti, ma nondimeno spartiscono diverse caratteristiche fondamentali.

1. *Preziosità*. Forse il tema più evidente condiviso da questi filosofi è l'idea che lo stato trasformato è sperimentato come dotato di speciale valore. Normalmente, molti dei nostri momenti quotidiani appaiono insignificanti, a malapena consci, vuoti, dimenticabili. Al contrario, nello stato trasformato ciascun momento è sperimentato come prezioso, ciascun momento ci dà un'impressione di importanza speciale; non perché è utile per il futuro, ma perché è significativo in sé. Un momento stoico di tranquillità concentrata in armonia col *cosmos*, un istante della semplice e libera spontaneità di Rousseau, un attimo bergsoniano di flusso ricco e sinfonico, o un essere-insieme buberiano; ciascuna di queste esperienze è sentita come preziosa, alle volte persino come sacra.

2. *Pienezza*. Il valore speciale del momento è in parte dovuto al senso di essere pienamente e direttamente consci della realtà: la realtà di noi stessi, di altri, del mondo. La tipica foschia di disattenzione e automatismo è sparita, noi apprezziamo il momento nella sua pienezza e questo apprezzamento è vivo e intenso in noi. Non è un tipo teorico di valutazione, non guadagniamo una nuova teoria su fatti in precedenza ignoti, ma siamo direttamente consci della pienezza e ricchezza della realtà dentro e fuori di noi.

3. *Auto-unità*. Normalmente, quando sono governato dai miei meccanismi e forze psicologiche, sono frammentato. Parti di me sono attivate da meccanismi e forze diversi che esprimono atteggiamenti e concezioni discordanti. Al contrario, nello stato trasformato, io sono uno. I miei pensieri, emozioni e comportamenti non sono più separati e isolati, non spingono più in direzioni diverse, ma sono parte di un tutto unificato.

Così, il mio comportamento non proviene più da forze psichiche eterogenee che mi impongono le loro regole e i loro piani, ma emerge dal mio essere interiore. Io sono mosso da un'unica sorgente: il *Logos* stoico, il sé naturale spontaneo, il flusso bergsoniano, l'essere-insieme dell'io-tu. Io sono uno con me stesso.

4. *Decentralizzazione*. Nella vita di ogni giorno io sperimento me stesso come posto al centro del mio mondo e impegnato per gestirlo e controllarlo. Sono preoccupato dai miei piani e problemi personali, dei miei bisogni e dei miei appagamenti, del modo in cui appaio e dell'impressione che faccio sugli altri. Nello stato trasformato, al contrario, sono parte di una realtà più larga che si estende oltre il mio piccolo sé fino a orizzonti più vasti di vita. Per Marco Aurelio io sono una parte integrale del *cosmos*, vedo me stesso come una piccola entità nel vasto *cosmos* e vivo in armonia con il *Logos* universale. Per Rousseau sono mosso da energie vitali spontanee senza preoccuparmi di me stesso; per Bergson sono un rivolo nel flusso creativo della vita; e per Buber sono in unità con altri e con il mondo. Per tutti questi filosofi, io vivo in nome della vita invece che in nome del sé egocentrico.

5. *Libertà interiore*. Prima della trasformazione, io sono controllato da forze psichiche e schemi e in questo senso non sono libero. Dopo la trasformazione, come spiegano tutti e quattro i pensatori, io sono libero da questi meccanismi. Dal momento che sono uno con me stesso non c'è nessuna distanza tra me e ciò che i miei meccanismi psicologici mi dicono di fare, tra il controllore e il controllato dentro di me. Dal momento che tutto ciò che faccio, provo e penso emerge da una fonte unificata di energia, io sono quello che determina me stesso. Per Bergson, la mia coscienza fluisce in olistica libertà creativa. Come stoico, mi identifico con la mia guida interiore e agisco liberamente in base ad essa. Come uomo naturale di Rousseau, il mio comportamento emerge liberamente e spontaneamente dal mio sé naturale. E come buberiano, io mi relaziono con ciascuna persona in un modo nuovo e unico.

Per riassumere, i quattro filosofi della trasformazione raffigurano lo stato trasformato come radicalmente diverso dai momenti ordinari prima della trasformazione Ogni momento è prezioso e pieno, con un senso di unità interiore, di apertura oltre me stesso e di libertà interiore.

Tutto questo, però, potrebbe sembrare una pura faccenda di stati mentali soggettivi. E uno stato mentale soggettivo, per quanto possa essere profondo, non è granché. Le droghe possono essere capaci di produrre lo stesso effetto. Però uno sguardo più attento mostra che una tale trasformazione è più che una esperienza soggettiva. Ci consente anche di capire la nostra realtà in nuovi modi: lo stato mentale stoico ci rivela le vie della ragione nel *cosmos*; il sé naturale di Rousseau ci consente di vedere il mondo umano come è realmente, senza le distorsioni delle norme sociali; il flusso di coscienza di Bergson ci fa apprezzare il nostro fluire olistico prima che venga frammentato; e le relazioni Io-Tu di Buber ci palesano l'altra persona nella sua pienezza, come pure la vera natura delle relazioni prima che vengano oggettivate da distanza e separazione.

Così, lo stato trasformato della mente non è solo esperienziale, è anche una finestra su una conoscenza più ampia della nostra realtà umana. Ci consente di capire la dimensione più essenziale, profonda dell'esistenza sotto la superficie normalmente visibile. La questione non è semplicemente che la trasformazione ci apre a nuove sfaccettature della vita, ma che rivela la radice più profonda della vita che ci è familiare. Attraverso l'auto-trasformazione noi arriviamo a vedere la vera natura della nostra esistenza, il contesto più ampio in cui il nostro mondo familiare è situato, i principi fondamentali della nostra vita prima che divenga ristretta, frammentata e appiattita.

Possiamo dire, allora, che la trasformazione interiore prefigurata dai pensatori della trasformazione ci dona un nuovo stato mentale che ci consente di capire più profondamente noi stessi e il nostro mondo. Apre per noi un'altra "dimensione" di vita, ovvero ciò che può chiamarsi la *dimensione interiore*. E per porre l'accento sul fatto che questa dimensione interiore è fondamentale per la realtà umana tanto quanto nascosta in gran parte, essa può essere anche chiamata la *dimensione della profondità interiore* o in breve *profondità interiore*. Il principio che guida di Marco Aurelio, il sé naturale di Rousseau, il flusso olistico di Bergson e le relazioni Io-Tu di Buber sono tutte prospettive diverse su – o differenti interpretazioni teoriche di – questa dimensione interiore, la dimensione della profondità interiore.

La parola "dimensione" deve essere presa qui in senso lato senza badare alle sfumature. Alcuni filosofi, come Rousseau e Marco Aurelio, la considerano come una realtà già esistente, addormentata in noi, che aspetta di essere scoperta e risvegliata. Altri filosofi come

Nietzsche e Spinoza la reputano una possibilità non sfruttata che attende di essere realizzata. Per Rousseau, questa dimensione interiore è una sorgente di energia, mentre per Bergson è una forma di organizzazione dei nostri stati di coscienza; per Marco Aurelio è una facoltà di comprensione, mentre per Buber è un modo di relazionarsi con gli altri.

Queste sembrano interpretazioni teoriche diverse della stessa visione fondamentale. Ma a prescindere dalle diverse interpretazioni, l'intuizione comune che spartiscono è legata intimamente ai concetti presentati in precedenza, quelli della "caverna di Platone" e del "perimetro". Ciò che questi pensatori considerano, ciascuno con la sua terminologia, come i nostri atteggiamenti limitati, superficiali, artificiali o inautentici, è ciò che ho chiamato il nostro perimetro, ovvero la nostra caverna platonica: il nostro atteggiamento rigido e schematico verso il mondo. La trasformazione che questi pensatori ci incoraggiano ad intraprendere sarà invece rappresentata dall'oltrepassare il nostro perimetro o uscire dalla nostra caverna.

Potremmo dire che i filosofi della trasformazione attraverso i secoli mirano a uscire dalla caverna della nostra vita ordinaria, dal nostro perimetro, e a entrare in contatto con la nostra dimensione interiore, risvegliandola e coltivandola. Questo obiettivo – specialmente quando è formulato in termini di "risveglio" – può anche ritrovarsi in varie tradizioni spirituali e religiose. Ciò che è interessante riguardo i filosofi della trasformazione, però, è la loro idea che il processo di risveglio e coltivazione della nostra dimensione interiore può essere filosofico o quanto meno può essere aiutato dalla riflessione filosofica. Può essere, in altre parole, un processo di esplorazione di idee fondamentali.

*Capitolo 8*

# BARLUMI DELLA DIMENSIONE INTERIORE

Nel capitolo precedente ci siamo concentrati sulle somiglianze tra svariati filosofi della trasformazione. È tempo di riflettere sulle discordanze tra di loro. Come abbiamo visto, questi pensatori concepiscono il perimetro umano in termini differenti, propongono vie alternative per superarlo e rappresentano in modo diverso la dimensione interiore e il modo di coltivarla. Queste differenze suggeriscono che c'è una molteplicità di modi per uscire dal nostro perimetro, che il processo è altamente individuale e che non può essere colto da un'unica formula universale.

### Varietà delle filosofie della trasformazione

Un'ovvia differenza tra le filosofie della trasformazione è che ciascuna di esse usa una diversa rete di concetti per capire la condizione umana. Sebbene tutte postulino una dicotomia fondamentale tra il nostro modo di essere perimetrale e il nostro modo di essere trasformato, ciascuna la pone in uno scenario concettuale molto diverso, composto da concetti differenti.

Considerate, per esempio, la differenza tra i concetti che popolano la filosofia di Rousseau e quelli che popolano la filosofia di Buber. Rousseau vede la distinzione tra la condizione perimetrale e la condizione trasformata in termini di ciò che proviene da dentro la persona contrapposto a ciò che proviene da fuori, specialmente dalle influenze sociali. Il resto dei suoi concetti ruota intorno a questa dicotomia di base: da un lato troviamo idee come quella di maschera sociale, giochi interpersonali di potere, manipolazione e confronto di sé con altri attraverso gelosia e orgoglio. Dall'altro lato della dicotomia troviamo concetti quali desideri naturali e amore incondizionato, indipendenza, auto-motivazione, auto-sufficienza, autenticità e spontaneità.

La filosofia di Buber, per contro, pone la distinzione tra lo stato perimetrale e lo stato trasformato in uno scenario concettuale molto diverso. Dal momento che Buber rifiuta l'idea di un io isolato, la sua concezione di questa distinzione ha ben poco a che fare con la distinzione di Rousseau tra un io interiore indipendente e un io sociale. I concetti centrali costitutivi del mondo di Buber – il concetto di essere-insieme opposto a quello di distanza, il concetto di essere-con opposto a quello di pensare-circa, il concetto di coinvolgimento totale opposto al concetto di relazioni parziali, il concetto di altro come oggetto contrapposto al concetto di altro come mondo – non hanno posto nel mondo di Rousseau, certamente non un posto centrale.

La concezione di Bergson della distinzione tra condizione perimetrale e condizione trasformata è diversa rispetto ad ognuno di questi pensatori. Dal momento che egli è interessato principalmente alla fenomenologia della coscienza, la sua distinzione ha poco a che fare con le relazioni interpersonali, ed è, dunque, estranea ai concetti relazionali di Buber. In qualche misura come Rousseau, Bergson contrappone la spontaneità interiore alle influenze esterne, ma per lui queste influenze esterne sono principalmente quelle del linguaggio, non relazioni di potere e confronti sociali come per Rousseau. Inoltre, mentre la principale dicotomia di Bergson è in termini di olismo creativo contrapposto a frammenti di unità fisse, lo scenario concettuale di Rousseau consiste principalmente di concetti motivazionali, per esempio desideri naturali versus adattamento a norme sociali, o auto-sufficienza versus emozioni e motivazioni comparative. Questi sono evidentemente scenari di idee ben diversi.

Marco Aurelio è ancora diverso. A un primo sguardo, la sua dicotomia principale può somigliare alla distinzione di Bergson tra due stati interni della mente. Ma a differenza dell'universo di Bergson, l'universo di Marco Aurelio ruota intorno alla distinzione tra attaccamento emotivo e pensiero razionale libero. Questa distinzione non ha nessuna posizione speciale nell'universo di Bergson, che rivolge la sua attenzione alle qualità esperienziali degli stati mentali, non ai meccanismi psicologici soggiacenti. Per dipiù, nell'orizzonte concettuale di Marco Aurelio ragione e auto-controllo sono associate non con l'estremo perimetrale dell'antitesi centrale come sono per Bergson, ma piuttosto con quello trasformato.

Per concludere, quindi, ciascuno dei quattro pensatori che abbiamo provato ad esemplificare concepisce gli stati perimetrali e trasformati in termini di differenti panorami di concetti. Mentre questi panorami concettuali non sono necessariamente opposti – essi presentano, come abbiamo visto, importanti somiglianze, almeno nello spirito –, nondimeno essi parlano in linguaggi differenti e sono composti di concetti differenti. Sono quattro orizzonti concettuali edificati con mattoni differenti, che esprimono idee, interessi e prospettive distinti. Mentre ciascuno è dotato di coerenza interna – le idee che lo compongono si armonizzano assai bene –, essi non sono coerenti tra loro.

Cosa importante, entro ciascuna filosofia gli stessi concetti sono usati per raffigurare sia lo stato perimetrale che lo stato trasformato. Per esempio, nello scenario di Marco Aurelio il concetto di controllo definisce sia lo stato perimetrale che lo stato trasformato: mentre il primo è descritto come uno stato in cui i desideri emotivi hanno il controllo, il secondo è descritto come uno stato in cui è la ragione ad avere il controllo; detto in altro modo, mentre il sé razionale non ha il controllo nel primo stato, ha il controllo nel secondo. Analogamente, per Bergson il concetto di frammentazione è cruciale nella descrizione di entrambi gli stati: mentre quello perimetrale è descritto come uno stato frammentato, quello trasformato è descritto come uno stato non-frammentato o olistico.

Così, in ciascuna teoria, sia le antitesi perimetrali che le antitesi trasformate sono definite in termini di concetti simili, spesso per negazione: razionale opposto a non-razionale, frammentato opposto a non-frammentato, essere-insieme opposto a separatezza. Non troviamo nessuna filosofia coerente, seria, che combini, per esempio, la concezione dello stato perimetrale di Rousseau con quella dello stato trasformato di Marco Aurelio. Prese insieme, non costituiscono un unico coerente scenario concettuale.

## Differenze individuali nelle caverne platoniche

La lezione che possiamo trarre da questo è che sebbene le filosofie della trasformazione credano tutte in una trasformazione da uno stato perimetrale ad uno trasformato, però descrivono questa trasformazione con reti di concetti che sono quasi estranei l'uno all'altro. Sembra che non ci sia nessun modo razionale, oggettivo, di scegliere tra queste vie alternative di concettualizzare il processo. Dichiarare che una di esse è la via "corretta" mi sembra irragionevolmente dogmatico. Possiamo concludere che l'anelito fondamentale ad uscire dalla nostra caverna è universalmente umano, ma la sua traduzione in concetti determinati non è universale. Individui con differenti esperienze di vita, differenti atteggiamenti, sensibilità e background personali e culturali, possono trovare filosofie della trasformazione diverse tra loro più o meno rilevanti e applicabili.

Questo suggerisce che non possiamo sperare di trovare una formula unica per l'auto-trasformazione da applicare uniformemente a tutti. Nel corso della storia, sia in Oriente che in Occidente, molte tradizioni religiose e filosofiche hanno predicato la loro visione di auto-trasformazione come la verità unica che si applica a tutto. Oggi, però, siamo fortunatamente ben più consapevoli delle differenze individuali e culturali, e dobbiamo renderci conto che non può esistere un'unica strada all'autotrasformazione valida per tutti.

Questa è anche la ragione per cui la filosofia è un approccio molto efficace nella ricerca di un modo per uscire dal perimetro. La filosofia è un'esplorazione libera che non dà per scontato alcun metodo o assunto, bensì ri-esamina formule accettate, generalizzazioni e ideologie. Può aiutare gli individui a esplorare i mattoni fondamentali della loro specifica realtà personale. Questa è anche la ragione per cui la ricerca filosofica dell'auto-trasformazione deve essere una ricerca personale in cui ciascuna persona deve cercare di capire la sua particolare caverna di Platone e il suo particolare modo di uscirne. E questa è la ragione per cui chi pratica filosofia non può fornire a chi è in cerca una serie di idee preconfezionate, ma deve accostarsi ad ogni individuo con apertura mentale, creatività e sensibilità.

Così il viaggio filosofico è un viaggio altamente personale, sia per colui che fa pratica filosofica sia per colui che è in cerca. È una ricerca di un sentiero personale che possa superare le specifiche limitazioni perimetrali di colui che vi è impegnato, in direzione di una relazione personale con una dimensione di vita più profonda, nascosta, intima. Perciò non può esserci imposizione al cercatore di punti di vista preesistenti su quel che deve essere la dimensione più profonda. La dimensione più profonda è qualcosa che il cercatore individuale deve esplorare in modo personale, che può essere trovata solo entro la realtà unica di ciascuno, e che si deve imparare a risvegliare e coltivare.

Questa dimensione è di solito nascosta e inosservata, ma si manifesta in rari momenti, rari eppure importanti. Talvolta si esprime in attimi speciali di silenzio o esaltazione, in vaghi struggimenti, o semplicemente in una insoddisfazione latente che indica che in qualche luogo dentro di noi sappiamo che c'è qualcosa di più da vivere rispetto all'esperienza attuale.

Momenti simili sono suggerimenti provenienti da un'altra dimensione della vita, che è addormentata e attende di essere realizzata. Galleggiamo sulla superficie della nostra vita, ma qualcosa dentro di noi sente che la vita può essere più piena e ci chiama a risvegliarci. Qui dobbiamo fare un'importante modifica alle immagini di Platone nel suo *Mito della Caverna*. Sebbene normalmente siamo imprigionati nella nostra caverna, non siamo totalmente separati dalla luce piena del sole fuori di essa, come sembra indicare il mito di Platone. Raggi diretti di luce penetrano a volte attraverso l'apertura, si riflettono sulle pareti e comunicano che la caverna non è tutto ciò che c'è nella vita. E se notiamo questi barlumi di luce, allora possiamo ridestarci e iniziare la ricerca della loro sorgente.

Tutti, credo, abbiamo avuto l'esperienza di simili barlumi di "luce diretta", o messaggi da ciò che è oltre la caverna. A costo di iper-semplificare o iper-generalizzare, vale la pena di classificarli in diversi tipi caratteristici, cosicché nel cercarli possiamo avere una idea migliore di dove guardare.

## Insoddisfazioni globali

L'indizio forse più ovvio che c'è vita oltre il nostro stretto perimetro è un senso generale di insoddisfazione. Un senso di insoddisfazione può consistere nel dire a se stessi: "C'è più vita da vivere che nella mia stretta caverna". Ma non ogni insoddisfazione riguarda la mia caverna nella sua interezza. Molte insoddisfazioni di ogni giorno riguardano dettagli specifici *entro* la caverna, esprimono un desiderio di cambiamenti circoscritti *entro* la mia situazione abituale: voglio uno stipendio più alto, voglio più tempo libero per il riposo e il relax, vorrei che i miei colleghi mi apprezzassero, vorrei avere un aspetto migliore. In questi casi, non sono insoddisfatto dal fatto di essere imprigionato in una caverna: desidero solo che la mia caverna sia più confortevole, che le mie catene siano più gradevoli alla vista, che la mia sedia sia più comoda, che i compagni di prigionia siano più amichevoli. Queste sono insoddisfazioni "normalizzanti", nel senso che esprimono un desiderio di migliorare la vita entro la caverna abituale.

Ma alle volte un'insoddisfazione è più globale, più radicale. Oggettivamente la vita può sembrare andare bene, tuttavia qualcosa non mi soddisfa del tutto. Posso avere un lavoro che considero soddisfacente e sicuro, una famiglia affettuosa, una bella casa e buoni amici, e tuttavia manca qualcosa.

Un senso generale di insoddisfazione, non legato a uno specifico problema, spesso indica che qualcosa in me non è soddisfatto del mio mondo; non di questo o quel dettaglio nel mio mondo, ma del mio mondo nella sua interezza. Questa è una insoddisfazione *globale*. Esprime un desiderio di trasformare i miei attuali orizzonti di vita, di andare oltre i confini del mio perimetro. In questo senso, funge da chiamata: qualcosa oltre la mia attuale sfera di vita mi sta facendo cenno.

Queste insoddisfazioni sono alle volte vaghe e nebulose e una persona potrebbe essere incapace di spiegarle, eccetto dire che manca qualcosa nella sua vita. Ma qualche volta sono un po' più chiare e i dettagli possono indicare la direzione generale della trasformazione che ci si attende. Per esempio, un senso opprimente di solitudine, nonostante si abbiano famiglia e amici, può indicare un anelito verso una unione col mondo di tipo buberiano; un fastidioso senso di aridità e affievolimento può indicare un desiderio di pienezza; un penoso senso di incertezza e conflitto interiore può suggerire un anelito alla completezza, magari del tipo che troviamo in Bergson. Questi ovviamente non sono altro che suggerimenti indicativi e non dovremmo sovrapporvi interpretazioni preconcette. Sono punti di partenza per un'ulteriore esplorazione.

*La settimana di Paula segue uno schema routinario. Ogni mattina, fatta una veloce colazione, corre al lavoro, e alle cinque del pomeriggio ritorna a casa. Lì si mette sul divano per riposare qualche minuto, poi si alza e inizia a preparare la cena. Suo marito ritorna dal lavoro un po' più tardi e le dà una mano. La loro figlia adolescente arriva ad un certo punto, qualche volta col ragazzo. Cenano insieme, chiacchierando casualmente di niente in particolare. Poi suo marito lava i piatti mentre lei guarda la TV, e quando finisce la raggiunge e sta con lei finché non vanno a letto.*

*Giorno dopo giorno, le ore volano via veloci con pochissime novità, in una routine comoda e senza pensieri.*

*"La mia vita è troppo comoda" dice Paula a Linda, colei che fa pratica filosofica. "Senza sfide, senza passioni o addirittura emozioni reali. Sono attiva, e faccio le cose, naturalmente, e rido e qualche volta mi viene da gridare, ma nel profondo niente ha importanza, in un modo o nell'altro. Quasi desidererei che mi colpisse una catastrofe. È come se fossi..." Cerca le parole.*

*"Come se avessi il pilota automatico?" chiede Linda.*

*Paula esita. Poi trova le parole e le pronuncia trionfante: "In un sogno, ecco la parola che cercavo! Mi sento come se vivessi in un sogno per la maggior parte del tempo".*

*"Un sogno? Puoi spiegarmi questa metafora?"*

*"Beh, le cose avvengono come se fossero immagini, non realtà. Non sono reali". Tace, poi aggiunge: "Vorrei svegliarmi".*

*"Come sarebbe essere svegli?"*

*"Vorrei proprio saperlo. Forse le cose sarebbero meno scontate. Sorprese inaspettate potrebbero capitarmi. O scuotermi. O ispirarmi. Non lo so, forse sono in lotta per qualcosa, in lotta per davvero".*

*"Puoi indicarmi una situazione recente in cui hai sperimentato questa sensazione di sognare?"*

*Paula annuisce tristemente. "Come ora, ad esempio. Ti sto parlando, ma non riesco a convincermi che questo abbia realmente importanza".*

L'insoddisfazione di Paula può offrire qualche accenno di indizio sul modo in cui il suo mondo è limitato, e sulla direzione generale in cui "vuole" essere trasformato. La sua insoddisfazione sembra ruotare intorno all'antitesi tra essere in un sogno ed essere svegli, tra comodità e sfide, tra senso di realtà e sensazione di "come se", tra cose che mi importano veramente e cose che non sono realmente importanti. Queste dicotomie potrebbero manifestare sia la prigione nella quale si sente rinchiusa che la trasformazione che si attende.

Naturalmente, questi indizi manifesti devono essere presi con cautela. Possono rivelarsi false piste. Possono essere niente di più che parole che Paula ha preso in prestito da un programma televisivo. Ma sono un buon punto di partenza per una indagine seria.

### Aneliti

L'insoddisfazione di Paula suggerisce il suo nascosto anelito a trasformare in qualche modo la sua vita. Di fatto, le insoddisfazioni globali sono spesso accompagnate da aneliti: mi sento insoddisfatto della mia vita e al contempo aspiro a un differente tipo di esistenza. Ma alle volte l'esperienza dell'anelito è più accentuata dell'esperienza dell'insoddisfazione. Posso sperimentare un anelito a nuovi orizzonti più che un'impressione negativa che qualcosa è sbagliato. In questi casi, è più facile per colui che fa pratica filosofica indagare direttamente i aneliti.

È importante distinguere tra un anelito e un semplice desiderio. Un anelito riguarda la vita di una persona come un tutto, attiene a ciò che ne è percepito come il fondamento, mentre un desiderio riguarda particolari elementi entro la vita della persona. Un anelito è un desiderio di cambiare le coordinate fondamentali del proprio modo di vivere, di elevare l'esistenza a un livello più alto, di farla diventare più di quanto sia ora. Pertanto implica una visione – per quanto indeterminata, provvisoria e latente – circa il modo in cui la vita potrebbe essere diversa.

Per contro, un desiderio vuole cambiare solo un elemento specifico dell'esistenza, lasciando altri elementi intatti. Un desiderio di una carriera ricca di soddisfazioni, per esempio, o di sicurezza economica, o di una relazione romantica, riguarda uno specifico settore dell'ambito di vita della persona.

Parlando in termini concreti, può essere difficile distinguere un desiderio da un anelito. Fino a un certo punto, è una questione di intensità: più un desiderio è globale e fondamentale, più ha carattere di anelito. Nondimeno, nonostante l'assenza di un confine ben definito, ci sono differenze importanti tra i due. Un desiderio riguarda un problema specifico: un bene da acquistare e possedere, una relazione da migliorare, una carriera da cambiare. Un anelito, a causa della sua globalità, non riguarda un particolare elemento della vita ma il fondamento della mia vita nel suo insieme. Possiamo dire che un desiderio si riferisce a qualcosa che voglio *avere* mentre un anelito si riferisce a come voglio *essere*. È la differenza tra "cosa" io voglio trovare nella mia vita e "come" voglio vivere la mia vita. Per usare il mito della caverna di Platone, è la differenza tra voler avere qualcosa nella mia caverna e voler uscirne, verso un mondo completamente nuovo.

Ecco perché un anelito è normalmente difficile da esprimere. Dal momento che non riguarda uno specifico elemento, non può essere descritto con facilità.

*Zach è uno studente universitario, popolare tra i suoi amici, socialmente attivo, e ottiene discreti risultati negli studi. Gli piace frequentare il campus, parlare con i numerosi conoscenti e amici e giocare a frisbee o a calcio sul prato del campus. Gli piace anche andare al cinema con gli amici o ad un party durante i weekend.*

*E tuttavia, sotto la superficie del suo piacevole stile di vita, qualche volta sente una strana sete di qualcosa di più... Non riesce a trovare le parole esatte per descriverla. "Qualcosa che conta veramente" dice a se stesso. Questo senso di sete compare in momenti inaspettati, alle volte mentre sta studiando da solo a casa, alle volte nel mezzo di una conversazione animata tra amici. Rimane per un'ora o due e poi svanisce.*

*Un giorno nota un annuncio riguardante un gruppo di auto-riflessione filosofica che prenderà avvio a breve nel campus e spinto da curiosità decide di partecipare. Nel primo incontro del gruppo, Linda, il facilitatore, propone ai partecipanti un modo insolito di presentarsi al gruppo. Invece di fornire informazioni personali generali – dove vivono, cosa studiano, quali sono i loro hobby – sono invitati a descrivere qualcosa che sperano di fare nelle loro vite.*

*Quando è il turno di Zack, lui ricorda i suoi momenti di struggimento e decide di condividerli con il gruppo. "A differenza di quelli di voi che hanno parlato prima di me" inizia, "non posso dire di sperare in qualcosa di particolare. Francamente sono abbastanza soddisfatto della mia vita e non mi preoccupo dei progetti per il futuro. E tuttavia, qualche volta ho momenti in cui sento che ciò che faccio non ha alcun vero significato, capite cosa intendo? E allora vorrei poter fare qualcosa di più significativo, qualcosa che abbia... valore, un senso".*

*"Tu intendi dire" chiede uno dei partecipanti, "qualcosa come aiutare i poveri, scrivere un best-seller, o fare una scoperta scientifica?"*

*"Non esattamente. Beh, forse, ma dev'essere qualcosa che dovrei proprio fare. Se è solo per divertirmi o ricavarne soddisfazione, allora non è quello. Aiutare i poveri o scrivere un romanzo è una cosa fantastica, ma non è abbastanza. Qualsiasi altro può farlo al posto mio".*

*"Vuoi fare qualcosa di diverso" suggerisce un altro partecipante. "Vuoi essere unico. È così, Zach?"*

*"No, non intendo mettermi a fare il conto di quanti riescono a fare quel che faccio. Non voglio rinunciare ad avere bambini perché tutti gli altri li hanno. È più come dire: voglio sentire che sto facendo quello che dovrei fare, non solamente un progetto arbitrario di mia invenzione".*

*"Mi dà l'impressione" nota Linda, "che desideri ricevere una missione da compiere; non semplicemente escogitare una missione, ma piuttosto riceverla. Da Dio? Dall'universo? Dalla vita?"*

*Zach la fissa con sorpresa. "Esattamente". Arrossisce. "Una missione dalla vita. Mi piacciono queste parole".*

*"Sembra, dunque" aggiunge Linda, "che la tua esperienza parli nel linguaggio di una interessante contrapposizione: ciò che io escogito, che non è significativo, in opposizione a ciò che ricevo dalla vita, che è significativo". Zach annuisce, aspettando che lei continui. "Significatività è il concetto centrale, qui. Non può essere prodotta, può solo essere ricevuta. In un mondo del genere, il tuo ruolo non è inventarti una missione, ma essere fedele ad essa".*

*Le parole di Linda toccano Zach nel profondo. Continuano a ronzare nella sua mente anche quando il giro di presentazioni prosegue. Dopo che* l'incontro è concluso, Zach chiede a Linda come può esplorare ulteriormente questa nuova visione.

## Esperienze preziose

Le insoddisfazioni ed gli aneliti sono indizio di una possibile trasformazione che non si è ancora realizzata. Ma la maggior parte di noi sperimenta anche momenti speciali che danno un assaggio di come potrebbe essere la trasformazione. Per esempio, in rari attimi, possiamo essere invasi da una splendida pienezza, o possiamo avvertire un intenso silenzio interiore, o un tenero amore che fluisce da noi verso il mondo intero, una meravigliosa completezza o ispirazione o chiarezza mentale. Queste preziose esperienze ci dicono che la vita può essere differente, che le sue potenzialità sono ben più grandi di quelle che normalmente conosciamo. Esse accendono i nostri aneliti verso un modo di vivere più pieno e ci incoraggiano a cercare una via per uscire dal nostro perimetro abituale. Ma possono anche rivelarci quale tipo di trasformazione è possibile per noi.

*Natalie si considera fortunata. Ha un lavoro fisso come capoufficio, un marito affettuoso e due meravigliosi bimbi, e non ha alcun motivo di lamentarsi. Non sono ricchi, ma il loro reddito è sufficiente per acquistare begli abiti e giocattoli per i bambini e una volta l'anno fare un viaggio insieme per diversi giorni. La vita continua il suo percorso prevedibile e Natalie si sente sicura, sapendo dove la porterà.*

*Un pomeriggio, al lavoro, uno stato mentale speciale si impadronisce di lei. Sulle prime lo nota a malapena e continua a lavorare come al solito. Ma poi si accorge che una chiarezza mentale sconosciuta sta crescendo dentro di lei. La sua consapevolezza diventa chiara e intensa, i suoi pensieri tacciono, i movimenti del suo corpo diventano precisi, concentrati, senza sforzo, come se si sviluppassero da soli. Si sente aperta al mondo, ai suoi colleghi, ai clienti, persino alle pareti intorno a lei. Ogni cosa è ora intensamente presente e vivida, ogni piccolo oggetto, faccia, ruga, ogni piccolo movimento e sentimento. Sente che sta guardando il mondo attraverso occhi nuovi e con una comprensione più ricca che mai, anche se non può esprimere a parole questa comprensione.*

*"È così ricca" si meraviglia. "Non ho mai saputo che fosse possibile vedere così tanto".*

*L'esperienza è delicata e fragile, e la trattiene dentro di sé attenta a non danneggiarla. Sente che ignorandola svanirebbe. Per quasi un'ora continua a lavorare, immersa nella sua preziosa chiarezza. Si lascia andare a questo nuovo stato della mente, facendo il suo lavoro con determinazione e facilità, senza il solito comportamento autoritario verso i colleghi, senza il familiare self-control e dominio di sé. Guarda alle persone attorno a lei con una tenerezza che non ha mai sperimentato, con un senso di comprensione e compassione.*

*Dopo che ha lasciato l'ufficio e inizia a guidare verso casa, si accorge che la sua meravigliosa esperienza comincia a dissolversi. La sua mente inizia a chiedersi: cosa può preparare per pranzo? Quando torneranno da scuola i bambini? È tentata di liquidare l'esperienza che ha appena avuto come un momento di buonumore e nient'altro, ma riflettendo meglio realizza che era più che un sentimento. No, l'aveva elevata, aveva aperto per lei prospettive nuove, l'aveva resa una persona del tutto differente per un paio d'ore.*

*"Se sperimentassi questo stato mentale più spesso" riflette, "potrei essere una donna saggia. Potrei aiutare le persone con consigli. Forse potrei persino essere un guru".*

*Ora lei sa di essere più del suo sé familiare. Non è solo la solita Natalie. "Posso essere molto di più di me stessa" sussurra. E questo "molto di più" è prezioso, nascosto, forse addormentato, ma in attesa di essere realizzato. Una Natalie in potenza, una Natalie più elevata: chiara di mente, sensibile, aperta a tutti, con una tenera calma e una amorosa sapienza.*

*Deve trovare dei modi per coltivare questa parte più elevata di sé, dice a se stessa. Sa che non può forzarla a riapparire, ma le piacerebbe aprirle uno spazio, invitarla in qualche modo. Se solo sapesse come.*

*È solo quando arriva a casa e l'esperienza è completamente svanita che tutte le sue implicazioni la colpiscono. Ora capisce quanto sia limitata la sua solita maniera di essere, come sia impoverita e nuda.*

*"È come se fossi stata cieca per tutta la mia vita" riflette, "e solo ora lo capisco".*

*Passano parecchie settimane e la memoria della sua preziosa esperienza gradualmente svanisce. Ciò che rimane nella sua mente è solo il vago senso che la sua vita può essere più di quello che è attualmente.*

La preziosa esperienza di Natalie è una auto-trasformazione temporanea, ed è troppo breve e isolata per poter analizzare con sicurezza ciò che le comunica esattamente sulla vita. Nondimeno, parecchi concetti sembrano essere cruciali in essa: la nozione di vedere in opposizione a essere ciechi, di ricchezza in opposizione a povertà, di tenerezza compassionevole contrapposta a controllo, come pure la nozione di saggezza. È interessante come nell'esperienza di Natalie questa saggezza sembra essere non a suo esclusivo vantaggio, ma qualcosa che lei può usare per aiutare altri.

Questi concetti dovrebbero essere accettati in modo molto provvisorio e con prudenza: è pericoloso dare troppo peso ad una singola esperienza. Ma possiamo vedere questa esperienza come una indicazione che qualcosa dentro Natalie vuole crescere oltre i suoi attuali confini. È un conciso "messaggio" dalla sua dimensione di profondità interiore, un suggerimento che punta in una certa direzione che necessita di essere esplorata e sviluppata. Offre una visione preliminare di una rete di concetti che potrebbero aprirla a una nuova dimensione di vita.

### I primi ricordi come indizi del perimetro e di cio' che sta oltre di esso

Oltre le insoddisfazioni globali, i aneliti e le esperienze preziose, vale la pena di ricordare qui un quarto tipo di sguardi entro la dimensione della profondità interiore: i primi ricordi. La maggior parte di noi possiede due o tre ricordi della prima infanzia a partire dall'età di tre-quattro anni, più o meno. Questi ricordi possono servire come indizi importanti sul nostro perimetro e sulla dimensione interiore che si trova oltre.

Da un certo punto di vista, un ricordo della prima infanzia è come qualsiasi altro ricordo dell'ultima settimana o dell'ultimo anno: ci dà alcune informazioni sulle concezioni perimetrali della persona. Ma i ricordi precoci hanno un significato speciale, altrimenti non sarebbero state ricordati per tanti anni. Dopotutto, nella prima infanzia abbiamo provato dozzine di esperienze intense ogni giorno, molte di esse eccitanti, paurose, dolorose, divertenti o nuove. Quando eravamo bimbi piccoli siamo caduti molte volte, ci siamo sbucciati le ginocchia o siamo stati sgridati o lodati da mamma e papà, abbiamo scoperto un nuovo tipo di animale o di giocattolo, abbiamo avuto successo o abbiamo fallito, abbiamo sentito la mancanza dei nostri genitori e siamo stati tra le loro braccia. E tuttavia, tra tutte queste innumerevoli esperienze, solo una manciata è ancora incisa nella nostra memoria. Non ha importanza se questi ricordi siano veri o esprimano l'interpretazione distorta del bimbo o magari siano di pura fantasia. Il punto è che sono stati presenti nella memoria per gran parte delle nostre vite. Questo indica che c'è qualcosa di particolarmente significativo che li riguarda. Sono stati tenuti nella nostra mente per una ragione: perché sono entrati in risonanza con qualcosa di importante dentro di noi.

Ed effettivamente nella mia pratica filosofica ho raccolto ricordi precoci – dei consultanti, di amici, studenti e persino estranei – e posso affermare con sicurezza che in cinque casi su sei essi contengono informazioni importanti sul perimetro della persona, nonché sul suo anelito ad andare al di là di esso. Sebbene in superficie possano sembrare innocenti e persino privi di interesse, uno sguardo più attento rivela quasi sempre una concezione perimetrale, nonché un anelito, che giocano un ruolo importante nella vita della persona. Questo è normalmente confermato da esplorazioni indipendenti.

L'importanza dei primi ricordi è stata riconosciuta dallo psicologo Alfred Adler[33], un allievo di Freud che ruppe con lui e fondò una scuola psicologica separata. Tuttavia, la sua analisi dei primi ricordi è colorata dalle sue idee psicologiche, che qui non ci interessano.

Per i nostri scopi, come ho detto, un ricordo precoce ha un duplice significato: offre indizi sia sul perimetro della persona che sulla dimensione interiore che giace oltre. In termini di suggerimenti riguardo il perimetro, l'analisi dei primi ricordi appartiene ai capitoli precedenti, in cui si è discussa l'analisi del perimetro. Ma in termini di indizi della dimensione interiore, questa analisi appartiene al

---

33. Alfred Adler, *The Science of Living*, New York: Garden City Publishing Company, 1929, Capitolo 5, "Old remembrances," pp. 117-134; trad. it. Alfred Adler, *La scienza del vivere*, Roma, Edizioni Universitarie Romane, 2012. John Linton e Richard Vaughan, *Alfred Adler*, London, Faber and Faber, 1945, capitolo 12, "Earliest recollections of Childhoos", pp. 202-218. Heinz Ansbacher e Rowena Ansbacher, *The Individual Psichology of Alfred Adler*, New York, Harper & Row, 1956, pp. 351-357.

presente capitolo. Dal momento che è difficile analizzare l'una senza l'altra, ho posposto la discussione dei primi ricordi fino a qui.

## Cinque principi guida nell'analisi di un ricordo precoce

Analizzare un ricordo precoce è un'arte, proprio come analizzare il perimetro di una persona in generale. Permettetemi di indicare qui diversi principi guida che possono aiutarci in questa arte. Come primo criterio, possiamo considerare un ricordo precoce un'esperienza che è stata *selezionata* tra molte altre per essere ricordata a causa della sua significatività. La mente del bambino la "sceglie", per così dire, perché essa si avvicina a un'importante concezione o a un importante anelito.

*Norma, una donna di mezza età, è nota ai suoi amici per le sue eccessive paure e ansietà. Segue scrupolosamente la sua solita routine ed è sempre nervosa all'idea di provare cose nuove. Evita i viaggi per paura di incidenti; è reticente ad acquistare nuovi strumenti elettronici perché potrebbero emettere radiazioni pericolose; non le piace uscire per mangiare in ristoranti che non conosce perché il cibo potrebbe non risultare di suo gradimento o farla star male. Alcuni tra i suoi amici sospettano che siano scuse che inventa per giustificare ai suoi occhi il fatto che preferisce mantenere le sue vecchie, familiari abitudini.*

*Norma è una lontana parente di Linda, la praticante filosofica. Un giorno, a una riunione di famiglia, Linda chiede a Norma dei ricordi più lontani che riesce a rievocare.*

*"Mi viene in mente solo un ricordo della prima infanzia" risponde Norma. "Dovevo avere circa tre anni perché eravamo in visita da mia zia e mio zio prima che si trasferissero all'estero. Ricordo che guardavo fuori della finestra nel cortile. C'erano fiori molto belli ovunque. Volevo andar fuori e odorarli, così aprii la porta e uscii. In quel momento vidi il loro cane, un labrador, credo, molto grosso, almeno per un bambino piccolo. Era lì e mi guardava, e poi iniziò ad abbaiare. Probabilmente era un abbaiare amichevole, ma io ne fui terrorizzata. Così ritornai rapidamente dentro, chiusi la porta e rimasi in casa.*

*"Molto interessante" dice Linda pensierosa.*

*"Veramente? Pensavo che non ci fosse niente di particolare in questa piccola storia. Qualsiasi bambino si prende uno spavento una volta o l'altra".*

*"È vero" replica Linda, "ma la maggior parte della gente non ricorda questi primi episodi. Quello che trovo interessante non è l'evento in sé, ma il fatto che tu ancora lo ricordi. Sono sicura che a quell'età la piccola Norma ebbe molte altre esperienze, e tuttavia tu hai dimenticato la maggior parte di esse. Hai conservato solo questa esperienza paurosa di quel periodo della tua vita".*

*"Cosa stai dicendo?" chiede Norma. "Che il mio ricordo è la ragione per cui mi preoccupo sempre così tanto?"*

*"Beh, non so se è venuto prima l'uovo o la gallina. Sto suggerendo che la tua mente ha scelto di conservare questo ricordo perché c'era qualcosa di particolarmente significativo al riguardo. Non era solo il ricordo di un cane: esprimeva un'idea importante, probabilmente l'idea che il mondo esterno è un posto pericoloso e che è meglio rimanere dentro, nel tuo mondo familiare".*

*"Sì, capisco. Meglio star dentro e sentire la mancanza di tutte le cose meravigliose fuori. Quei fiori – li ricordo ancora oggi – erano così belli, quasi magici".*

*"A me sembra, Norma, che questa sia un'altra cosa che la memoria ti sta dicendo: che tu aspiri ad uscire non per il gusto dell'avventura, non per essere libera, non per metterti alla prova, ma per trovare bellezza. Non mi sorprenderei se sotto sotto tu desiderassi qualche tipo di paese delle meraviglie".*

*Norma la guarda sorpresa. "È così, Linda".*

Il secondo principio guida che è riconoscibile nella storia di Norma è che alcuni dettagli in un ricordo precoce sono più importanti di altri. Per esempio, il fatto che il cane apparisse terrificante e stesse abbaiando sembra fondamentale per il significato di questo ricordo. Ma il fatto che il cane era un labrador e non un pastore tedesco, o che stava sul prato piuttosto che sulla sabbia o sulla ghiaia, probabilmente non è granché importante. Questo episodio è stato probabilmente "scelto" per essere ricordato a causa del cane che faceva paura, non a causa del prato. Nondimeno, dovremmo essere cauti al riguardo. Non possiamo essere sicuri a prescindere che il prato non sia importante per qualche ragione, ed è per quello che questa scena è stata scelta per essere ricordata.

Parlando in generale, possiamo dare per scontato che la maggior parte dei dettagli in un ricordo precoce abbiano un qualche grado di significatività, altrimenti non sarebbero stati conservati negli anni. Per esempio, se il prato fosse stato completamente irrilevante, Norma probabilmente non avrebbe ricordato dove era il cane. Per la piccola Norma il magnifico prato potrebbe essere stato parte della bellezza del giardino, e parte del richiamo ad uscire fuori e giocare, che le fu impedito dal cane. Possiamo dunque dire che la maggior parte dei dettagli ricordati sono di solito collegati in qualche modo a una comprensione perimetrale fondamentale che soggiace al ricordo.

Per identificare questa concezione fondamentale è d'aiuto cercare dettagli fuori dell'ordinario (se ve ne sono). Per esempio, se il cane che faceva paura mostrava la schiena alla piccola Norma, allora con tutta probabilità questo sarebbe un fatto significativo. In questo caso ci verrebbe da chiederci: perché è stata ricordata *questa* scena, piuttosto che un'altra scena, di un incontro faccia a faccia con un pericolo?

Un terzo principio guida da tenere in mente è che le emozioni associate al ricordo sono un utile elemento di informazione. Se Norma ricorda di essere stata spaventata dal cane, allora la concezione perimetrale espressa in questo ricordo è ovviamente molto differente da un analogo episodio infantile che lei ricorda, poniamo, come eccitante. Sfortunatamente, le emozioni sono spesso dimenticate.

Come quarto principio, è molto utile prendere in esame diversi ricordi precoci, se ve ne sono, e confrontarli tra loro. Secondo la mia esperienza, la gente normalmente ha due o tre ricordi precoci approssimativamente dello stesso periodo. Questi ricordi spesso esprimono un'identica concezione (o anelito) in forme differenti, cosicché confrontarli può aiutarci ad identificare ciò che esprimono esattamente. Per esempio, se Norma ha anche un secondo ricordo in cui ha paura di uscire dal suo letto la notte a causa di un'ombra paurosa sulla parete, questo confermerebbe il significato del ricordo del cane, dal momento che entrambi sembrano esprimere lo stesso tema: paura di una minaccia esterna.

Comunque, due ricordi dello stesso periodo non dicono necessariamente la stessa cosa. Potrebbero anche completarsi a vicenda. Considerate, per esempio, il ricordo "Io sono da solo di fronte ad un cane spaventoso", e il ricordo "Io siedo in grembo a mia madre e guardo giù a un cucciolo grazioso che sta giocando sul pavimento". Perché questi due ricordi sono stati selezionati per conservarli nella memoria? Cosa c'è in loro che colpisce a tal punto da renderli degni di nota? Una risposta plausibile è che si completano l'un l'altro nel dire: quando sono sola sono in pericolo, ma quando sono con le persone che amo sono al sicuro. Potrebbe venir fuori che il primo ricordo esprime una concezione perimetrale per cui il mondo è alieno e minaccioso, mentre il secondo esprime un desiderio di calore e sicurezza. Se è così, allora potremmo aver bisogno di cercare la dimensione interiore di Norma nella direzione della tenerezza affettuosa.

Per ultima cosa, i primi ricordi contengono informazioni limitate, ed è impossibile analizzarli significativamente senza l'aiuto di ulteriori informazioni riguardo la persona. Un ricordo in sé è troppo frammentario e ambiguo, possiamo comprendere il suo significato solo nel contesto di un'adeguata conoscenza della persona. Così, ad esempio, se sappiamo che la persona tende ad evitare situazioni sconosciute, allora quest'informazione suggerirebbe che il ricordo precoce di un incontro con un cane dice: "È meglio stare a casa, nel mio posto familiare e sicuro". Ma se invece sappiamo che la persona è avventurosa, allora il ricordo dello stesso cane può indicare il valore dell'eccitazione di fronte al pericolo. Ne segue che un ricordo precoce è sempre un supplemento di informazione rispetto ad altre fonti.

*Il primo ricordo di Josh è vago, risale probabilmente a prima dei tre anni. Ricorda che era nel letto quando suo padre era entrato nella stanza. Il piccolo Josh aveva sentito un impulso a saltare fuori dal letto e farsi coccolare tra le sue braccia, ma immediatamente si era controllato. Al contrario, aveva finto di dormire. Era rimasto immobile per un po', con gli occhi chiusi. È tutto quello che Josh è in grado di rievocare di questa scena infantile. Non ricorda esattamente ciò che provò, ma si rammenta vagamente che fu una esperienza piacevole.*

*Considerando questo ricordo, possiamo chiederci: di tutte le esperienze infantili di Josh, perché è stata ricordata questa in particolare? Quale tema peculiare esprime da renderla memorabile? Consideriamo dapprima il ruolo di Josh in questa scena. È evidente che il piccolo Josh non è un osservatore passivo: non sta semplicemente guardando qualcosa che accade. Né sta* ricevendo qualcosa: non gli viene dato nulla né viene preso in braccio dal padre o riceve aiuto. È lui l'attore principale della scena, ma è interessante che la sua azione non sia esplicita. Non dice nulla ad alta voce, né gioca con un giocattolo, non costruisce un castello, né corre. Piuttosto, si sta nascondendo, sta fingendo.

Spesso è utile osservare ciò che manca nel ricordo. In questo caso manca una interazione reciproca con il papà. Sebbene il piccolo Josh non sia solo, la presenza del padre è un elemento importante della storia. Tuttavia loro due non interagiscono. Josh sta agendo nei confronti di suo padre, o addirittura manipolandolo.

Manca pure dalla scena la ragione per cui Josh faceva finta di dormire. Era per scherzo? O per evitare una punizione? O perché non voleva mangiare del cibo che il padre aveva portato? Il ricordo non risponde a questi interrogativi. Pare che queste domande non siano importanti; che la ragione del gioco non fosse sufficientemente significativa da meritare di essere ricordata. Ciò che impressionò Josh era il fatto che poteva fingere, quale che fosse la ragione per cui l'aveva fatto.

Queste considerazioni suggeriscono che questa scena sia stata ricordata perché esprime l'idea di finzione e manipolazione. Sembra, dunque, che questa sia la concezione che Josh ha portato dentro di sé per tanti anni: la mia relazione con gli altri (persino con le persone più care) è manipolativa.

Sembra un'interpretazione molto attraente, ma per quanto possa esserlo bisogna essere cauti. Il ricordo potrebbe avere altri significati, nascosti alla vista perché importanti informazioni di contorno possono mancare. Per esempio, se il padre era un uomo severo temuto dai figli, allora la finzione di Josh di essere addormentato potrebbe avere un significato differente, forse di fuga e sopravvivenza. Ulteriori informazioni aiuterebbero a corroborare la nostra interpretazione.

Risulta che Josh abbia un secondo ricordo più o meno della stessa età. Questo ricordo è molto più ricco di dettagli: suo zio venne a trovarli. Il piccolo Josh si nascose timidamente dietro le gambe del padre, ma quando lo zio gli sorrise e gli batté sulla testa Josh ritrovò sicurezza e si fece avanti. Allora lo zio gli mostrò il pugno chiuso e gli disse che vi teneva un candito. Eccitato, il piccolo Josh cercò di aprire il pugno dello zio, ma quando la mano alla fine si aprì, venne fuori che era vuota. Evidentemente suo zio non aveva canditi da dargli, stava solo giocandogli uno scherzo. Lo zio rise forte di questo tiro mancino. Josh scoppiò in lacrime.

*Se esaminiamo il secondo ricordo, vediamo che conferma la nostra interpretazione del primo, oltre che completarlo. Qui, ancora, la relazione di Josh con altri è manipolativa, solo che questa volta è lui quello che viene manipolato, non colui che manipola. Chiaramente, il tema di fingere e manipolare è centrale in entrambi i ricordi. E se ricordiamo che la memoria di Josh ha "scelto" queste due esperienze infantili tra migliaia di altre, capiremo che questo dev'essere un tema importante nella sua vita. Insieme, questi due ricordi esprimono la concezione: "Le relazioni sincere sono impossibili. O si manipola o si è manipolati".*

*Non dovremmo essere sorpresi di scoprire che Josh, da adulto, mostra schemi di comportamento improntati a finzione, dissimulazione dei pensieri, strumentalizzazione degli altri e mancanza di fiducia. Inutile dire, però, che va ricordato che Josh è più di questo schema e la manipolazione potrebbe essere solo un filo conduttore in un perimetro più complicato.*

*Possiamo sospettare, allo stesso modo, che in questi due ricordi si nasconda un anelito collegato: l'anelito verso un affetto onesto e spontaneo, non distorto da manipolazione. Questa è la ragione per cui il primo ricordo mostra il piccolo Josh che reprime il suo desiderio di saltare in braccio al padre, e il secondo ricordo registra un momento di fiducia. Se questi indizi sono corretti, allora potrebbe venir fuori che il viaggio di Josh verso l'auto-trasformazione ricaverebbe beneficio da un sistema di idee del tipo di Rousseau, che ruotano intorno alla spontaneità e alla schiettezza.*

## I primi ricordi nella pratica filosofica

Nella consulenza filosofica è buona idea chiedere ai consultanti dei loro primi ricordi, ma iniziare ad analizzarli solo dopo una seduta come minimo, quando sono venute alla luce maggiori informazioni personali. Analizzare prematuramente i ricordi di una persona senza alcuna informazione generale può facilmente portare a una distorsione. L'analisi dei primi ricordi non può reggersi in piedi da sola.

Quando si chiede ai consultanti delle loro prime esperienze è importante domandare di episodi precisi che ricordano siano avvenuti e che possono visualizzare. Per esempio: "Ricordo che ero solito giocare da solo" non è un episodio specifico ma piuttosto un elemento di informazione generale su un'abitudine frequente. È bene spiegare al consultante che i primi ricordi contengono temi importanti e analizzarli insieme. Oltre ai ricordi più precoci, anche quelli successivi possono essere fonti di informazione, sia pure in misura molto minore. La maggior parte di noi ha dozzine di ricordi a partire dai sette o dieci anni, e di conseguenza la qualità significativa di ciascuno è ridotta.

Coloro che fanno pratica filosofica possono usare i primi ricordi per esplorare tre cose principali. Primo, il ricordo può servire come indizio sugli schemi della persona. Per esempio, un ricordo precoce di litigio può manifestare l'attuale schema di comportamento antagonistico della persona. Secondo, un ricordo precoce può essere usato come indizio della concezione perimetrale dell'individuo. Per esempio, il ricordo precoce di un consultante circa un amico che l'ha tradito può esprimere la sua concezione attuale per cui le persone non sono degne di fiducia. Questi due tipi di indizi – indizi di uno schema attuale e di una concezione attuale – sono piuttosto comuni, e di solito si trovano insieme nello stesso ricordo. Ma alle volte si trova anche un terzo tipo di indizio. Capita talvolta che un ricordo precoce manifesti il desiderio della persona di andare oltre il suo particolare perimetro, oltre i suoi schemi e le sue concezioni. Il caso di Norma, riportato sopra, ne è un esempio.

*Capitolo 9*

# IMPARARE IL LINGUAGGIO DELLA DIMENSIONE INTERIORE

Le insoddisfazioni, le aspettative, le esperienze preziose e i ricordi precoci: sono questi i principali indizi che ci dicono che la nostra vita potenziale potrebbe non essere limitata al perimetro visibile. C'è dell'altro oltre il nostro stato ordinario, precisamente quello che ho chiamato la profondità nascosta, o la dimensione interiore.

Ma come possiamo uscire dalla prigione perimetrale ed entrare in contatto con questa dimensione interiore? Cosa dobbiamo fare per risvegliarla e coltivarla?

Come primo passo, si deve apprendere ad identificarla, cosicché si sappia dove guardare e cosa cercare. A questo punto non ci si può aspettare una formula generale. Esattamente come il perimetro è differente per individui differenti, lo stesso vale per il processo di uscita dal perimetro verso la dimensione interiore. La dimensione interiore può parlare in modo differente in persone differenti. Dunque, per conoscere la mia dimensione interiore, io devo apprendere il suo specifico "linguaggio" quando parla nella *mia* vita.

### Il linguaggio della dimensione interiore nella consulenza

*Matt va da Linda, colei che fa pratica filosofica. Dopo essersi presentato, le confessa come non sia sicuro del perché è venuto.*

*"Suppongo di essere qui perché mi sento confuso" le dice dopo che si sono accomodati.*

*Ha un lavoro remunerativo come redattore tecnico per una compagnia high-tech, ma non ha la sensazione che sia questo ciò che vuol fare davvero. È* bravo a scrivere manuali per i giochi elettronici, ma spesso sente che sta buttando via il suo tempo in questo lavoro. *Il problema è che non riesce ad afferrare che cosa voglia fare di diverso.*

Linda ascolta e fa qualche domanda di chiarimento. Con sorpresa di Matt, vuole conoscere anche cose apparentemente non collegate, come le esperienze che di recente ha avuto con gli amici, con la famiglia, sul lavoro.

Verso la fine dell'incontro lei nota: "È interessante che un filo comune corra in tutte le tue storie. Tu sei attivo e fai molte cose, ma le fai senza convinzione. Sei andato in campeggio con i tuoi amici, anche se non ne avevi granché voglia. Hai acquistato una nuova videocamera costosa ma con ben poco entusiasmo. Hai accettato un'offerta di lavoro come redattore tecnico, anche se non eri esattamente innamorato di questo tipo di impiego. Sei persino venuto da me – così mi hai detto – senza sapere esattamente perché".

Matt considera la cosa e poi scrolla le spalle, sulla difensiva. "Immagino che non riuscirò mai a scoprire ciò che realmente voglio. Vorrei poterlo sapere".

Nel loro secondo incontro, Matt e Linda esaminano altri aspetti della sua vita e si rendono conto che si tratta di un solido schema di comportamento. Alla fine della seduta, Matt è piuttosto turbato da questa rivelazione.

"È terribile ma vero" dice triste. "È proprio uno schema che mi contraddistingue. Molto spesso sento che non faccio che tirare a indovinare ciò che voglio".

Nella seduta successiva, Linda inizia una nuova fase. Fino ad ora hanno esplorato gli schemi comportamentali ed emotivi di Matt. Ora Linda muove un primo passo verso il livello filosofico, il livello dei concetti e delle comprensioni.

"Riflettiamo su questo atteggiamento di 'non so cosa realmente voglio', come lo descrivi. Che tipo di asserzione formula riguardo la tua vita?"

"Beh, immagino che dica: per la maggior parte del tempo non sono in contatto col mio vero sé".

Linda annuisce. "In altre parole, stai dicendo che c'è un 'vero' sé dentro di te; che i tuoi sentimenti e desideri ordinari non sono autentici quanto lo sono i sentimenti e desideri di questo sé".

"Sì, è come un tesoro nascosto dentro di me".

"Un tesoro, precisamente. Ed è molto importante essere in contatto con questo tesoro; così importante, che senza di esso niente vale veramente la pena.

*E così tu stai passando il tempo in attesa che questa cosa reale si manifesti. Fino ad allora la vita è in sospeso".*

*Matt sorride pensosamente. "È un quadro piuttosto singolare di me stesso. È accurato, ma singolare. E tuttavia, c'è qualcosa di sbagliato? C'è qualcosa di sbagliato nel volere solo il meglio e nel non accontentarsi di meno?"*

*"Non necessariamente. Quello che voglio dire è che questa è la tua maniera personale di concepire la vita, ma magari non è come altri la vedono. Non tutti sono preoccupati del proprio vero sé".*

*"L'ho notato, Linda. Quando dico agli amici che non so se voglio veramente una cosa, ho l'impressione che non capiscono di cosa parli. 'Cosa significa che la vuoi veramente?', ecco come rispondono. O la vuoi o non la vuoi".*

*"Invece, per te, Matt, ci sono due cose diverse in questo caso: ciò che pensi di volere e ciò che tu veramente vuoi".*

*Di fatto, approfondisce lei, il concetto di ciò che è reale è al centro della maggior parte delle storie di Matt: ciò che realmente voglio, ciò che realmente sento, chi realmente sono.*

*Linda appoggia un foglio sul tavolo che li separa e scrive in cima le parole "il vero me".*

*Questo, concorda Matt, sembra essere il centro del suo atteggiamento verso se stesso e la vita. "Spero che tu mi aiuti a capirlo un po' meglio".*

*Siamo alla fine della seduta e Linda gli chiede di pensarci a casa.*

*Nella seduta successiva Matt ammette che non ha idea di cosa o chi il suo vero sé possa essere. "So solo che voglio restare in contatto con lui. È nascosto. E il suo essere nascosto mi tormenta. Fuori, sembra che nel mio caso tutto sia a posto. Al lavoro parlo con gli ingegneri, imparo come funziona il sistema. Scrivo il testo e lo rimando indietro per le osservazioni. Tutti dicono che faccio un grande lavoro. Ma... nel retro della mia mente mi chiedo se tutto questo business high-tech... se tutto questo business high-tech sia veramente me".*

*"Lo fai sembrare come se ci fossero due Matt in te: il vero Matt e..."*

*"... e un falso Matt. Nei miei momenti difficili è così che vedo me stesso: un falso".*

*Linda appoggia sul tavolo il foglio della seduta precedente e aggiunge in cima una seconda intestazione. Ora si legge: "Il vero me" e "Il falso me".*

*"Vero contro falso" dice Matt. "Esatto. Tutti i colleghi, in ufficio, pensano che sia entusiasta e mi piacciano le sfide del lavoro. Ma non viene dal mio*

*cuore. Nel profondo probabilmente non me ne importa niente. Pensi che stia tradendo me stesso?"*

*"Tradire se stessi è un'espressione affascinante. Nel tradimento una persona tradisce un'altra. Chi è quello che tradisce e chi è quello che è tradito?"*

*"Beh, quello che tradisce è il mio me abituale, e tradisce il mio vero me, qualsiasi cosa esso sia o chiunque esso sia".*

*"Così, Matt, stai dicendomi di nuovo che oltre al tuo vero sé – che è probabilmente nascosto – c'è anche il tuo sé abituale, il tuo falso sé, che è traditore".*

*Lei trascrive alcuni altri concetti sul foglio.*

Prezioso, di valore    Realtà primaria          Non importante    Realtà secondaria

Il vero "Io" —— Nascoto          Il falso "Io" —— Apparente

Certo    La mia casa          Esitante    Aliento, distante

*"È una sintesi accettabile del modo in cui vedi te stesso? È come una teoria che hai di te stesso".*

*Matt dà un'occhiata al diagramma.*

*"Non ho mai pensato a me stesso in questi termini, Linda. Ma sì, hai assolutamente ragione. Hai riassunto il modo in cui mi relaziono con me stesso".*

*"Possiamo considerarla come una teoria che vivi in pratica, senza necessariamente pensarla a parole. E questo ovviamente solleva una questione: chi è il 'vero' Matt?"*

*"Giusto" replica lui dopo una pausa. "Questa è precisamente la domanda: quale parte di me è il mio 'vero me'?"*

*"Ti accorgi qualche volta di questo Matt autentico? Ti senti agire senza la solita incerta esitazione e sfiducia in te stesso?"*

*"Capita. Non molto spesso. Per esempio, il mese scorso ho fatto un'escursione a piedi in montagna con tre amici. Volevamo trovare una piccola cascata molto bella che ci avevano detto essere da quelle parti. Ma ci siamo persi. Si stava facendo tardi e avevamo cominciato a pensare di tornare senza averla vista". Matt va avanti a descrivere come improvvisamente si era*

*alzato, aveva assunto la guida del gruppo, aveva convinto i suoi amici a
continuare e con sorprendente determinazione e intraprendenza li aveva
condotti alla cascata. "Per un paio d'ore sono stato pieno di determinazione,
non so da cosa proveniva".*

*"Dev'essere stato veramente bello trovare la cascata".*

*"Quando finalmente l'abbiamo trovata, ho provato questo senso
incredibile di esaltazione. Non so come descriverlo. Ero completamente uno
con me stesso. Ero realmente là, in piedi sulla roccia, tutte le parti di me.
Questo ha senso per te?"*

*"Sembra un momento prezioso" commenta Linda.*

## Usare i testi filosofici nella consulenza filosofica

Le esperienze di Matt ci rivelano la struttura del suo perimetro.
Ma alcune di esse potrebbero pure offrirci scorci di ciò che sta oltre.

A questo stadio, comunque, questi barlumi sono vaghi. Occorre
un'indagine dettagliata. Un ottimo modo per farlo è ricorrere all'aiuto
di testi filosofici. I testi filosofici profondi sono ricchi di concetti ed
idee acuti e introspettivi. Possono offrire nuove prospettive e aiutarci
a chiarire i nostri pensieri, a prescindere dal fatto che li condividiamo
o meno.

*Linda passa a Matt un paio di pagine con passi scelti dal libro di Max
Stirner* L'Unico e la sua proprietà. *"Ecco, prendili e riflettici a casa. Stirner
non è un filosofo famoso, ma potresti trovarlo interessante e provocatorio. Qui
spiega la sua concezione del sé e di che cosa significhi essere autentico, o 'vero',
come dici tu. Mi chiedo, Matt, se questo sia il genere di realtà a cui tendi. Ma
prima, lascia che ti dia un quadro generale su Stirner".*

### Max Stirner - il sé unico[34]

Max Stirner (1806-1856) è un filosofo tedesco i cui scritti
anticipano temi anarchici, esistenzialisti e nichilisti. Stirner sostiene
che il sé non possa essere definito o descritto. Qualsiasi concetto che
tu potresti voler applicare a me non è parte di chi sono veramente. Io
sono unico, il che fa sì che nessun concetto generale possa cogliermi.
Io posso essere biondo, ma "biondo" non è parte della mia essenza,

---

34. Max Stirner, *Der Einzige und sein Eigenthum*, Lipsia, 1844; tr. it. *L'Unico e la sua
proprietà*, Milano, Adelphi, 1999.

di chi sono veramente. Posso essere felice, ma "felice" non è parte di chi sono veramente. Posso essere un uomo, ma "uomo" o anche "umano" non è parte di chi sono veramente. Perciò il mio sé non può essere definito, va oltre tutte le descrizioni generali. Tu puoi confrontare il colore dei miei capelli col tuo, oppure il mio corpo umano con il tuo corpo, ma non puoi confrontare il mio sé con altri sé. Io sono unico nel mio genere.

Questo significa, conclude Stirner, che per essere fedele a me stesso devo rigettare tutto quello che non è realmente me, che è quasi tutto. In questo modo arrivo a "possedere" me stesso e solo me stesso. Quando lo faccio e divento autenticamente me stesso, mi rendo conto che non rientro in nessun concetto generale di essere umano. Malgrado le ideologie sociali e religiose vogliano impormi specifiche identità (tu sei "umano", sei "un cristiano", "un tedesco", "un insegnante", ecc.) in realtà si tratta di false identità.

*Nel loro incontro successivo, Linda chiede a Matt che cosa pensa dei passi scelti di Max Stirner.*

*"Credo di capire perché l'hai scelto per me, Linda. Anche Stirner non sa dire chi sia. Ma c'è una grossa differenza tra noi: lui si trova a suo agio con questo, mentre io sento che mi manca qualcosa. Stai dicendo che devo accettare la sua teoria?"*

*"Al contrario, Matt, suggerisco di non accettare o rigettare niente con troppa fretta. Prendiamoci il tempo necessario, ascoltiamo le idee di Stirner e vediamo se possono gettare luce o no sulle tue esperienze. Le idee filosofiche profonde ci sfidano a pensare in modi nuovi, che le condividiamo o no".*

*"In effetti" dice Matt, "il testo mi ha fatto riflettere. Mi ha indotto a chiedermi se il fatto che non so chi sono sia realmente un problema. Forse è un bene non saperlo. Forse questo significa che sono autentico e libero da tutte le descrizioni generali".*

*"Così ti stai chiedendo se le idee di Stirner si applichino a te".*

*"Sì".*

*"Molto bene. Il linguaggio delle idee di Stirner è coerente col linguaggio delle tue esperienze preziose? Pensa ai concetti che usa, alle distinzioni che fa, alle connessioni che rileva".*

*"Penso di no" riflette Matt. "Non mi vedo come una persona unica".*

*"Procediamo senza fretta, Matt, e diamo una possibilità a Stirner. Rievoca la tua esperienza della cascata e parlamene come se tu fossi Stirner. Comincia dall'inizio della giornata".*

*"Molto bene, vediamo... Al mattino mi ritrovo con gli amici. Prendiamo la macchina di Bill. Loro tre chiacchierano, ridono e scherzano. Non sono dell'umore giusto per questo tipo di socializzazione, ma sto al gioco. Stirner direbbe che sto preservando, con atteggiamento calmo, la mia libertà e autenticità e rifiutando di giocare giochi sociali".*

*"È così che ti sei sentito nell'auto?"*

*"Non proprio. Non stavo facendo niente di così ideologico. Semplicemente non avevo la pazienza di stare ad ascoltare le loro sciocchezze, però stavo al gioco perché non volevo rovinare l'atmosfera".*

*"Molto bene, vai avanti".*

*Matt continua a descrivere come avevano parcheggiato l'auto, iniziato l'escursione e si erano persi.*

*"Allora ci accorgiamo che è tardi e Bill dice: 'Dimentichiamoci la cascata e torniamo a casa'. E anche Dennis dice qualcosa riguardo al cielo che si sta facendo buio. E Mark dice che avrebbe voluto davvero vedere la cascata, ma è troppo stanco perché gliene importi. Stanno tutti cominciando a sentirsi giù di morale".*

*"Bene. E cosa succede dopo?"*

*"E poi mi ritrovo ad alzarmi e a esclamare: 'No, non rinunceremo!' Stirner potrebbe dire che sto affermando la mia unicità, il mio essere speciale, la mia libertà".*

*"C'era qualcosa nella tua esperienza, Matt, che conferma questa interpretazione?"*

*"Forse. Ricordo un senso di libertà. Ma non era questione di essere unico o di rigettare le false identità. Era un senso di certezza. È così che mi sono sentito quando ho annunciato: 'Non andremo a casa. Andremo a trovare il posto!'".*

*"Quando ascolto la tua storia, Matt, non sento più la tua solita esitazione. Parli come se tu avessi trovato una nuova personalità dentro di te".*

*"Questo è un buon modo di descriverlo. Una nuova personalità che non sapevo esistesse in me all'improvviso è schizzata in superficie e ha annunciato se stessa. All'improvviso ero una persona potente, unificata, che sapeva esattamente ciò che voleva. Ma questa nuova persona non è impossibile da*

*descrivere, come avrebbe affermato Stirner. Posso descriverla come avventurosa, sicura, eccitata".*

*"Questa è una buona osservazione" dice Linda. "Forse la tua esperienza non parla nel linguaggio di Stirner. Tuttavia, c'è qualcosa che hai preso dalla sua filosofia?"*

*"Sì, da lui prendo l'idea che l'essere me stesso è connesso con un senso di libertà, con la sensazione che io 'possiedo' me stesso e non devo niente a nessuno".*

*"Stai sorridendo, ora, Matt. Ti manca questa sensazione di possedere te stesso".*

*"Certo che mi manca. Senza, ho l'impressione di non essere nessuno".*

*"Bene".*

*"Scusa?"*

*"La tua sensazione di non essere nessuno ti sta dicendo che le cose non sono come dovrebbero essere. Sarebbe forse meglio se non ti sentissi a disagio per questo?"*

*Linda gli fa un sorriso rassicurante e gli consegna un nuovo testo. "Vediamo, Matt, se questo testo ti aiuta a capire un po' più a fondo te stesso".*

*"Pensi che questo testo contenga la risposta?"*

*"Naturalmente no. Un buon testo filosofico non ti dà risposte. Ti ispira a capire te stesso a modo tuo".*

### Jean-Paul Sartre - non sono ciò che sono[35]

Stirner, come molti altri pensatori, dà per scontato che ci sia una cosa chiamata "sé" entro ciascuno di noi. Il filosofo esistenzialista francese Jean-Paul Sartre (1905-1980) non è d'accordo. Provare a connettersi con un "sé" dentro di me è una fantasia o un auto-inganno.

Secondo Sartre, come essere umano non ho una personalità definita, una natura o un sé. Chi io sia è qualcosa da decidere, non da scoprire. In altre parole, non c'è niente in me che determina chi io sia – i miei valori, le mie convinzioni, le mie inclinazioni, anche la mia personalità – eccetto la mia libera volontà. Io sono libero di determinarmi. Inoltre, non esiste alcun valore o etica che possa dirmi come *dovrei* essere, perché i valori e l'etica sono una mia creazione.

---

35. Jean-Paul Sartre, *L'existentialisme est un humanisme*, Parigi, 1945; tr. it. *L'esistenzialismo è un umanismo*, Milano, Mursia, 2016.

Sono completamente libero di scegliere chi sono, ciò che è buono o cattivo, ciò che voglio fare con la mia vita. Persino il mio passato non mi priva della libertà: anche se io avessi preso una decisione dieci minuti fa, sono libero di cambiare idea in questo istante. Persino in carcere posso decidere che tipo di persona sono. Detto con le parole di Sartre, sono condannato ad essere libero.

Di fatto, non è del tutto esatto dire che io sia libero. Più correttamente, io sono libertà. Come dice Sartre, non sono ciò che sono e sono ciò che non sono. O, come specifica, l'esistenza precede l'essenza; in altre parole, in ogni momento io prima esisto e poi determino la mia essenza (chi io sia).

Tutto questo suggerisce che autenticità non può voler dire essere fedele al mio sé interiore. Piuttosto, io sono autentico se sono fedele al fatto che *non ho* un sé interiore definito; se sono fedele alla libertà di decidere chi sono. Dunque, essere autentico, per Sartre, significa essere consapevole della mia libertà, che assumo la piena responsabilità della mia vita e non pretendo che qualche forza o evento abbia fatto di me la persona che sono. Significa che non considero me stesso un prodotto della mia psicologia, della mia educazione, delle circostanze, di considerazioni logiche o morali, di Dio. Non ho scuse per essere la persona che sono.

*Nel loro incontro successivo, Matt dice a Linda che l'idea di Sartre di una libertà radicale è troppo estrema. "È ovvio, per me, che sono condizionato dalla mia esperienza passata e dalla mia personalità. La mia psicologia determina molte cose nella mia vita".*

*Linda gli ricorda che la cosa importante non è se la teoria di Sartre sia o no calzante, ma se può gettare luce sugli aneliti e le esperienze preziose di Matt. Anche se la teoria di Sartre nel suo complesso non è accettabile, la sua osservazione principale può ancora essere rilevante: essere autentico significa essere fedele non a qualcosa che esiste già in lui, ma piuttosto alla sua libertà.*

*Per un po' discutono la teoria di Sartre e la sua relazione con le esperienze di Matt. Immaginano come l'episodio della cascata possa essere raccontato dal punto di vista di Sartre: Matt che è tentato di rinunciare alla ricerca e ritornare a casa con i suoi amici, ma che poi si rende conto che è libero di rifiutare, e attraverso la nuova libertà appena scoperta insiste per continuare la ricerca della cascata, assumendosi in pieno il peso della responsabilità.*

*"No" dice alla fine Matt, "questo non è decisamente il linguaggio della mia esperienza. Nel caso della cascata, non è che abbia improvvisamente deciso di assumermi la responsabilità. La responsabilità non è un problema per me quando ho l'impressione di non sapere ciò che realmente voglio. Sono bravo ad assumermi responsabilità. Sul lavoro faccio ogni genere di progetti creativi, ma questo non mi rende soddisfatto. Ciò a cui anelo – ora posso vederlo chiaramente grazie al confronto con Sartre – è essere preso e guidato da una specie di convinzione interiore. Non è questione di decisione, ma di convinzione, di un senso di verità, di una luce per ispirarmi".*

### Gabriel Marcel - il testimone in me[36]

Il filosofo esistenzialista francese e drammaturgo Gabriel Marcel (1889-1973) individua due atteggiamenti nei confronti della vita: osservare e fare da testimone. Un osservatore è qualcuno che guarda alla vita senza coinvolgimento personale, senza dare se stesso a niente e nessuno. Per una tale persona la vita è una sequenza di fatti oggettivi, impersonali. Può essere attivo e lavorare duramente, ma non è fedele a nulla. In un mondo che consiste solo di fatti oggettivi, non c'è niente a cui essere fedeli.

All'opposto di un osservatore, un testimone è qualcuno che vuole ricevere la vita come se gli venisse affidata. Marcel chiama questo atteggiamento "testimonianza" perché è ciò che faccio in un processo quando decido di testimoniare in modo veritiero su qualcosa che ho visto, anche se mi mette in pericolo, anche se i giudici sono corrotti. Allo stesso modo, sono un testimone quando accetto liberamente un valore o una "luce" che viene in contatto con me e a cui voglio esser fedele. Prendo un impegno ad essere testimone di questa luce nel mio modo personale.

In questo senso, la vita per me è un "dono" che mi sento chiamato a ricevere. Ma riceverlo non è un atteggiamento passivo. Per esempio, quando ricevo ospiti a casa sono un ricevitore attivo, impegnato, do del mio perché i miei ospiti si divertano. Allo stesso modo, quando ricevo la vita come un testimone l'accetto liberamente, fedelmente, personalmente, creativamente.

---

36. Marcel, "Textimony and Existentialism", cit.

*Nel loro incontro successivo, Matt dice a Linda che la nozione di "luce" di Marcel lo affascina ma non coglie ciò che lui personalmente sperimenta.*

*"Marcel è troppo religioso per me" spiega Matt. "L'idea che dovrei 'ricevere' una luce non significa niente per me: ricevere da dove? Da chi?"*

*"Ricorda, Matt, che i testi filosofici profondi ci aiutano a capire noi stessi anche attraverso il dissenso, anche quando sono molto diversi da ciò in cui crediamo. Perciò lasciamo da parte consenso e dissenso e riflettiamo sul 'testimone' che Marcel ritrae: il suo stato mentale interiore, il suo atteggiamento verso la vita, il modo in cui è nel mondo".*

*"Non sono sicuro di cosa dire, Linda".*

*"Allora prova a esprimerlo col tuo corpo, con le tue braccia e con le tue mani".*

*Matt si alza e apre le sue braccia verso il cielo. Poi assume in volto una espressione di supplica.*

*"Mmm. Stai interpretando il 'testimone' come passivo, in attesa di un miracolo dal cielo".*

*"Sì, hai ragione, Linda. Marcel parla di 'recezione attiva', come un padrone di casa che si dà da fare per ricevere i suoi ospiti. Dà loro il benvenuto, offre loro il caffè, conversa con loro".*

*Matt si alza di nuovo e assume un atteggiamento di padrone di casa che invita gli ospiti. Si risiede.*

*"E tuttavia non è questo ciò a cui anelo. Nella mia esperienza della cascata e in esperienze simili, io mi sono sentito... 'investito' è la parola giusta. Tutte le mie incertezze sono scomparse, tutte le mie familiari esitazioni e auto-giustificazioni e auto-spiegazioni. Ah, sì, ora riesco a vederlo: in quei momenti divento uno con me stesso, una persona unificata. Posseggo me stesso, come dice Stirner".*

*Si alza di nuovo, dritto ma rilassato. Un insolito spirito poetico si impadronisce di lui. "Tutto è calmo e semplice dentro di me. Sono un uomo primordiale in un mondo primordiale, libero di amare e godere, selvaggio, che non risponde a niente e a nessuno".*

*Linda guarda Matt con un sorriso gentile. "Wow!"*

*Matt si siede, un po' giù, come al risveglio da un sogno. "Esattamente: wow. Per un momento ho sentito questa esistenza primordiale che agiva di nuovo in me, come accanto alla cascata. Esistenza primordiale, libera da complicazioni, libera da calcoli, solo pura esistenza: ogni cosa è autentica, io sono autentico, non devo costruire storie su me stesso".*

*Linda appoggia un nuovo foglio di carta sul tavolo. "Ridisegniamo l'orizzonte del tuo mondo".*

*Insieme, Linda e Matt compongono una mappa di idee riveduta.*

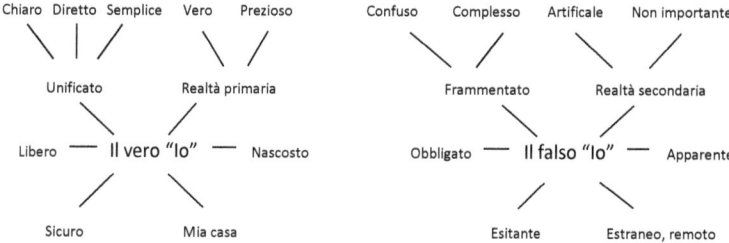

*"Questo" dice Linda alla fine, "è un eccellente punto di partenza per una esplorazione seria. Ora abbiamo i primi indizi di ciò a cui tu aspiri; o di ciò che ti chiama, di ciò che sta fuori dalla tua caverna platonica. Per quanto ne sappiamo a questo punto, questi concetti sono il linguaggio della tua dimensione interiore".*

## La dimensione interiore nella compagnia filosofica

La consulenza individuale non è sempre la forma migliore per esplorare il linguaggio della dimensione interiore. La forma della compagnia filosofica è alle volte più efficace.

Una compagnia filosofica[37] è un gruppo di persone che si incontrano diverse volte, di persona o online, di solito una volta a settimana per una o due ore, concentrandosi su un breve testo filosofico, meglio se conciso o anche poetico. Una compagnia filosofica non è un gruppo di discussione. Ciò che vi è di specifico in una compagnia filosofica è che i partecipanti cercano di mantenere uno stato mentale contemplativo nel corso della seduta. Con l'aiuto di vari esercizi e procedure, provano a pensare e conversare dalla loro profondità interiore, non dai loro schemi di pensiero automatici o dalla loro mente saccente. Inoltre, invece di esprimere opinioni,

---

37. Per un esame esauriente di come operi la compagnia filosofica, si veda Ran Lahav, *Manuale della compagnia filosofica. Principi, procedure, esercizi*, Loyev Books, 2016.

analizzare e giudicare, essi pensano insieme, accordandosi insieme come musicisti jazz che suonano in un'orchestra. Essi entrano in risonanza anche *col* testo, in opposizione al parlare *di* esso.

Questi tre elementi – mantenere uno stato contemplativo, risuonare insieme con altri e risuonare con un testo – sono il nucleo della compagnia filosofica. Grazie ad essi i partecipanti vanno oltre il loro tipico modo di pensare, oltre le loro opinioni e schemi automatici di pensiero, e danno voce ad aspetti di sé con cui sono raramente in contatto, specialmente aspetti della loro dimensione interiore.

*È l'inizio del primo incontro di una nuova compagnia filosofica con Linda come facilitatore, la prima di una serie di sedute sulle filosofie del significato. I partecipanti devono contemplare insieme brevi testi filosofici che riguardano il significato della vita e in questo modo acquisiscono una comprensione più profonda della loro personale esperienza del significato.*

*Normalmente, come i filosofi della trasformazione ci ricordano, noi viviamo sulla superficie della nostra vita interiore e non siamo pienamente consapevoli della potenziale ricchezza e profondità dei nostri momenti quotidiani. Quando apriamo le nostre menti e cuori e contempliamo insieme un testo filosofico appositamente scelto, il testo ci apre nuovi orizzonti di senso. Si potrebbe dire che l'obiettivo della compagnia filosofica sia di risvegliare una dimensione aggiuntiva della vita, ulteriori profondità che sono normalmente nascoste alla vista.*

*Questa sera, la compagnia filosofica si concentra su un breve brano di Albert Camus*

### Albert camus - Sperimentare di più[38]

Nel suo libro *Il mito di Sisifo*, il filosofo esistenzialista francese Albert Camus (1913-1960) formula la domanda se la vita valga la pena di essere vissuta. Camus risponde che il mondo come lo sperimentiamo è "assurdo": vuoto di senso e di valori. Le dottrine su Dio, sull'aldilà, sulla moralità e sul significato sono pure speculazioni o invenzioni umane. L'unica cosa che sappiamo per certo, l'unica cosa su cui possiamo contare, è ciò che sperimentiamo direttamente.

---

38. Albert Camus, *Le mythe de Sisiphe*, 1942; tr. it. *I mito di Sisifo*, Milano, Bompiani, 1985.

Questo implica che qualsiasi giudizio di valore sul mio comportamento non ha alla luce della realtà alcun fondamento. Ciò che conta non è se la mia azione è nobile o volgare, buona o cattiva, ma piuttosto se mi consente di avere delle esperienze dirette della vita. Ciò che conta è se l'azione mi porta l'unica cosa che so esistere: le esperienze. Come dice Camus, la cosa importante non è una "esperienza migliore", ma "più esperienza": una molteplicità più ricca di situazioni che io sperimento pienamente, consciamente, appassionatamente.

In breve, secondo Camus, una situazione è significativa nella misura in cui mi dà nuove intense esperienze, se mi consente di sperimentare la vita più pienamente e appassionatamente.

*Linda distribuisce copie di uno stralcio di una pagina dal libro di Camus e il gruppo lo legge insieme. Ciascun partecipante legge una frase, lentamente e a voce alta, in ordine di posto. Quando finiscono di leggerlo, alcuni secondi di rilettura silenziosa consentono ai partecipanti di contemplare il testo nella sua interezza.*

*"Inutile dire" spiega Linda, "che noi non siamo obbligati ad essere d'accordo con Camus. Di fatto, stasera non concorderemo né dissentiremo minimamente. Mettiamo da parte le nostre opinioni personali e ascoltiamo semplicemente ciò che il testo ci dice e le cognizioni che suscita in noi".*

*Depone un foglio di carta al centro del circolo e scrive la parola "significato".*

*"Il significato è ovviamente il concetto centrale in questo testo" spiega Linda. "Quali ulteriori concetti troviamo? Lo chiedo perché vogliamo capire l'orizzonte delle idee di Camus e notare i principali punti di riferimento in questo orizzonte. Ma per rispondere a questa domanda non analizziamo il testo in modo astratto. Non limitiamoci alle opinioni e al pensiero logico. Contempliamo, vale a dire pensiamo dalla nostra profondità interiore, dando voce a una comprensione più profonda dentro di noi".*

*A questo punto Linda suggerisce un breve esercizio meditativo di centratura per far entrare il gruppo in modalità contemplativa. In questo esercizio i partecipanti usano il loro corpo come metafora del loro intero essere. Chiudono gli occhi, si concentrano sul flusso d'aria che entra ed esce dalle loro narici e lentamente scendono lungo la colonna d'aria nella bocca, nella gola,* nel petto, nello stomaco, e da ultimo fino ad un punto immaginario sotto i loro corpi.

Questo esercizio meditativo è breve, e dopo cinque o dieci minuti i partecipanti aprono lentamente gli occhi e si rilassano.

Linda inizia a parlare di nuovo, ma in un modo pacato e rilassante. "Cominciamo col contemplare l'orizzonte del testo di Camus, e facciamolo insieme. Questo significa che non dibatto con voi, non ho un'opinione, non ho una mia idea. Tutto ciò che dico è un filo nell'ordito del pensiero del gruppo come un tutto, una voce nel nostro coro. Noi vogliamo entrare in risonanza ciascuno con l'altro, come musicisti jazz che suonano insieme".

A questo scopo, Linda introduce una procedura chiamata precious speaking: parlare in modo misurato come se ciascuna delle parole fosse preziosa, ciascuna parola un dono al gruppo. Evitiamo ripetizioni, spiegazioni eccessive, parole ridondanti. Una frase di norma è sufficiente per dire ciò che si ha da dire. E quando parlano gli altri, apriamo uno spazio di silenzio dentro di noi e ascoltiamo partendo da esso.

Usando questa procedura, Linda ora invita i partecipanti a presentare un concetto che li colpisce come importante nel testo.

"Il concetto di esperienza" propone lentamente Larry.

Linda scrive la parola "esperienza". Poi si rivolge di nuovo a lui: "E ora, per favore, spiegalo in una frase".

"Quando ho un momento significativo, ho un'esperienza profonda".

"Il concetto di novità" dice Hilary. "I miei momenti hanno valore per me se sono nuovi e freschi e degni di nota".

Dopo un lungo silenzio Dan parla. "Assurdo" dice. "Anche se la vita è assurda, una vita assurda è ancora degna di essere vissuta".

Dopo diverse ulteriori asserzioni, quando tutti hanno parlato almeno una volta, Linda dà il segnale di stop.

"Bene, ora abbiamo una lista di concetti" dice. "Proviamo a consolidarla".

Invita i partecipanti a selezionare dall'elenco quei concetti che li colpiscono come più importanti. Per farlo non devono spiegare o giustificarsi, solo ripetere il concetto che hanno selezionato. Emerge una manciata di concetti, e Linda li scrive in lettere grandi sul foglio di carta, omettendo il resto.

*"Questa rete di idee è come una mappa. È la nostra mappa dell'universo di Camus. Ora che stiamo cominciando a vedere il suo universo, entriamoci dentro. Camminiamo dentro di esso e guardiamolo dall'interno".*

*Mentalmente, i partecipanti mettono da parte le opinioni consuete e i soliti atteggiamenti ed idee, immaginano se stessi entrare nella mente di Camus.*

*"Ora che siamo dentro"* dice Linda, *"e stiamo camminando insieme in quello scenario, siete invitati a condividere ancora parlando in* precious speaking *ciò che vedete intorno a voi: punti di riferimento interessanti, distinzioni e opposizioni, implicazioni nascoste, connessioni".*

*Come un gruppo di viaggiatori che camminano insieme in un mondo nuovo, i partecipanti condividono osservazioni sulla natura del significato come appare nel mondo di Camus. Notano diversi tipi di situazioni che sono particolarmente significative in quel mondo, si interrogano sul posto dell'amore e dell'amicizia e riflettono sulla connessione tra significato e libertà. Per qualche decina di minuti parlano in* precious speaking *spontaneamente, senza ordine.*

*"Bene". Linda ricapitola questo esercizio. "E ora che abbiamo in mente i contorni dell'orizzonte concettuale di Camus, proviamo a metterlo in relazione con le nostre personali esistenze. Provate a ricordare una esperienza della vostra vita di tutti i giorni, avuta di recente, che è stata praticamente priva di significato per voi. Niente di drammatico, potrebbe essere un diverbio futile, uno spreco di tempo in attesa di qualcuno che non si è fatto vivo. Per favore, riportate la situazione nella vostra mente".*

*Per qualche momento i partecipanti riflettono in silenzio sulle loro esperienze selezionate. Poi chi vuole è invitato a descrivere le proprie esperienze al gruppo. Per rimanere in uno stato contemplativo della mente, si limitano a due o tre frasi condensate.*

*David è il primo a parlare. "Una coppia di amici è venuta a trovarmi l'altra sera e abbiamo chiacchierato e bevuto birra. Era confortevole e piacevole, ma in realtà non è accaduto niente, niente di ciò che abbiamo detto vale la pena di essere ricordato, nessun senso di intimità".*

*"Grazie, David" dice Linda. "E ora, immaginiamoci nel salotto di David l'altra sera. Potete chiudere i vostri occhi se volete rafforzare la vostra immaginazione. Siete ora con David, seduti con i suoi amici, chiacchierando placidamente, con una birra in mano. Percepite la confortevole indolenza nel*

*vostro corpo. E avete anche un'impressione di mancanza di significato nella
vostra mente e nel vostro cuore".*

Per qualche momento i partecipanti evocano dentro di loro l'immagine
della stanza di David. Poi Linda li invita a cambiare la sua storia: ad
arricchirla con elementi di significato presi dalla filosofia di Camus.

*"Sono nel soggiorno di David"* dice Heidi pensosa. *"Ma improvvisamente
non sono più persa in chiacchiere vuote. Sono pienamente consapevole della
conversazione, sperimento intensamente ogni parola e ogni suono. È
meravigliosamente ricco".*

*"Io sono consapevole dei miei sentimenti e immagini"* dice Jeff. *"La mia
mente non è più vuota".*

*"Seguo ogni minimo pensiero nella mia coscienza"* dice Heidi di nuovo.
*"So che nel grande disegno delle cose quello che mi sta accadendo è assurdo.
E tuttavia, assaporo ogni briciola di esperienza".*

I partecipanti assaporano le esperienze immaginate e le sentono
intensamente nelle proprie menti in contemplazione mentre rievocano il
contesto del brano di Camus. Essi si sentono librati in un mondo diverso.
Qualche minuto dopo, alla fine del breve esercizio, David ringrazia tutti per
aver visitato il suo mondo e passano al partecipante successivo, Heidi, per
entrare nel momento privo di significato che lei ha scelto.

Quando finisce il giro, dopo che quattro o cinque volontari hanno avuto
modo di esporre la loro esperienza personale, i partecipanti si rilassano e
condividono col gruppo quello che hanno ricavato per sé da questo esercizio.
Non sorprende che nessuno di loro sia diventato un seguace di Camus. Hanno
viaggiato insieme nell'universo di Camus e hanno arricchito la loro
comprensione delle esperienze significative dal punto di vista di Camus.

Gli ultimi venti minuti della seduta sono dedicati a una conversazione
conclusiva riguardo l'incontro e riguardo le idee di Camus, e questa non è più
limitata dalle regole della contemplazione. La maggior parte dei partecipanti
è d'accordo che questa profonda esperienza contemplativa li abbia messi in
grado di imparare in modo vivido, nell'intimità dell'essere-insieme, qualche
possibile modalità in cui il significato possa manifestarsi nelle loro vite
quotidiane.

Nel loro secondo incontro, Linda presenta una procedura differente, ma
con uno scopo identico: contemplare possibili forme di significato. Questa
volta vuole che la compagnia filosofica inizi con comprensione più dettagliata

*e organizzata del testo. Prima di iniziare a leggerlo insieme, fa diverse osservazioni introduttive su di esso.*

*Erich Fromm - superare il nostro isolamento[39]*

Nel suo libro *L'arte di amare*, Erich Fromm (1900-1980), un influente intellettuale e psicologo umanista, spiega che il nostro bisogno fondamentale è superare il nostro isolamento. La capacità di riflettere su noi stessi ci rende consapevoli che siamo entità separate, separate dalla natura, dagli altri esseri umani, e separabili da coloro che amiamo a causa della prospettiva della morte e di altre circostanze fuori del nostro controllo.

Questo crea in noi una grande ansietà, che Fromm descrive come la radice di tutte le preoccupazioni. Di conseguenza, continuiamo a tentare in vari modi di superare la nostra separazione, entrando in contatto con gli altri e col mondo. Alcuni di questi modi sono distruttivi: conformismo rispetto al gruppo, per esempio, o fusione con una ideologia nazionalistica o relazioni distorte di dipendenza e perdita di sé. Sono distruttivi perché attraverso di essi perdiamo la nostra libertà e identità personale.

Ma altri modi di superare il nostro isolamento sono profondamente significativi: la creatività ci pone in contatto con mondi oltre la nostra realtà immediata; l'autentica amicizia e l'autentico amore ci aprono al contatto con le altre persone. Queste sono esperienze significative nella misura in cui ci mettono in grado di superare i nostri confini, mentre allo stesso tempo ci consentono di mantenere – e persino rafforzare – la nostra integrità e identità personale. Nel vero amore noi esprimiamo attivamente la capacità di dare dal centro del nostro essere, manifestando così la nostra potenzialità e individualità personale.

Si può dire, dunque, che le situazioni significative siano quelle in cui superiamo il nostro isolamento senza perdere la nostra identità. Fromm dice che una delle più significative ed esaltanti esperienze nella vita è quando il muro tra me e un'altra persona crolla e sperimentiamo solidarietà e unione.

---

39. Erich Fromm, *L'arte di amare*, Milano, Mondadori, 2016.

*Il testo che Linda ha selezionato da Fromm contiene cinque paragrafi. Il gruppo contempla ciascun paragrafo separatamente, e dopo ogni paragrafo i partecipanti sono invitati a formulare, seguendo la procedura del* precious speaking, *l'idea centrale che riescono a scorgere in quel paragrafo. Dapprima i partecipanti danno voce ad un ventaglio di affermazioni, ma dopo un po' le affermazioni iniziano a convergere su un tema comune, sebbene non fino a un completo accordo. Come sottolinea Linda, il risultato non è una singola idea, ma una sinfonia di idee collegate.*

*Il processo contemplativo del* precious speaking *consente ai partecipanti di aprirsi ad alcune delle idee del testo, di riflettere su di esse profondamente e di entrare in risonanza con esse e con ciascun altro. Dopo circa trenta minuti, quando hanno finito la contemplazione dell'idea principale di ciascun paragrafo, Linda pone una domanda finale, a cui si deve rispondere seguendo la procedura del* precious speaking: *tenendo presente tutto quello che si è letto e detto sinora, cos'avete ricavato dal testo di Fromm?*

*"Fromm mi dice" afferma David, "che il significato parla nel linguaggio dell'isolamento contrapposto all'essere insieme, della separazione contrapposta all'essere-con".*

*"E nel linguaggio dell'angoscia, anche" aggiunge Hilary. "L'angoscia mi dà una consapevolezza dell'urgenza di abbattere i muri che mi circondano e di entrare in contatto con gli altri".*

*Gli altri partecipanti parlano a loro volta e il giro di* precious speaking *continua per qualche altro minuto.*

*Ora che il gruppo ha una comprensione più ricca del testo, Linda vuole che i partecipanti lo mettano in relazione con le loro esperienze personali. Chiede loro di provare a ricordare un'esperienza personale recente che entra in risonanza con qualcosa nel testo di Fromm. Chiede di leggere tranquillamente il testo tenendo a mente questo compito.*

*Dopo qualche momento, quando tutti sembrano aver trovato un'esperienza personale, lei interrompe il silenzio dicendo: "Cosa dice l'esperienza personale che avete trovato riguardo la vostra idea di significato? Ha parlato esattamente nello stesso linguaggio dei concetti di Fromm? Se non l'ha fatto, allora in quale linguaggio ha parlato?"*

*Fa una pausa e poi aggiunge: "Ma invece di rispondere a questa domanda con tante parole, facciamolo con la poesia. Le parole poetiche richiedono il nostro ascolto interiore e sono in grado talvolta di esprimere ciò che una spiegazione diretta non può. Così, scrivete una poesia di gruppo, tutti insieme.*

*Ciascuno di noi comporrà due versi, e poi metteremo tutti i nostri versi insieme in una poesia filosofica unica. Una poesia è sempre qualcosa di più dei suoi versi individuali. L'intero contiene nuovi significati che emergono dall'interazione tra i versi".*

*Per parecchi minuti i partecipanti si concentrano in silenzio, ciascuno tentando di immaginare l'esperienza che ha scelto e darle una espressione poetica. Scrivono i loro versi sui taccuini e poi li trascrivono su un foglio comune uno sotto l'altro.*

*La poesia di gruppo che viene fuori è sorprendentemente ricca, ma anche piuttosto incoerente. I differenti contributi non sempre si armonizzano. Il gruppo perciò lavora per cambiare l'ordine dei versi e adattarli l'uno all'altro uniformando pronomi e tempi verbali. Il risultato è una poesia stimolante. I partecipanti leggono la poesia insieme e in una conversazione aperta riflettono sulle sue implicazioni. Tutti sentono che questo esercizio ha gettato una nuova luce sulla loro personale idea di ciò che è significativo.*

*"Sinora" dice Linda all'inizio della terza seduta di compagnia filosofica, "abbiamo contemplato idee sviluppate da filosofi storici. Oggi ci concentreremo maggiormente sulla nostra personale idea di significato. Ma prima, proviamo ad arricchire il nostro repertorio di idee storiche. Abbiamo parlato dell'idea di Camus che il significato viene dalla ricchezza dell'esperienza e dell'idea di Fromm che il significato viene dall'amore che ci porta oltre noi stessi. Che cosa possiamo dire riguardo al significato che proviene dal successo, dalla lotta, dai traguardi raggiunti?"*

## William James - la lotta per un ideale[40]

Nella sua conferenza "Ciò che rende la vita significativa", lo psicologo e filosofo americano William James (1842-1910) critica due concezioni di significato. Da un lato rifiuta il punto di vista secondo cui ricaviamo un'impressione di significato quando i nostri bisogni sono soddisfatti. In fin dei conti, quando possediamo tutto quel che ci abbisogna fisicamente ed emozionalmente senza nessuna lotta o difficoltà la vita è noiosa e vuota. Dall'altro lato, James rigetta anche il punto di vista che attribuisce a Tolstoj, secondo cui ogni combattimento e avversità è necessariamente significativo. James

---

40. William James, "What makes life significant", in J. McDermott (a cura di), *The Writings of William James*, Chicago, University of Chicago Press, 1977.

argomenta che un'avversità che non è diretta a uno scopo o a un ideale è priva di senso e banale. È significativa solo se ha uno scopo.

Una situazione significativa è dunque caratterizzata da due elementi: primo, contiene lotta, perseveranza, determinazione. Secondo, presuppone anche un ideale verso cui è rivolto il combattimento. James qui parla non solo di lotte drammatiche per ideali gloriosi, ma anche di lotte di ogni giorno per migliori condizioni di vita, per avere successo sul lavoro, ecc.

L'atteggiamento interiore implicato in una simile lotta è spiegato in un altro testo di James in cui discute la volontà.[41] James spiega che normalmente ogni genere di idee nella nostra mente influenza il nostro comportamento. Però, in una lotta significativa, noi manteniamo una particolare idea viva nella mente con uno sforzo di attenzione. Manteniamo la presa su questa idea, e in tal modo abbiamo ragione della tendenza a scivolare entro sentieri più facili, sicuri e comodi.

Un'azione significativa, dunque, coinvolge uno sforzo mentale, uno sforzo per fissare l'attenzione su un ideale e per non tener conto di altre idee distraenti come quelle che esprimono dubbio, paura o pigrizia.

*Per un po' i partecipanti delineano insieme la rete di concetti che sono centrali nell'approccio di William James, usando la procedura del precious speaking. Identificano come centrali i concetti di lotta, di valori ideali, di perseveranza e di attenzione.*

*Ora Linda appoggia sul tavolo le tre mappe concettuali dei tre pensatori che hanno considerato sinora: Camus, Fromm e James. "Questo è il nostro repertorio di concetti pronti all'uso. Lo utilizzeremo come punto di partenza per riflettere sul nostro concetto personale di significato".*

*Chiede a ciascuno di pensare a tre esperienze avute di recente che sono state preziosamente significative e anche a due o tre che sono state prive di significato, noiose, vuote.*

*Dopo che i partecipanti hanno realizzato in silenzio una breve lista di esperienze personali, lei aggiunge: "E ora vorrei che ciascuno di voi riflettesse sulle proprie esperienze selezionate e le mettesse insieme in una 'teoria'*

---

41. William James, "Will", in *The Writings of William James*, cit.

*unificata del significato. Per farlo, provate ad identificare ciò che è comune a tutte le vostre esperienze significative e le distingue da tutte le esperienze non significative. Questo costituirà un primo abbozzo della vostra personale teoria di ciò che è significativo e di ciò che non è significativo".*

Questa volta i partecipanti lavorano in piccoli gruppi di tre o quattro. Per mantenere un atteggiamento contemplativo limitano le loro interazioni a parole condensate e all'ascolto concentrato dell'altro. Quando hanno finito, ritornano nel cerchio principale e condividono le loro liste.

Linda ora conclude le attività della giornata.

"Oggi abbiamo fatto un altro passo verso la comprensione del 'linguaggio' delle nostre esperienze di significato. Nell'unità del nostro gruppo e con l'aiuto di testi storici abbiamo appreso concezioni diverse di significato e le nostre concezioni di significato".

"E cosa faremo con quello che abbiamo appreso?" chiede Angela. "Le esperienze che abbiamo esaminato sono particolari. Possono essere preziose, ma non ci capitano molto spesso".

Linda concorda. "Potete vedere queste esperienze come piccole pietre preziose nel mezzo della vita quotidiana. Se non vogliamo rimanere impantanati nella quotidianità abituale, se non vogliamo vivere col pilota automatico, sulla superficie del nostro essere, nella nostra caverna platonica, allora dobbiamo essere consapevoli di questi momenti speciali. Essi ci offrono barlumi di qualcosa di molto importante. Ci aiutano a ricordare che è possibile vivere in modo più pieno. Ci invitano a sviluppare gli aspetti profondi del nostro essere che normalmente trascuriamo. Questa è ciò che io chiamo la 'dimensione interiore' o la 'profondità interiore'".

Paul riflette: "Così, in che modo troviamo questa dimensione interiore o profondità interiore, Linda?"

"Non penso, Paul, che si tratti del tipo di scoperta che può essere catturata da una formula universale. Ciascuno di noi deve esplorarla per sé. Spero che nelle tre sedute sinora svolte abbiamo cominciato a intendere il linguaggio della nostra personale dimensione interiore, il linguaggio del nostro anelito, delle nostre esperienze preziose, della nostra sensazione che la vita può essere più di ciò che è effettivamente. Spero che stiamo iniziando a capire cosa stia dicendo la nostra profondità interiore".

I partecipanti annuiscono. Di sicuro, capire il linguaggio della dimensione interiore non è ancora risvegliarla, ma è un primo passo importante.

*"E ricordiamoci" conclude Linda, "che la nostra dimensione interiore non è una struttura fissa. Non è qualcosa che possiamo afferrare una volta per tutte. Può cambiare e crescere e svilupparsi per tutto il corso della nostra vita. Può svolgersi e manifestarsi poco a poco attraverso eventi della vita. Può anche essere influenzata da ciò che ci accade e che facciamo: dalle nostre decisioni, dagli atteggiamenti che assumiamo, dallo stile di vita che adottiamo, dalla nostra apertura mentale o chiusura mentale, dal nostro amore, e dalla saggezza che acquistiamo con la vita".*

*"La mia dimensione interiore è una cosa viva" suggerisce Heidi.*

*"Davvero" replica Linda, "ma non è esattamente una 'cosa'. Non è qualcosa che io ho. Sono io, il mio io più intimo"*

*Capitolo 10*

# COLTIVARE LA DIMENSIONE INTERIORE

A questo punto siamo in grado di capire la struttura del perimetro di una persona, come pure il linguaggio della dimensione interiore che sta oltre di esso. Ma appare essere ancora un tipo di comprensione teorico. La domanda è come mettere in pratica questa comprensione teorica e tradurla in un reale auto-trasformazione.

Il divario tra auto-comprensione teorica e auto-cambiamento potrebbe sembrare enorme, ma di fatto non è insormontabile. Nel corso della storia scopriamo che idee teoriche sono state usate per l'auto-trasformazione in molte tradizioni spirituali e sapienziali, sia in Oriente che in Occidente. Gli antichi gnostici[42], per esempio, che fiorirono all'inizio del primo millennio, credevano che una conoscenza segreta potesse liberare le scintille di luce divina che sono nascoste nel nostro essere ed elevarci a livelli più alti di realtà, verso il divino. Di fatto, questa è la ragione per cui furono chiamati "gnostici": una parola che viene dalla stessa radice dell'inglese "know", "conoscere", e che significa "persone che hanno la conoscenza". Allo stesso modo, nel giudaismo, la riflessione sul sacro *Talmud* è un'importante attività quotidiana per gli uomini ebrei (e recentemente anche per le donne) come parte della formazione personale. La riflessione giornaliera serve a modellare l'atteggiamento della persona nei confronti della vita creando nella sua mente un ricca rete di idee che coinvolge tutti gli aspetti dell'esistenza di ogni giorno, dalla *toilette* alla preghiera, dagli insetti

---

42. James Robinson (a cura di), *The Nag Hammadi Library*, New York, HarperCollins, 1977. Per una commovente preghiera di ringraziamento dopo aver ricevuto la rivelazione della conoscenza vedi "The Prayer of Thanksgiving", pp. 328-329.

ai macchinari[43]. Un esempio dal mondo cristiano è la *Lectio Divina*[44], una lettura contemplativa delle scritture in quattro stadi, originariamente elaborata nel Medioevo dai monaci certosini. Questa pratica è concepita per produrre profonde intuizioni spirituali e un senso di intimità con Dio come parte della crescita spirituale di ciascuno.

Questi tre esempi occidentali – la conoscenza gnostica tramite l'esperienza, l'analisi talmudica e la contemplazione cristiana del testo – sono modi differenti in cui la riflessione su un'idea può risultare trasformativa. Nessuno di essi, tuttavia è, strettamente parlando, un'attività *filosofica*. Un'attività può valere come filosofare solo se, come minimo, comporta un'esplorazione con mente aperta delle questioni fondamentali dell'esistenza senza essere vincolata a dottrine già esistenti e con l'intenzione di mettere in discussione tutti gli assunti e le autorità. Al contrario, la contemplazione religiosa dà per scontate certe dottrine, scritture e autorità senza mettere in discussione la loro validità. Nondimeno queste pratiche tradizionali servono come testimonianza del potere trasformativo della contemplazione.

## La contemplazione trasformativa nei *Ricordi* di Marco Aurelio[45]

Nella tradizione filosofica occidentale, parecchi approcci usano il potere trasformativo della riflessione filosofica. Un esempio particolarmente affascinante si trova nei *Ricordi*, scritti dal filosofo e imperatore Marco Aurelio. I *Colloqui* sono un libro stoico che contiene delle idee fondamentali che si trovano già in precedenti opere stoiche, le riformula e sviluppa in modo suggestivo.

43. Joseph Soloveitchik, *Halakhic Man*, Philadelphia, Jewish Publication Society of America, 1983.
44. Per forme moderne di questa pratica si veda Gustave Reininger (a cura di), *Centering Prayer in Daily Life and Ministry*, New York, Continuum, 1998.
45. Versioni precedenti di questo capitolo sono state pubblicate in spagnolo con il titolo "Auto-Conversación de Marco Aurelio en las Meditaciones: una lección para la práctica filosofia," in *Sophia: Revista de Filosofia* (Ecuador) 5, 2009, e in inglese col titolo di "Self-Talk in Marcus Aurelius' *Meditations*: a lesson for philosophical practice," in *Philosophical Practice* 4, 2009, pp. 486-491.

Pierre Hadot[46] e A.A. Long[47], due insigni storici delle idee, interpretano il testo come un taccuino personale di esercizi stoici, ovvero ciò che Hadot chiama "esercizi spirituali".[48] Secondo loro, lo scopo principale di Marco Aurelio nello scrivere questi appunti non era di speculare ma piuttosto di fare pratica, non *registrare* i suoi pensieri e atteggiamenti ma di *influenzarli*. In questo senso i *Ricordi* possono essere annoverati tra gli antichi precursori della moderna pratica filosofica.

Considerate ad esempio le parole di Marco Aurelio nella nona sezione del secondo libro dei *Ricordi*[49]: "Devi tenere sempre in mente questo: cosa sia la natura del tutto, e cos'è la mia natura e come questo è collegato a quello e che tipo di parte sia e di quale tipo di totalità; e che non c'è nessuno che possa impedirti dal fare e dire sempre le cose che sono in accordo con la natura di cui sei parte".

Le prime parole di questo passaggio – "Devi tenere sempre a mente..." – come molte simili in tutto il libro indicano che lo scrittore si sta indirizzando a qualcuno. Quel qualcuno è lui stesso. Marco Aurelio sta dicendo a se stesso di prepararsi per le lotte quotidiane contemplando l'universo e la sua minuscola parte in esso. Scrivendo queste parole, tenta di influenzare i suoi pensieri, atteggiamenti e comportamenti in modo che seguano gli ideali stoici. Questo è parte del suo programma stoico di auto-trasformazione verso la pace interiore e l'armonia con il *Logos* cosmico.[50]

Gli esercizi impiegati nei *Ricordi* sono di tipi diversi. Alcuni puntano a sviluppare l'autocontrollo, altri a sviluppare il giudizio razionale, l'autoconsapevolezza, il comportamento morale, l'adempimento dei doveri, ecc. Complessivamente, tuttavia, il loro

---

46. Pierre Hadot, *La cittadelle interieure. Introduction aux Pensées de Marc Aurèle*, Parigi, Payard, 1992; tr. it. Pierre Hadot, *La cittadella interiore. Introduzione ai "Pensieri" di Marco Aurelio*, Milano, Vita e Pensiero, 1996. Si vedano in particolare le pagine 27-56.

47. A.A. Long, *From Epicurus to Epictetus. Studies in Hellenistic and Roman Philosophy*, Oxford, Clarendon, 1998.

48. Hadot, *La cittadella interiore*, cit., Capitolo 3, pp. 41-56.

49. Adattato da Marco Aurelio, *I ricordi*, cit. Ho sostituito pronomi e declinazioni arcaici con termini più attuali per rendere più agevole la lettura.

50. Hadot, *La cittadella interiore*, cit., pp. 41-56.

scopo è simile: portare alla coscienza certe idee stoiche e in questo modo dare loro l'efficacia di guidare lo scrittore durante il giorno.

Questo, però, solleva un'interessante questione: che senso ha ripetere a se stessi un'idea che già si conosce? Se voi già comprendete come dovreste pensare e agire, allora che senso ha scriverlo per convincervi?

La risposta è che Marco Aurelio concepisce l'animo come diviso in due parti: la parte razionale e la parte irrazionale di se stessi. La prima già crede nei principi stoici e parla alla seconda, che ancora non li accetta. Questa seconda parte, irrazionale, consiste di rigidi meccanismi psicologici che tendono a controllare il nostro corpo e i nostri stati mentali e sono governati da varie forze psicologiche e biologiche, analoghe a ciò che io ho chiamato il nostro "perimetro". Queste includono, ad esempio i nostri modi caratteristici di provare piacere e dolore, le nostre reazioni emotive e i desideri che automaticamente producono. Dal momento che sono governate da forze irrazionali e non dal nostro libero arbitrio non sono considerate da Marco Aurelio pienamente nostre.

Al contrario, l'elemento razionale nell'anima è libero da forze e meccanismi psicologici. Questo è il "principio guida" o "daemon". In linea con la filosofia stoica, esso esprime la nostra vera natura umana: la ragione, che è in armonia con il *Logos* che governa l'intero *cosmos*. In quanto principio razionale entro di noi, esso può analizzare la nostra situazione razionalmente, valutarla e decidere come agire e reagire. Per Marco Aurelio solo il sé razionale è libero. È dunque l'unico elemento che è veramente me, il mio vero "sé".

Comunque, neanche questa distinzione tra il principio guida e i meccanismi psicologici può spiegare completamente perché Marco Aurelio sta parlando a se stesso. Se questi meccanismi psicologici non rientrano nel suo controllo e non operano secondo ragioni razionali, allora non ha senso parlare e scrivere indirizzandosi ad essi. Non si può parlare a meccanismi non-razionali e non si può convincerli con considerazioni filosofiche. Di fatto, nelle sue esortazioni lui dice a se stesso di dissociarsi dai meccanismi psicologici.[51]

---

51. Si veda ad esempio *I ricordi*, Libro V, sezione 26, e libro XII, sezione 3.

Questo suggerisce che colui che parla nei *Ricordi* – che è presumibilmente il principio guida razionale di Marco Aurelio – sta parlando a se stesso, non alla parte razionale. Ma se è così, allora torniamo alla domanda iniziale: che senso ha ripetersi un'idea che già si comprende? Che senso ha tentare di convincere un sé che è già convinto?

Questo interrogativo però è formulato in modo fuorviante. Presume che l'auto-dialogo di Marco Aurelio sia concepito per trasmettere delle idee a qualcuno. Se accettiamo questo presupposto, è difficile scorgere chi possa essere questo "qualcuno". Il modo per risolvere il problema è rendersi conto che lo scopo del suo auto-dialogo non è parlare *a* se stesso, ma piuttosto parlare *da* se stesso. Il suo auto-dialogo è efficace non perché il suo vero sé sente le proprie idee, ma perché le enuncia. Incoraggiando il principio guida a esprimersi, Marco Aurelio gli dà voce, lo risveglia e lo rafforza.

### Aprire uno spazio interiore attraverso la contemplazione

Gli esercizi di Marco Aurelio ci insegnano un'importante lezione: che possiamo rafforzare gli aspetti più profondi di noi stessi, la nostra profondità interiore, la nostra dimensione interiore, dandole voce e incoraggiandola a esprimere se stessa. Ci insegnano che le idee filosofiche hanno il potere di cambiarci, posto che non siano confinate al pensiero astratto ma siano formulate per coinvolgere il nostro sé profondo.

Per utilizzare quest'idea nella pratica filosofica, dobbiamo prima distinguere tra la metodologia degli esercizi di Marco Aurelio e il suo approccio stoico alla vita. Egli applica i suoi metodi contemplativi alle idee stoiche ma noi, che non siamo legati allo Stoicismo, possiamo usare i suoi metodi senza accettare questa particolare filosofia. Nella pratica filosofica non vogliamo imporre nessuna dottrina precostituita al viaggio filosofico. Il nostro scopo è di risvegliare la dimensione interiore, ma dandole la libertà di cercare la propria via. Perciò, invece di usare gli esercizi di Marco Aurelio nel nome di una singola dottrina, dovremmo usarli con una pluralità di idee alternative e consentire alla nostra profondità interiore di confrontarsi con esse, sperimentarle e scegliere o creare il proprio sentiero.

D'altro canto, è improbabile che la nostra profondità interiore sia influenzata da qualunque idea. Può essere toccata solo da idee che le sono sufficientemente vicine e con cui può entrare in risonanza. Dunque, se vogliamo risvegliare la nostra profondità interiore in modo non dogmatico, se vogliamo stimolarla a esplorare il suo sentiero personale fuori dalla caverna platonica, allora dobbiamo toccarla con idee filosofiche che parlano linguaggi simili al suo. Per esempio, se la mia dimensione interiore è orientata verso i concetti di empatia e solidarietà, ma assolutamente non verso l'idea di perfezione estetica, allora è improbabile che sia mossa dalla riflessione su filosofie dell'estetica. Dunque, se conosciamo il linguaggio della dimensione interiore della persona, se conosciamo i concetti principali che sottendono la sua visione e il suo orientamento, allora possiamo usare i testi filosofici che contengono idee affini per risvegliarlo e ispirarlo.

Questo non significa che dobbiamo conoscere in anticipo quale teoria filosofica sia quella giusta per un dato individuo. Non c'è niente di male nel tentare varie alternative, soprattutto perché è impossibile conoscere esattamente come la dimensione interiore di una persona sia capace di svilupparsi. Come un bambino che sta appena cominciando a esplorare se stesso, la dimensione interiore non conosce in anticipo le proprie preferenze. Fintanto che teniamo la mente aperta, siamo ricettivi alle reazioni della persona e pronti a cambiare il nostro modo di procedere quando si dimostri necessario, abbiamo buone probabilità di trovare un sentiero verso la sua dimensione interiore, la sua profondità interiore. Sono particolarmente utili testi o idee collegati a questioni fondamentali dell'esistenza, in altre parole filosofici, dal momento che riflettere su di essi può probabilmente entrare in risonanza con gli aneliti e gli sforzi più profondi.

Riflettere sulle idee a partire dalla nostra dimensione interiore è *contemplare*. A differenza delle solite forme di pensiero, contemplare significa che si riducono al silenzio i nostri normali schemi di pensiero, si apre uno spazio interiore, si dà l'opportunità alla nostra dimensione interiore di compiere il processo di pensiero. La contemplazione filosofica su idee importanti è allora un modo estremamente efficace per dare voce alla nostra dimensione interiore, risvegliarla, e in questo modo ispirarla a protendersi oltre il nostro perimetro.

Io chiamo questa strategia generale per uscire dalla propria caverna platonica *la via della contemplazione filosofica*. Consiste, per prima cosa, nell'esplorare il linguaggio "parlato" dal proprio perimetro e dalla propria dimensione interiore; e in secondo luogo nell'usare testi filosofici collegati ad esso per risvegliare la dimensione interiore col darle voce, o più precisamente col contemplare filosoficamente i concetti fondamentali che richiamano la sua attenzione.

La contemplazione non è una pratica facile. Non è qualcosa che possiamo mettere in atto semplicemente facendo certi gesti. Come ci mostra Marco Aurelio, per contemplare efficacemente dobbiamo sviluppare la nostra abilità di aprirci al potere delle idee. Dovremmo apprendere, in altre parole, a rispondere alle idee non con i nostri schemi perimetrali di pensiero, ma usando la nostra dimensione interiore, la nostra profondità interiore. Per usare una metafora geografica, dobbiamo ascoltare e rispondere alle idee "da" un diverso "luogo" in noi, cioè da una dimensione di noi stessi che non è controllata dai nostri schemi perimetrali automatici. Più pienamente sviluppiamo questa capacità, più siamo in grado di mettere da parte le reazioni perimetrali e permettere a nuove comprensioni di agire dentro di noi e trasformarci.

Sarebbe irrealistico da parte mia aspettarmi che il mio perimetro semplicemente svanisca. Dopo tutto io sono un essere umano, una creatura con una determinata struttura psicologica e costituzione biologica, influenzata dalla mia particolare cultura, linguaggio e storia personale. Persino dopo parecchia pratica, molte delle mie emozioni e comportamenti continueranno ad essere governati dalle mie concezioni perimetrali e dunque mi faranno rimanere entro certi schemi emotivi e comportamentali. E tuttavia, questi schemi perimetrali non mi dominano completamente nella misura in cui riesco a far sì che certi aspetti del mio essere, almeno qualche volta, non ne siano governati.

Il mio compito, dunque, è di apprendere ad aprire entro di me uno spazio sgombro dal mio sé perimetrale, libero dai miei atteggiamenti normali rigidi e ristretti. Potremmo definirla una *radura* nella foresta: uno spazio aperto nel mezzo dell'intreccio delle mie concezioni perimetrali. Come suggerisce la metafora della "radura", lo scopo non è abolire la mia "foresta" perimetrale, ma creare uno spazio libero entro la foresta, per quanto piccolo, che sia aperto verso il cielo. Questo mi permetterebbe di assumere un diverso atteggiamento interiore rispetto alla vita, almeno qualche volta, almeno in certe situazioni E questa radura circoscritta, temporanea, può consentire alle comprensioni filosofiche di animarmi, ispirarmi e alimentarmi. Qualche raggio di luce che penetra attraverso il fogliame può talvolta illuminare l'intera foresta.

In qualche caso, una radura, uno spazio di ascolto, è come un "dono" che "riceviamo" inaspettatamente, che si genera da solo, come uno stato d'animo passeggero, indipendentemente dai nostri sforzi. Accade alle volte, ad esempio, senza ragione apparente, che ci sentiamo investiti da un'enorme sensibilità e chiarezza mentale. Gli eventi ordinari ci appaiono pieni di nuovi significati, dentro di noi nascono e ci ispirano idee sorprendenti, e siamo toccati in muovi modi da ciò che vediamo, dalle parole, dalle persone e dai paesaggi. Questo può essere accompagnato da una sensazione di silenzio interiore, di concentrazione, di armonia, o di un fluire senza sforzo. È come se il nostro normale stato mentale venga messo da parte e una nuova meravigliosa pienezza prenda il suo posto per qualche minuto o qualche ora.

Il formarsi di una radura, dunque, non dipende sempre da noi. Nondimeno, in misura notevole, possiamo agevolare la sua apparizione con i nostri sforzi. Il meno che possiamo fare è prestare attenzione. Le radure appaiono nelle nostre menti più spesso di quanto ci rendiamo conto, ma siamo troppo indaffarati per notarle. I nostri soliti schemi e idee sono troppo potenti e prendono rapidamente il sopravvento prima che ci accorgiamo che è accaduto qualcosa di significativo. Persino quando notiamo una radura, spesso la liquidiamo come nient'altro che uno stato d'animo piacevole. Ma quando la notiamo e coltiviamo, allora assistiamo ad un piccolo miracolo. È come se il nostro mondo assumesse nuovi orizzonti che si estendono molto al di là del nostro sé ordinario.

Oltre a ciò, le "radure" possono essere il frutto della pratica. Attraverso una esperienza protratta nel tempo possiamo gradualmente imparare a respingere indietro le nostre normali forze perimetrali e aprire uno spazio entro noi stessi almeno per qualche tempo. Attraverso la pratica quotidiana possiamo imparare ad essere pienamente partecipi del mondo, del nostro lavoro e delle nostre incombenze giornaliere, e allo stesso tempo diventare più grandi del nostro piccolo sé perimetrale.

Aprire una radura non è ancora contemplare, certamente non in modo filosofico, dal momento che in sé e per sé non coinvolge idee filosofiche. Ma quando manteniamo una radura entro di noi, anche per breve tempo, le nostre riflessioni filosofiche possono diventare realmente contemplative.

### Contemplazione per mezzo di un testo filosofico

Per più di vent'anni ho esplorato le tecniche contemplative, a volte da solo, a volte in vari monasteri, e a volte in vari laboratori filosofici e ritiri in molti Paesi. L'esperienza mi ha insegnato che i testi filosofici possono essere un aiuto potente per la contemplazione. Un valido testo filosofico ci dona un ricco apparato di idee riguardanti le questioni fondamentali dell'esistenza. Come tale, può aiutarci a guardare ai fondamenti della nostra vita perimetrale da nuove prospettive e profondità.

Ci sono molti esercizi basati sui testi che possono essere usati per risvegliare la nostra dimensione interiore e darle voce. Attraverso questi esercizi possiamo esaminare concetti, formulare domande, mettere insieme idee, notare assunzioni e connessioni; e farlo non dal nostro solito sé saccente, non dai nostri processi automatici di pensiero, ma dalla nostra dimensione interiore. Una tale attività è veramente contemplativa perché ci consente di mettere da parte il nostro consueto modo di pensare e lascia che dentro di noi nascano visioni più profonde.

Quando usiamo un brano filosofico per la contemplazione del testo non lo consideriamo come una teoria, cioè una rappresentazione della realtà che vuol essere accurata. Non proviamo a giudicarlo, ad analizzarlo, ad argomentare contro di esso: queste attività coinvolgono la mente saccente. Ci impongono di assumere un atteggiamento di osservazione distaccata e dunque ci allontanano     dall'atteggiamento     contemplativo.     Nella contemplazione del testo non *pensiamo al* testo ma *con* il testo, aprendo una radura interiore attraverso cui ascoltiamo le parole e risuoniamo con esse. Questo non significa che concordiamo con ciò che il testo dice: concordare o meno è del tutto irrilevante.

Non ogni testo filosofico è ugualmente idoneo alla lettura contemplativa. Alcuni testi sono poetici e ispiratori, mentre altri sono troppo prolissi e intellettuali; alcuni sono pieni di intuizioni e di sensibilità, mentre altri sono banali o aridi; alcuni possono essere facilmente collegati a situazioni quotidiane, mentre altri sono astratti e remoti.

Normalmente è meglio scegliere un testo breve di non più di tre o quattro paragrafi, che sia conciso (senza molte ripetizioni o spiegazioni prolisse) e che si occupi di un tema della vita quotidiana (sé, amore, libertà, ecc.). Particolarmente adatti sono i testi filosofici scritti poeticamente. Ne sono esempio gli scritti di Marco Aurelio, di Nietzsche, di Buber, di Bergson e di Emerson, per citarne solo alcuni. Comunque, persino libri che sono in generale aridi e astratti spesso contengono passaggi toccanti, e questi possono essere usati per la lettura contemplativa.

*Esercizi di contemplazione per i singoli*

Esercizi differenti di contemplazione del testo sono adatti per differenti tipi di attività: attività di gruppo, sedute di consulenza o lavoro individuale. Iniziamo con esercizi che possono essere usati da una persona qualsiasi o dal consultante.

*Lezione silenziosa*

Questa è una versione semplificata, non religiosa, di una tecnica tradizionale che è stata sviluppata nel Medioevo dai monaci certosini, chiamata *Lectio Divina* (lettura divina). La procedura tradizionale, religiosa, si concentra sulla lettura delle Sacre Scritture. Nella sua forma filosofica, la lettura è un breve testo filosofico, lungo meno di una pagina, preferibilmente conciso o anche poetico. L'obiettivo è quello di contemplare il testo da un luogo diverso entro di noi, dalla nostra profondità interiore, e lasciare che il testo "parli" dentro di noi.

La lezione silenziosa può essere effettuata da un individuo, o in una seduta di consulenza tra consulente e consultante, o in un gruppo, Nella versione individuale, se siete un contemplatore singolo che contempla da solo, è meglio iniziare con un breve esercizio meditativo di centratura per creare una radura interiore. La procedura della lezione silenziosa è composta a sua volta da diversi passaggi. Dapprima, leggete il testo selezionato in silenzio e molto lentamente, più lentamente di quanto facciate normalmente. Ascoltate le parole del testo con attenzione, senza imporre alcuna opinione o analisi. Spesso vi accorgerete che il testo parla in voi e le idee appariranno nella vostra mente spontaneamente, da sole, per così dire. Leggete lo stesso testo parecchie volte.

Come seconda cosa, in questo stato di silenzio interiore, notate una espressione o una frase che attira la vostra attenzione o "vuole" parlarvi. Concentratevi su questa frase e leggetela ripetutamente mentre ascoltate ciò che dice. Nella vostra mente può venire a galla una molteplicità di idee, quando capita prestate loro ascolto in silenzio e cercate di formularle con parole. Potete anche scriverle.

In terzo luogo, dopo che più idee differenti sono nate nella nostra mente, è tempo di consolidarle, dare loro organizzazione e metterle a fuoco. Per farlo, concentrate delicatamente la vostra mente, notate i temi che si ripetono e tentate di unificarli in una singola espressione che può servire da centro per tutte le altre vostre idee.

Infine, contemplate quella frase in un modo più rilassato, mentre fate una passeggiata, o scrivete la frase in bella calligrafia.

In una seduta di consulenza la lezione silenziosa si svolge in modo analogo, ma qui la lettura e la riflessione avvengono perlopiù ad alta voce. Il consultante legge ad alta voce il testo e riassume le idee che appaiono nella sua mente. Il consulente agisce come un alter ego ripetendo o elaborando le parole del consultante, facendo domande, aiutandolo ad articolare le sue idee.

### Parlare "da" un momento prezioso

Questa procedura è adatta a un contesto di consulenza. Il consultante sottopone alla propria attenzione una "situazione preziosa" del suo recente passato e poi nella sua mente prova a entrarvi dentro. Immagina se stesso in quella situazione del passato e prova a pensare, sentire e agire dalla sua profondità. Il consulente lo aiuta con domande e commenti quando se ne presenta l'opportunità.

Il tentativo del consultante di parlare "dal" momento prezioso rievocato è in effetti un tentativo di scandagliare la sua profondità interiore e darle voce. Ma può non essere facile, soprattutto perché non è facile tradurre una esperienza intensa a parole. Per questo è meglio svolgere l'esercizio dopo che il linguaggio della dimensione interiore del consultante è stato esplorato già in parte, e sono stati identificati alcuni concetti fondamentali (vedi capitolo precedente). Il consulente può usare questi concetti per porre domande pertinenti e aiutare il consultante a formulare le sue risposte.

*Un tour guidato immaginario in un testo filosofico*

Anche l'immaginazione guidata può essere usata per raggiungere la profondità interiore. In questo caso il consulente sceglie un breve testo filosofico che sia affine come spirito alla dimensione interiore del consultante. Il consulente successivamente dà al consultante la direttiva di entrare con la propria immaginazione nel mondo del testo, e poi entrambi lo esplorano insieme.

## Procedure di compagnia filosofica[52]

Per i consultanti risulta talvolta difficile la contemplazione in una seduta individuale di consulenza, dal momento che si sentono imbarazzati e inibiti sotto lo sguardo del consulente. Una forma più adeguata è la compagnia filosofica. Di fatto, mentre la consulenza individuale è la modalità ideale per sperimentare con la dimensione interiore, la compagnia filosofica mette in grado l'individuo di essere meno assorbito da se stesso e di prendere parte ad una attività di gruppo che non ruota intorno a lui.

Una sensazione di essere-insieme è molto importante per il buon esito della compagnia filosofica. *Essere-insieme* nel suo senso più profondo significa che io non sono più il solo e supremo proprietario dei miei pensieri e idee. Come un musicista che in un'orchestra entra

---

52. Per un elenco più esauriente e dettagliato di esercizi di contemplazione per gruppi, vedi il *Manuale della compagnia filosofica. Principi, procedure, esercizi*, Loyev Books, 2016.

in risonanza coi suoi compagni per creare musica tutti insieme, in veste di partecipante io creo con i miei compagni la "musica di idee" del gruppo. Io penso in primo luogo *con* altri, piuttosto che *riguardo a* ciò che essi dicono.

Nei gruppi ordinari questo di solito non avviene. In un tipico gruppo di discussione, per esempio, ciascun individuo mantiene la sua individualità e separatezza e si comporta come un pensatore autonomo e distinto sull'argomento. Ha la sua opinione e i suoi principi, pensa *alle* idee di altri, giudicandole come giuste o sbagliate. Dunque, se vogliamo mantenere una relazione dello stare insieme tra i membri di un gruppo – se vogliamo, in altre parole, trasformare un gruppo di persone in compagni che contemplano insieme – allora si devono applicare certe procedure. Tali procedure potrebbero far sembrare l'interazione "non naturale" poiché fanno uscire i partecipanti dai loro atteggiamenti abituali.

L'argomento delle compagnia filosofico-contemplativa è stato menzionato prima, ma ora possiamo vedere più chiaramente come funziona. Una *compagnia filosofico-contemplativa* (per abbreviare, una compagnia filosofica) è un gruppo di persone che contemplano insieme questioni fondamentali della vita in cerca di visioni filosofiche significative. Si incontrano regolarmente *online* o di persona, normalmente con un facilitatore che introduce le procedure e gli esercizi. Ogni seduta è di solito incentrata su un breve testo filosofico che serve come punto di partenza per le esplorazioni personal-filosofiche.

Tre linee-guida generali orientano l'attività in una compagnia.

1. *Mantenere un atteggiamento contemplativo*: i partecipanti escono dalle loro opinioni e schemi di pensiero abituali e tentano di pensare e interagire da una dimensione più profonda di sé. Invece di esprimere opinioni automatiche e idee impersonali, danno voce alla loro dimensione interiore.

2. *Risuonare insieme*: i partecipanti non sono più pensatori separati che si fronteggiano; piuttosto, stanno fianco a fianco, contemplando insieme. Invece del normale confronto di opinioni e dichiarazioni, i partecipanti entrano in risonanza l'uno con l'altro come musicisti che creano insieme una "musica di gruppo" di concezioni.

3. *Risuonare col testo (o con le idee)*: i partecipanti entrano in risonanza anche col testo filosofico che leggono insieme. Entrano in rapporto con le idee filosofiche che trovano nel testo come una voce entra in rapporto con un'altra in un coro, cosicché il consenso o dissenso non conta più. Le idee filosofiche nel testo non sono trattate come una teoria, cioè come una asserzione riguardo il modo in cui è la realtà, ma come una frase musicale con cui entrare in risonanza, come un germe di ulteriore contemplazione.

Una varietà di procedure e di esercizi possono aiutarci a seguire questi tre principi. Quelli che seguono rappresentano alcuni esempi.

## Meditazione vocale in preparazione alla lettura contemplativa

Per rendere un esercizio di contemplazione più efficace di solito è necessario raggiungere prima un atteggiamento di silenzio e di ascolto interiore. Un breve esercizio di meditazione di qualche minuto può aiutare a creare tali condizioni. Attraverso questo esercizio smettiamo di identificare noi stessi con la nostra mente rumorosa e indaffarata e invece diventiamo una radura, uno spazio vuoto, un canale attraverso cui le visioni possono parlare attraverso di noi. Non siamo più il sé che governa e parla e decide ma siamo ricettivi e disponibili nei confronti di qualsiasi comprensione sceglie di sorgere dal profondo di noi.

Uno di questi esercizi meditativi di centratura usa il nostro corpo come metafora del nostro atteggiamento interno. Regolando la postura corporea possiamo influenzare il nostro stato mentale. Immaginiamo noi stessi scendere lungo il respiro, passo dopo passo, dalle narici attraverso la gola e lo stomaco, fino a sotto il nostro corpo. Dissociandoci dalla nostra testa (dove normalmente sperimentiamo di essere) conquistiamo un nuovo atteggiamento interiore.

Per farlo, sedete in un posto tranquillo in una posizione simmetrica, ma confortevole. Concentrate la mente sul respiro mentre fluisce dentro e fuori le narici. Non "guardate alle" narici, ma semplicemente ponetevi dentro le vostre narici e rimanetevi. Se pensieri o immagini entrano nella vostra mente, non opponete resistenza. Ignorateli e lasciateli passare. Dopo tre lenti respiri spostate la consapevolezza giù fino alla bocca, partecipando al movimento dell'aria; dopo altri lenti respiri spostatevi fino all'entrata della gola, poi fino alla gola stessa, nel vostro petto, poi nello stomaco. Da lì continuate ancora più giù fino alle anche (che normalmente rispondono al ritmo del respiro) e da ultimo scendete a un punto immaginario sotto la sedia. A questo punto non siete più nel vostro solito posto all'interno del corpo; non siete più identificati col vostro sé ordinario. Siete in quello che può essere chiamato, metaforicamente, il punto del silenzio, dell'ascolto, della profondità.

E ora, quando siete "al disotto" del vostro sé ordinario, "più in profondità" rispetto al vostro sé, la parte principale della seduta di contemplazione può iniziare.

### *"Precious speaking"*

Distinguiamo tra *procedure* contemplative ed *esercizi* contemplativi. A differenza degli esercizi, le procedure sono semplici tecniche che non hanno senso di per sé, ma possono servire come elementi di esercizi. Un esercizio può contenere una o più procedure.

Il *precious speaking* è una procedura generale che serve come elemento in molti esercizi. In questa procedura i partecipanti ricevono la direttiva di parlare in modo conciso e sintetico, come se ciascuna parola fosse preziosa, un dono al gruppo. Evitano ripetizioni, spiegazioni eccessive e parole ridondanti. Parole superflue come "bene, io penso che" sono eliminate. Laddove possibile i partecipanti si limitano a dire una frase alla volta.

Questo modo preciso di parlare ci aiuta a tirarci fuori dal nostro pensare e parlare automatico. È una maniera "non naturale" di parlare che ci costringe ad essere intensamente coscienti di ciò che stiamo dicendo e di come lo stiamo dicendo. Limita la nostra capacità di esprimere una opinione completa, rende concentrate le nostre menti e trasmette i nostri pensieri e discorsi in una forma poetica.

Il *precious speaking* ha diverse versioni. Nel *free precious speaking* i partecipanti sono invitati a parlare quando vogliono, e quando lo desiderano rimangono in silenzio. Possono sedere tranquillamente per la maggior parte del tempo e parlare solo quando una frase affiora nelle loro menti e "vuole" essere espressa. Ciò che ne risulta sono periodi di silenzio in cui i partecipanti ascoltano interiormente, interrotti occasionalmente da frasi spontanee.

In alternativa, nel *rhythmic precious speaking*, i partecipanti parlano in un ordine definito, secondo il posto in cui sono seduti oppure (in una compagnia *online*) in ordine alfabetico. Viene chiesto loro di parlare immediatamente quando arriva il turno, senza aspettare troppo (oppure possono "passare" se preferiscono non parlare). Il risultato è una sequenza ritmica di affermazioni, una che segue l'altra, che entrano in risonanza tra loro.

## Conversazione intenzionale

Qualche volta vogliamo che i partecipanti formulino i loro pensieri in maggior dettaglio rispetto a quanto consente la procedura del *precious speaking*, che ammette solo una frase, breve e condensata. Per esempio, potremmo volere che descrivano un'esperienza personale, riflettano sul significato di un'idea o di un paragrafo, o conversino tra loro su una data questione. Allo stesso tempo, però, non vogliamo che perdano il loro stato mentale contemplativo e ritornino al solito modo automatico, assertivo, di pensare e conversare. La modalità di *default* della nostra mente è molto potente, e una volta che gliene diamo l'opportunità è veloce nel prendere il controllo.

La conversazione intenzionale è una tecnica più informale del *precious speaking*, ma non completamente. L'atteggiamento contemplativo è conservato non con l'accorgimento di limitare il discorso a singole frasi, ma per mezzo di istruzioni che mantengano l'atteggiamento interiore desiderato. Queste istruzioni non sono delle vere e proprie regole, dal momento che non possono sempre essere fatte rispettare (un atteggiamento interiore non è visibile dall'esterno), e poiché richiedono uno sforzo interiore. Sono chiamate "intenzioni".

Quattro intenzioni governano la conversazione intenzionale.

1. L'intenzione del discorso conciso: quando parlate, tentate di formulare le idee in modo stringato ed evitando ripetizioni, spiegazioni eccessive e parole superflue.

2. L'intenzione dell'ascolto: ascoltare gli altri è una parte cruciale di questa procedura. Quando gli altri parlano, provate a rendere le

loro parole e idee presenti nella mente. Per spiegare meglio, dovreste aprire uno spazio interiore entro di voi – una radura – e mettere qualsiasi cosa venga detta in questo spazio aperto. Non concordate o dissentite con chi parla, non pensate a come rispondereste o a cosa state per dire a vostra volta: rendete solo presenti le parole e le idee di chi parla alla vostra mente, e nient'altro.

3. L'intenzione di parlare dal presente: quando parlate, date voce solo a ciò che è vivo in voi in quel momento. Cacciate le vostre opinioni familiari fuori della vostra mente e fuori dal vostro discorso, così come ogni pensiero del passato che non sia più vivo.

4. L'intenzione di risuonare: ricollegatevi a ciò che l'altro partecipante ha detto prima di voi, ma non parlando *di* quello. Piuttosto, *risuonate con* quello che ha detto. Per farlo, pensate a voi stessi come cantori in un coro. Voi e i vostri compagni state creando musica insieme, ciascuno con una voce differente, improvvisando insieme mentre procedete. Questo fa sì che possano apparire concezioni differenti fianco a fianco anche se sembrano contraddirsi reciprocamente, e crea in tal modo una polifonia di voci.

*Lettura lenta*

La lettura lenta è un'altra procedura che può essere usata in molti esercizi. Per questa procedura è necessario un breve testo filosofico, che sia conciso, ricco di significato e non troppo prolisso, ripetitivo o tecnico.

Uno dei partecipanti inizia la lettura del testo ad alta voce, molto lentamente, soffermandosi su ogni parola per un lungo istante. Un momento di silenzio può essere osservato alla fine di ciascuna frase. Il lettore potrebbe sentire l'impulso automatico di continuare fino alla parola successiva, ma è importante vincere quest'impulso e mantenere il ritmo lento. I partecipanti ricevono la direttiva di prestare ascolto con attenzione a ciascuna parola e anche alle comprensioni che in risposta possono nascere dentro di essi. L'estrema lentezza della lettura, così come la rottura delle unità sintattiche, aiuta a interrompere i normali processi di pensiero.

Dopo che è stato letto l'intero testo, i partecipanti possono condividere col gruppo le loro comprensioni in *precious speaking*, in conversazione intenzionale, scrivendo o disegnando.

*Canto contemplativo*[53]

Il canto contemplativo è un quarto tipo di procedura che può essere incorporata in molti esercizi. Il facilitatore sceglie una frase importante dal testo filosofico e i partecipanti ripetono quella stessa frase ancora e ancora, uno dopo l'altro, secondo il loro posto a sedere (nei gruppi che si incontrano di persona) o alfabeticamente (nei gruppi *online*). In questo modo possono susseguirsi parecchi giri di rilettura della frase in oggetto. Il risultato è un canto continuo che produce un'atmosfera contemplativa e che fa uscire i partecipanti dai loro consueti schemi di pensiero.

Anche qui, alla fine dell'esercizio, i partecipanti possono condividere col gruppo le comprensioni personali che sono emerse nelle loro menti. Possono farlo in *precious speaking*, nella conversazione intenzionale, scrivendo o disegnando.

## Esercizi per la compagnia filosofica

Le procedure descritte sopra fanno parte di esercizi più complessi, e di solito non sono attività indipendenti. Quelli che seguono sono esercizi completi che consistono di più elementi o passaggi. Alcuni includono qualcuna delle procedure esposte sopra.

*Lezione silenziosa (versione per il gruppo)*

Come la versione individuale descritta sopra, la versione per il gruppo della lezione silenziosa è una variante semplificata della tradizionale contemplazione del testo chiamata *Lectio Divina*. L'idea base in questo caso è che quando i partecipanti leggono il testo in modo contemplativo, nelle loro menti nascono visioni, che essi possono esprimere in *precious speaking*. Questo può essere seguito da un secondo stadio, in cui i compagni mettono insieme quelle visioni in un tutto concentrato e coerente.

Per iniziare l'esercizio i partecipanti siedono in circolo (o si riuniscono *online*), ciascuno con una copia del testo. Il testo dovrebbe essere lungo all'incirca da un paragrafo fino a mezza pagina (ma può

---

53. Sono in debito col collega Gerald Hofer, che ha presentato una versione molto valida di questa procedura in una compagnia filosofica internazionale online che ho organizzato nel Dicembre 2015.

essere parte di un testo più lungo che i partecipanti hanno letto in precedenza). Per entrare in uno stato mentale contemplativo, il gruppo inizia con un breve esercizio di centratura.

Nel secondo stadio, il gruppo legge il testo insieme come incontro preliminare con le sue idee fondamentali. Questo può essere fatto utilizzando la procedura di *slow reading* o di *contemplative chanting* (vedi sopra) o semplicemente leggendo il testo e ascoltandolo attentamente. Dopo ciascun paragrafo segue un giro di *precious speaking* in cui ciascun partecipante tenta di formulare in poche parole l'idea centrale che ha percepito. Queste parole possono anche essere scritte su un foglio di carta posto al centro.

Mentre il secondo stadio punta ad ottenere una prima comprensione superficiale del testo, lo stadio successivo è pienamente contemplativo e mira a dare voce a visioni più personali, elaborate e creative. Il testo viene letto ad alta voce da un volontario oppure ciascuna frase è letta da un partecipante differente, e la lettura può essere ripetuta varie volte. Nel frattempo, gli altri partecipanti mantengono un'attenzione ricettiva, lasciando che il testo parli in loro senza tentare di imporgli nessuna analisi o spiegazione.

Il facilitatore ora solleva un interrogativo generale riguardo il testo, come ad esempio: "Che tipo di amore cerca di descrivervi il testo?". A questo punto il cerchio si apre perché tutti possano dar voce alla loro risposta seguendo la procedura del *precious speaking*. L'obiettivo è di far sviluppare una molteplicità di visioni che emergono dal testo originale. L'accento in questo primo stadio non è sull'organizzazione o sulla concentrazione, ma sulla varietà e la ricchezza.

In tutti questi stadi, il partecipante dovrebbe mantenere uno stato mentale contemplativo e seguire le linee guida del *precious speaking*. Questo dovrebbe essere spiegato preventivamente.

Molto spesso il processo, al punto in cui è ora, è sufficiente. In questo caso, è arrivato il momento dell'ultimo passo: un giro più informale di *precious speaking* o conversazione intenzionale in cui i partecipanti condividono ciò che hanno ricavato dall'esercizio. In altre occasioni, però, è auspicabile un passo ulteriore, che consenta ai partecipanti di riflettere in maggior dettaglio su ciò che è stato detto e di consolidarlo e metterlo insieme in una totalità unificata. Per farlo, i partecipanti usano la procedura della conversazione intenzionale per riflettere insieme e formulare una frase (o alcune frasi) che esprima una concezione cruciale. Essi danno suggerimenti riguardo questa frase, risuonando ciascuno con l'altro e convergendo gradualmente verso una formulazione unica.

Un giro finale di "Cosa sto portando via con me?" può concludere l'attività.

### Poesia di gruppo

Quando scriviamo poeticamente, formulando i nostri pensieri in versi, ascoltiamo le parole in un modo speciale. Non guardiamo all'idea "attraverso" le parole, come facciamo di solito quando scriviamo un testo normale, ma piuttosto seguiamo le parole stesse, il loro ritmo e i loro suoni e le sfumature di significato. Dunque assumiamo un atteggiamento di intenso ascolto che può essere usato per la contemplazione.

In questo esercizio, ciascun partecipante riceve una copia di un testo filosofico breve e conciso. Per prima cosa, come nel precedente esercizio, il testo è letto ad alta voce e i partecipanti contemplano brevemente il suo contenuto in superficie, possibilmente paragrafo per paragrafo, e commentano il suo significato immediato in *precious speaking*.

Una volta che l'idea fondamentale del testo sia stata compresa, esso è letto ad alta voce molto lentamente, se possibile diverse volte. Poi ciascun partecipante scrive un brano di poesia di due versi (due righe di una poesia) che esprime la sua personale risposta interiore a quel testo.

I doppi versi di ciascuno dei partecipanti sono poi trascritti su un foglio di carta, uno sotto l'altro, cosicché ne risulta un'unica poesia di gruppo (se il gruppo è troppo grande, può essere diviso in team più piccoli, ciascuno dei quali crea una poesia separata). Dal momento che i versi potrebbero non essere coerenti tra loro, il gruppo successivamente spende un po' di tempo a riordinarli e adattarne tempi e pronomi. Ogni tanto il gruppo legge l'intera poesia e sente il modo in cui scorre.

In un'altra versione di questo esercizio ciascun partecipante scrive la sua poesia individuale. Il testo filosofico è spezzato dapprima in quattro o cinque parti. La prima parte è letta lentamente e ciascun partecipante risuona con essa scrivendo il primo verso della sua poesia. Dopo pochi minuti viene letta la seconda parte del testo e i partecipanti scrivono la seconda riga nelle rispettive poesie. Seguono una terza e una quarta fase, finché ciascun partecipante avrà una poesia lunga quattro o cinque versi. I partecipanti allora dedicano qualche minuto a rifinire la loro poesia e organizzarla. Quando tutti hanno finito, condividono le loro poesie con gli altri e le contemplano insieme.

Entrambe le versioni di questo esercizio spesso producono magnifiche poesie che esprimono concezioni talmente profonde da sorprendere gli stessi scrittori. Evidentemente, il processo di scrivere non è solo un modo di trascrivere idee, ma anche di crearle.

*Disegnare le idee*

Per esprimere le nostre concezioni personali noi non abbiamo necessariamente bisogno di parlare. Disegnare talvolta ci mette in grado di dar voce a ciò che è difficile tradurre in parole. Questa è l'idea alla base dell'esercizio di disegno delle idee.

Come in altre tecniche filosofiche, dopo un esercizio di centratura viene letto ad alta voce un breve testo filosofico. Poi si utilizza un giro di *precious speaking* o di conversazione intenzionale per far sì che tutti capiscano il significato immediato del testo.

Il testo è adesso letto lentamente mentre i partecipanti ascoltano tranquillamente, interiormente. Il facilitatore chiede ai partecipanti di disegnare su un foglio di carta ciò che il testo ha significato per ognuno. Per evitare il pensiero verbale devono seguire le istruzioni seguenti: per prima cosa, non disegnare niente che sia un oggetto identificabile (un fiore, un volto, una stella ecc.). In secondo luogo, non disegnare nessun simbolo che rappresenti una specifica idea (per esempio, un cuore rosso che rappresenta l'amore). Terzo, non scrivere niente nel disegno. In breve, i partecipanti devono raffigurare un disegno espressionista astratto.

Quando i disegni sono ultimati, sono messi tutti su un tavolo centrale. Un altro foglio bianco è messo vicino a ciascun disegno. I partecipanti girano attorno al tavolo secondo i loro tempi, guardando in silenzio i disegni. Su ciascuno dei fogli bianchi scrivono un titolo che propongono per il disegno accanto (ad esempio: "Nuvole nere che si avvicinano" o "Andare dentro di sé"). Quando tutti hanno finito, ciascun partecipante raccoglie entrambe le pagine e guarda la lista di titoli che gli altri hanno dato al suo disegno. Questa lista serve come feedback che attrae l'attenzione dei partecipanti verso ciò che potrebbero non aver notato mentre disegnavano.

Per terminare, i partecipanti siedono in circolo e presentano al gruppo questi disegni, come pure il feedback che hanno ricevuto.

### Camminare in un mondo filosofico

Camminare in un mondo filosofico di idee significa esplorare una teoria filosofica dal di dentro, immergendoci in essa. Non analizziamo o giudichiamo il testo dalla prospettiva di un osservatore esterno, come facciamo spesso nelle discussioni accademiche, e non concordiamo o dissentiamo con esso. Ci poniamo all'interno della realtà raffigurata dal testo e guardiamo a cosa somigli questa realtà dalla prospettiva di qualcuno che vive in essa.

Come abbiamo già esaminato in questo libro, una teoria filosofica può essere vista come una rete di idee, una rete di concetti, distinzioni, assunzioni, ecc. Dunque è analoga a un paesaggio fatto di particolari punti di riferimento che sono collegati tra loro in modi particolari: colline, fiumi, laghi, altopiani, ecc. "Camminare" in questo paesaggio concettuale vuol dire esplorare i differenti punti di riferimento come se fossero la nostra stessa realtà, vedere cosa significhino per noi quando immaginiamo noi stessi in quel mondo.

In una versione semplice di questo esercizio, i partecipanti dapprima leggono il testo insieme per essere sicuri che ognuno capisca il significato che affiora. Poi, attraverso la procedura del *precious speaking*, propongono i concetti che considerano centrali nel testo. In questo modo viene creato un piccolo repertorio di concetti fondamentali, e i concetti sono scritti su un foglio posto al centro, disposti come un paesaggio di idee. Per terminare, viene chiesto ai partecipanti di immaginarsi in questa realtà, di immaginare un incontro personale con qualcuno di questi concetti, e di esprimere in *precious speaking* la comprensione che ne risulta.

In un esercizio un po' più complesso ai partecipanti è chiesto di pensare a un'esperienza personale recente collegata ai concetti in questione. Poi essi descrivono al gruppo quell'esperienza con la procedura della conversazione intenzionale. Gli altri possono intervenire o fare domande sull'esperienza.

*Immaginazione filosofica guidata*

L'immaginazione guidata può essere usata per creare un ricco assortimento di reazioni personali ai testi e alle idee. Come nei precedenti esercizi, i partecipanti iniziano col leggere un breve testo filosofico assicurandosi che ognuno comprenda il significato che emerge. Poi il facilitatore chiede loro di chiudere gli occhi e immaginarsi nel mondo descritto nel testo. Quindi i partecipanti esplorano con la loro immaginazione l'universo in cui sono entrati.

Ovviamene, in questo caso è particolarmente indicato un testo espressivo. Per esempio, al gruppo può essere data la direttiva di immaginarsi seduti nella caverna di Platone mentre si guardano le ombre sulla parete. Poi si dice loro di immaginare di alzarsi, di volgere la schiena al loro mondo ordinario, di andarsene attraverso l'uscita e poi di guardare il nuovo mondo che scoprono fuori.

Ci sono differenti stili di immaginazione guidata, alcuni guidati più rigidamente mentre altri più aperti e liberi. Per esempio, in una immaginazione guidata della caverna platonica, il facilitatore può dare istruzioni specifiche, passo-passo, su come lasciare la caverna e guardare al mondo esterno. In alternativa, il facilitatore può dare solo linee guida generali all'inizio e poi lasciare che i partecipanti lascino la caverna secondo il loro progredire personale ed esplorino ciò che vogliono.

Per concludere l'esercizio i partecipanti condividono ciò che hanno visualizzato e le nuove visioni che portano via con sé.

*La conclusione della seduta*

La fine di una seduta è una fase importante della seduta stessa. È un'opportunità per riflettere su ciò che è avvenuto. Normalmente il facilitatore invita i partecipanti a riflettere da soli su ciò che la seduta ha insegnato loro, specialmente riguardo se stessi e i modi per andare oltre se stessi.

Si dovrebbero distinguere due tipi di procedure conclusive. Una è condotta con uno spirito contemplativo e come tale è parte integrante della seduta. L'altro tipo è una conversazione libera e quindi viene dopo che la seduta contemplativa è terminata. Entrambe sono importanti, possono essere viste come complementari.

Nella conclusione contemplativa ai partecipanti sono concessi alcuni momenti per riflettere sull'intera seduta, specialmente sulle esperienze e le visioni che hanno acquisito nel corso di essa. Poi è chiesto loro di condividere ciò che hanno portato via con sé, usando una procedura contemplativa come il *precious speaking* o la conversazione intenzionale.

Nella conclusione colloquiale, invece, i partecipanti conversano liberamente.

*Differenze individuali tra i partecipanti*

Quando degli esercizi filosofico-contemplativi sono condotti individualmente o nel quadro di una consulenza individuale, i testi e le procedure scelti possono essere adattati agli specifici orientamenti del consultante. A seconda del perimetro personale di ciascuno e di quello che appare essere il linguaggio della sua profondità interiore, possono essere scelti testi e procedure appropriati, collegati al suo perimetro, ai suoi aneliti, insoddisfazioni generali e momenti preziosi.

In una compagnia, però, è difficile occuparsi del particolare perimetro e della profondità interiore di ciascun partecipante. La contemplazione filosofica nei gruppi si occupa in primo luogo di questioni esistenziali generali e con testi che sono scelti avendo in mente l'intero gruppo. Un esercizio filosofico-contemplativo su un testo di Platone, per esempio, non necessariamente ha una relazione diretta con l'anelito di Sarah a superare il suo senso di vuoto per arrivare a una sensazione di pienezza o con l'anelito di David a superare il suo isolamento per arrivare a un senso di solidarietà col mondo.

Anche così, gli esercizi filosofico-contemplativi sono ancora di aiuto a molti dei partecipanti perché danno a ciascuno sufficiente libertà di porsi in relazione con idee ed esperienze che sono personalmente rilevanti. I testi filosofici hanno a che fare con questioni fondamentali dell'esistenza e una questione fondamentale, proprio per sua natura, si proietta su molti aspetti della vita. Quando ai partecipanti si chiede di scegliere un'esperienza personale o di concentrarsi su una frase che parla loro, essi scelgono in modo spontaneo ciò che li tocca personalmente. Questo è in particolare il caso di partecipanti che hanno già familiarità col loro perimetro e con alcuni aspetti dell'orizzonte fuori di esso.

Per il facilitatore è perciò importante strutturare gli esercizi in modo da dare ai partecipanti la libertà personale di scegliere su quali parole, idee, o esperienze desiderano concentrarsi. Ad esempio, dare ai partecipanti la direttiva di scegliere per la contemplazione una frase che attrae la loro attenzione è meglio che chiedere a tutti di contemplare la stessa frase.

## Una compagnia filosofica: studio di un caso

*Linda organizza un ritiro della durata di un weekend nel quadro di una nuova compagnia filosofica. Gli undici partecipanti si incontrano il pomeriggio di venerdì in una tranquilla casa di campagna, dove trascorreranno il loro tempo in contemplazione filosofica fino alla domenica sera.*

*Il pomeriggio di venerdì essi si riuniscono e si presentano brevemente agli altri. Per la prima seduta, venerdì sera, Linda ha scelto l'argomento delle sorgenti del sé. "Non tutto ciò che diciamo o sentiamo o pensiamo viene dallo stesso luogo dentro di noi" dice Linda spiegando la sua scelta al gruppo. "Molti dei nostri pensieri, per esempio, provengono da un livello di pensiero superficiale, automatico: vanno e vengono senza molta riflessione. Ma in altri momenti una nuova comprensione può stimolare qualcosa nel profondo di noi. Ha senso per voi?"*

*"Certo" dice Melanie. "Qualche volta una frase che leggo in un libro mi colpisce, sento che mi sta dicendo qualcosa di importante: ho bisogno di interrompere la lettura del libro per riflettere".*

*Jonathan annuisce. "Anche una frase in una canzone può colpirmi, senza sapere il perché. Sento che in essa c'è qualcosa di profondo, capite cosa intendo? Il resto della canzone magari è ordinario, ma questa particolare frase tocca qualcosa di profondo in me".*

*Altri condividono col gruppo esperienze simili.*

*"Bene" commenta Linda. "Naturalmente 'profondo' è una metafora. Speriamo in questo weekend di avere esperienze e comprensioni che possano*

*essere descritte come 'profonde', perciò è bene cominciare a riflettere sul significato del termine".*

*Un paio di partecipanti vogliono esprimere le proprie opinioni, ma Linda li interrompe gentilmente. "Non cominciamo la nostra esplorazione con opinioni. Le opinioni sono troppo facili da trovare e enunciare. Dopotutto, cosa possono dirci le opinioni su una questione che va oltre le opinioni? Proviamo a contemplare la questione".*

*Linda a questo punto distribuisce un breve testo del filosofo del diciannovesimo secolo Ralph Waldo Emerson. "Emerson parla in questo brano poetico di ciò che chiama 'l'oltre-anima'", la fonte più alta della nostra ispirazione e creatività, che è abbastanza vicina a quello che chiamiamo 'profondità'. Ma non c'è bisogno di concordare o dissentire con lui. Per noi, questo testo non è una teoria corretta o sbagliata, ma un punto di partenza per una contemplazione che può stimolare i nostri pensieri. È come una frase musicale che può ispirarci a comporre la nostra personale musica di idee.*

*Il resto della seduta consiste di due fasi principali. La prima fase è dedicata ad un esame iniziale dei tre brevi paragrafi che Linda ha scelto, ma non in modo obiettivo e distaccato, bensì contemplativo e personale. Dopo un breve esercizio meditativo di centratura, i partecipanti riaprono gli occhi e guardano il testo che hanno in mano. Leggono insieme la prima frase: ciascun partecipante la legge lentamente ad alta voce, un partecipante dopo l'altro, secondo l'ordine in cui sono seduti, ripetendola più e più volte. Quando tutti hanno letto la prima frase, continuano con la seconda e poi con la terza. Le numerose ripetizioni delle stesse parole provocano nei partecipanti uno strano senso di disorientamento. Non stanno più pensando nel loro modo familiare, automatico. Man mano che le parole sono ripetute, immagini e pensieri iniziano a sorgere nelle loro menti.*

"L'uomo è un flusso la cui sorgente è nascosta. Il nostro essere discende in noi non sappiamo da dove. Il calcolatore più preciso non può predire che qualcosa di non calcolabile non possa avvenire proprio nel prossimo istante. Ogni momento sono forzato a riconoscere una origine più alta degli eventi rispetto alla volontà che definisco 'mia' ".[54]

---

54. Emerson, "La superanima", cit.

*Linda segnala al gruppo di interrompere la lettura. È ora di contemplare ciò che hanno letto. Usando la procedura del* free precious speaking, *essi enunciano ciascuno una frase che trovano centrale o significativa in questo paragrafo.*

*"Io non appartengo pienamente a me stesso" dice Larry, "E i miei pensieri e azioni non appartengono pienamente a me".*

*Dopo un breve silenzio, Tammy esclama: "Io non sono perfettamente una: parte di me proviene da me stessa, parte di me viene da altre fonti".*

*Segue un altro momento di silenzio. Questa volta è interrotto da Sally, che parafrasa la frase di Emerson: "Io sono una corrente la cui sorgente è nascosta".*

*"Io non conosco pienamente me stessa" dice Becca dopo un lungo silenzio, "perché non conosco pienamente ciò che può toccarmi tra cinque minuti".*

*Dopo che tutti i partecipanti hanno parlato, Linda sollecita interventi che mettano insieme in un tema unificante ciò che tutti hanno detto. "Provate ora a parlare non per voi stessi ma per l'intero gruppo. Provate a dare voce alle numerose frasi che abbiamo appena sentito".*

*"Io sono più del mio sé familiare" dice Tammy.*

*"Io sono molto di più del mio sé familiare" ripete Larry.*

*Tre altre frasi simili prendono forma e appare chiaro che il gruppo concorda su un tema centrale comune nei primi paragrafi. Nel complesso, la contemplazione del primo paragrafo ha preso poco più di dieci minuti. Linda ora invita i partecipanti a passare al secondo paragrafo. Di nuovo leggono i frase per frase, ripetendo ciascuna frase molte volte, e poi dando voce alla loro comprensione in* precious speaking.

*Trascorsi circa quaranta minuti, dopo che hanno finito con i tre paragrafi, Linda passa ad un esercizio più personale.*

*"Adesso che abbiamo una comprensione individuale di ciascun paragrafo, guardiamo al testo come un tutto, ma in modo più personale. Cosa sentite che vi dice personalmente il testo? Cosa vi invita a vedere o fare? Non sto chiedendovi ciò che dice sugli esseri umani in generale, ma ciò che dice a voi. Prendete qualche momento per rifletterci".*

*Attende qualche istante, poi aggiunge: "Ma non pensiamoci in modo astratto. Per favore leggete in silenzio il testo ciascuno per conto suo, molto lentamente, più e più volte, e lasciate che la risposta emerga in voi. Notate una parola o una frase che vi tocca, che attrae la vostra attenzione, che 'vi chiama'. Ascoltate tranquillamente ciò che vi dice e scrivete ciascuno per proprio conto. Poi condividete con noi ciò che sentite di poter condividere".*

*Quando tutti hanno finito di scrivere, i partecipanti mettono giù la penna e iniziano un giro di condivisione. Questa volta la procedura non è più condotta in* precious speaking, *perché Linda vuole che i partecipanti parlino un po' più liberamente e in modo più approfondito. Dunque propone una procedura di conversazione intenzionale. Come già detto, in questo caso l'accento non è su ciò che avete da dire, ma su uno speciale tipo di ascolto: mettete da parte i vostri pensieri e opinioni e aprite una "radura", uno spazio interiore di silenzio e ascolto. Quando altri parlano, collocate le loro parole nella vostra radura.*

*Linda chiede ai partecipanti di iniziare con lo spiegare quale espressione o frase nel testo li ha colpiti.*

*"Io sono stato colpito dalle parole 'il nostro essere discende in noi'" inizia Rick. "Mi hanno mostrato che dovrei ricordare il mio essere 'più alto' e lasciare che discenda dentro di me. Sono qui sulla terra, sempre occupato, sempre a fare un milione di cose, e la frase mi dice: fermati, Rick, fermati! prendi un respiro ogni tanto e stai in silenzio".*

*Per mancanza di tempo Linda decide di non invitare altri a fare domande a Rick sulla sua visione. Quindi Anne a sua volta descrive la propria visione, e alcuni altri dopo di lei, per una decina di minuti.*

*"Grazie a tutti per aver condiviso" dice Linda. "Prima di andare avanti, torniamo al testo in modo da rimanere collegati ad esso. È l'asse portante della seduta di stasera".*

*Il gruppo torna a Emerson. Nello spirito di contemplazione che si è sviluppato da un po', lo leggono lentamente e ripetutamente in modo che l'effetto complessivo sia quello di un canto.*

*"E ora" dice Linda, "siamo pronti per il nostro ultimo esercizio. Proviamo a collegare le nostre visioni emersoniane alle esperienze concrete che abbiamo vissuto. Per favore prendetevi qualche momento e pensate ad una particolare esperienza che avete avuto che si avvicini alla vostra comprensione delle parole di Emerson".*

*Linda lascia che i partecipanti riflettano in silenzio per alcuni momenti. "Tutti hanno trovato un'esperienza emersoniana recente? Bene. Adesso, scriviamola e poi condividiamola. Però non c'è bisogno di ascoltare i dettagli della vostra esperienza: come sia avvenuta esattamente, dove e quando. Vogliamo solo sentire l'essenziale. Perciò, per favore, esprimete la vostra esperienza della oltre-anima in modo poetico. In altre parole, siete pregati di scrivere due versi poetici che danno voce alla vostra esperienza".*

*"Aspetta un attimo, Linda" interrompe Debbie. "Intendi una descrizione poetica dei sentimenti che ho provato?"*

*Linda scuote la testa con un sorriso. "Basta con le istruzioni. Siete liberi di scrivere i due versi che vi vengono in mente e che danno voce alla vostra esperienza".*

*Dopo pochi minuti, quando la scrittura termina, i partecipanti trascrivono i loro versi su un grande foglio di carta, uno sotto l'altro, in modo che compongano un'unica lunga poesia. Un volontario legge la poesia ad alta voce, e poi un secondo e un terzo.*

Ero avvolto da una cortina di timidezza e inibizioni.
Ma poi uno spirito vivificante venne e la soffiò via.

Una sola parola è a volte sufficiente
a far scaturire un fiume di energie sconosciute.

Non avevo parole, la mia mente era stanca e vuota.
Eppure qualcosa in me chiese di parlare, e io lo lasciai fare.

So che è me e so che non è me,
piccolo come sono io e grande come il mondo.

[...]

*La poesia che sta venendo fuori non è ancora terminata. Sono necessari alcuni adattamenti perché scorra in modo coerente e il gruppo vi lavora per un po'. La poesia di gruppo finale è letta lentamente, mentre i partecipanti ascoltano in silenzio.*

*"Per concludere la nostra contemplazione di oggi" dice Linda, "prendiamoci qualche momento per riflettere su cosa ci è successo in questa seduta. Chiedetevi: cosa mi aiutano a vedere o a capire le idee che abbiamo incontrato?"*

*Sarah è la prima a parlare. "Emerson mi induce a chiedermi se non sia troppo autocontrollata. Dovrei essere più silenziosa e ricettiva verso quello che la vita mi sta dicendo?"*

*"Ciò che per me è stato importante"* dice Rick, *"non sono state tanto le idee in sé ma la sensazione di ascoltarle in profondo silenzio. Era meraviglioso sentirle galleggiare nella mia mente e poi fluttuare lontano e sparire. Questo mi ha fatto capire che le mie idee non sono sempre sotto il mio controllo. Non so se credo nella oltre-anima di Emerson, ma decisamente possiedo una sorgente di idee. Questo è qualcosa di nuovo per me".*

*"Io ho avuto una esperienza simile"* replica Debbie. *"Ho sentito che stavo lasciando parlare qualcosa dentro di me, specialmente nei giri iniziali di* precious speaking. *Dovrei provare a dare più spazio a questo 'qualcosa'".*

*"La tua oltre-anima"* mormora Michael.

*"Non voglio dargli una definizione. Oltre-anima, il mio sé nascosto, la profondità interiore… il nome non importa. Il punto è che qualche parte di me che normalmente tace ha cominciato a parlare".*

*Anche altri hanno avuto esperienze del genere.*

*"Sembra, dunque"* riassume Linda, *"che in questa seduta abbiamo dato voce a qualcosa dentro di noi a cui normalmente non prestiamo attenzione. E quando le diamo voce la risvegliamo, la coltiviamo. Coltivare la nostra dimensione o profondità interiore è un processo lungo. Ma in questo ritiro noi cominceremo a lavorarci".*

La seduta di compagnia filosofica di Linda illustra come gli esercizi di contemplazione possano aiutare i partecipanti a rendere attiva una dimensione assopita dentro di loro. Questo è, di fatto, un passo importante nel processo di uscita dalla caverna platonica. Come abbiamo visto, la caverna platonica è il nostro "perimetro": la nostra concezione rigida e automatica della vita, che esprimiamo attraverso i normali schemi di pensiero, emozione e comportamento. L'auto-riflessione filosofica e la contemplazione possono aiutarci a riconoscerli, uscirne fuori e sviluppare un atteggiamento più ampio nei confronti di noi stessi e del mondo, un atteggiamento che coinvolga di più la dimensione interiore del nostro essere.

## Mantenere l'atteggiamento contemplativo per tutto il giorno

Gli esercizi presentati sopra sono, certo, solo l'inizio di un processo più lungo. Non è facile mantenere un atteggiamento contemplativo per tutto il giorno e mettere da parte il nostro sé automatico. Incombenze, pressioni e conversazioni quotidiane continuano a distrarre la nostra attenzione e ci tirano indietro verso i soliti atteggiamenti perimetrali. Persino dopo un potente esercizio di contemplazione tendiamo a dimenticarlo del tutto e ci perdiamo rapidamente nelle nostre faccende quotidiane. È perciò importante continuare gli esercizi contemplativo-filosofici per raggiungere una auto-trasformazione significativa.

Ecco diversi suggerimenti su come farlo.

- Iniziate la giornata con una seduta di circa dieci minuti (o più) di lettura contemplativa.

- Durante il resto della giornata, provate a mantenere nella vostra mente una frase scelta dal testo che avete letto, insieme alle comprensioni che sono affiorate dentro di voi mentre lo contemplavate. Non analizzatele, rendetele semplicemente presenti nella vostra mente. Lasciatele parlare se "desiderano" parlare e seguitele ovunque vi portino. Può darsi che entro la fine della giornata queste comprensioni vi porteranno molto lontano da dove siete partiti la mattina.

- Se siete come la maggior parte delle persone, probabilmente perderete il vostro atteggiamento contemplativo molte volte durante il giorno per lunghi periodi di tempo. Questo è normale e non c'è ragione per angosciarsi. Ma si raccomanda che periodicamente pratichiate un breve *esercizio di ricordo* per riportarvi al modo contemplativo. Uno di tali esercizi consiste nel fare un piccolo gesto prestabilito che serva da promemoria. Per esempio, ogni volta che ricordate la vostra contemplazione del mattino e vi rendete conto che l'avete persa, toccate delicatamente il centro della fronte o del petto e raccoglietevi di nuovo in voi stessi.

- Un altro esercizio di rievocazione è il *presencing*, in altre parole rendere qualcosa presente alla vostra consapevolezza. Più volte, durante il giorno, provate a "fare presente" qualsiasi cosa vi stia capitando in quel momento: i movimenti del corpo, i pensieri, i sentimenti, le reazioni, così come le persone e le cose intorno a voi. Mentre fate l'esercizio di *presencing* non giudicate né analizzate e non guardatevi dal di fuori, dal punto di vista di un osservatore esterno. Lasciate semplicemente che l'oggetto reso presente si mantenga intensamente nella vostra consapevolezza. Potete praticare questo esercizio di *presencing* per un minuto o due ogni volta, o magari più a lungo, mentre state attendendo un autobus, o mangiando, o camminando, o persino conversando. Può servire a riportarvi all'atteggiamento contemplativo.

Un simile programma contemplativo, anche se lo tralasciate durante la maggior parte della giornata (come probabilmente farete), è probabile che vi apra a nuove comprensioni. Qualcuna di esse verrà plausibilmente fuori dal testo che avete letto la mattina.

Presto apprenderete che non solo nuove comprensioni ma anche l'apertura contemplativa stessa – la "radura" – somigliano in una certa misura a "doni" inaspettati. Non dipendono completamente dai vostri sforzi. Qualche volta rifiutano di arrivare, non importa quanto insistentemente li invitiamo. In altri momenti ci pervadono da sé, senza sforzo, per nessuna ragione visibile. In quei momenti speciali possiamo sperimentare noi stessi come parte di un reame di vita e di realtà più vasto.

Nondimeno, come abbiamo detto prima, in qualche misura le "radure" dipendono dai nostri sforzi e dalla nostra attenzione. In parte sono il frutto del lavoro e dell'esperienza. Lavorando con impegno sulla nostra contemplazione, possiamo gradualmente imparare a sviluppare un atteggiamento contemplativo più stabile e profondo. Possiamo allora apprendere come rimanere coinvolti nei nostri compiti quotidiani mentre allo stesso tempo siamo anche presenti oltre il nostro perimetro.

*Capitolo 11*

# SAGGEZZA POLIFONICA E OLTRE ANCORA

Abbiamo iniziato il nostro viaggio filosofico con l'osservazione che larga parte della nostra vita è limitata a schemi automatici, rigidi e ristretti di pensiero, emozione e comportamento. Questa visione è stata espressa da molti pensatori importanti nel corso dei secoli. È testimoniato anche dal nostro anelito a vivere una vita più piena e ricca di significato. Ho chiamato questi confini il nostro "perimetro" o, usando l'immagine di Platone, la nostra "caverna".

I pensatori che ho chiamato "filosofi della trasformazione" hanno fatto osservazioni profonde sul modo di uscire dalle nostre vite anguste. Ciascuno di loro, però, ha espresso solo un particolare modo di vedere il nostro perimetro e trascenderlo, un modo spesso troppo limitato e dogmatico. Come ho suggerito, se vogliamo andare oltre la ristrettezza e il dogmatismo di una qualsiasi particolare teoria filosofica, dobbiamo renderci conto che la vita è più complessa e sfaccettata di qualunque singola teoria. Le persone sono diverse l'una dall'altra, i loro perimetri sono diversi, e le possibili vie per uscire oltre i loro confini sono diverse.

Sulla base di anni di lavoro con individui e gruppi, ho proposto in questo libro un approccio più pluralistico che accoglie le diversità personali e filosofiche. Piuttosto che imporre alla vita una teoria preconfezionata, dovremmo rispettare le diverse voci della vita. Dovremmo prestare ascolto al modo in cui la vita degli individui parla, imparare qual è il suo peculiare perimetro, i suoi specifici concetti e il suo specifico linguaggio, e il modo particolare di trascenderlo.

Nel primo stadio del nostro viaggio abbiamo indagato l'orizzonte del nostro perimetro. Abbiamo poi esplorato il secondo passo del processo filosofico, cioè l'andare oltre il perimetro. Ciascuno di questi stadi era basato sul potere delle idee, sul potere della comprensione. Le idee filosofiche detengono una enorme ricchezza e profondità, e come tali possono illuminarci a proposito delle fondamenta della nostra prigione e anche sui possibili modi di uscirne. Possono anche spingerci a compiere questo passo verso l'uscita.

Il problema è che le nostre idee sono normalmente limitate. Se fate domande alle persone sulla natura dell'amore o della libertà, per esempio, c'è poco che possano dire oltre le formulazioni semplicistiche o gli slogan in voga. Fortunatamente, la storia della filosofia annovera molti tesori di saggezza. Numerosi pensatori attraverso le epoche hanno esplorato le questioni fondamentali dell'esistenza e hanno scritto un'ampia varietà di testi profondi su di esse. Riflettere su testi filosofici storici può perciò arricchire la nostra esplorazione e aiutarci a sviluppare il nostro personale modo di vedere il nostro perimetro e ciò che sta al di là.

### Idee filosofiche come voci della realtà

Quando impariamo ad ascoltare le idee filosofiche dal profondo del nostro essere – non solo dal nostro pensiero analitico, non solo dalle nostre opinioni – allora avviene una cosa sorprendente. Ci troviamo in quel momento in uno stato mentale completamente nuovo, che non è costretto da schemi di pensiero superficiali e automatici. Uno stato di speciale apertura al complesso tessuto della realtà umana. Non sentiamo più il bisogno di concordare o dissentire con questo o quel testo filosofico, perché quei testi non sono più teorie sulla realtà umana. Sono solo alcune delle numerose voci con cui la vita ci parla, e come tali possono toccarci, ispirarci, riverberare in noi.

Ci rendiamo allora conto che la vita parla anche negli scritti filosofici – dopotutto, sono stati composti da esseri umani come voi e me –, tramite loro parla dentro di noi e fa nascere le nostre personali concezioni e visioni. La vita, o più in generale la realtà umana, non è più un assortimento di fatti oggettivi che stanno di fronte allo sguardo impersonale di un osservatore distaccato. Capire la realtà non è più limitato a opinioni o teorie su questo o quel fatto. La realtà umana, piuttosto che essere uno spettacolo di fatti esteriori, risuona dentro di noi. Questo ha sollevato nelle menti di grandi pensatori profonde comprensioni, e quando leggiamo i loro scritti genera nuove comprensioni anche dentro di noi. Sebbene la vita parli con le sue molteplici voci attraverso numerosi soggetti, i grandi pensatori hanno l'abilità di formulare queste voci in modi che ci stimolano.

La capacità di ascoltare le voci della realtà umana dipende dalla nostra abilità di uscire dalla caverna dei nostri atteggiamenti abitudinari, superficiali e rigidi, in altre parole fuori dal nostro perimetro. Una volta che abbiamo fatto un passo fuori dai nostri atteggiamenti perimetrali, anche solo per pochi minuti, possiamo intendere questioni fondamentali dell'esistenza in modi radicalmente nuovi. Possiamo allora udire le voci della vita sorgere in noi e stimolare nuove visioni. Queste intuizioni non sono più le opinioni che produciamo col nostro acume personale. Sono espressione della vita umana come risuona negli individui. Quando leggiamo un testo filosofico profondo, le sue parole non sono una teoria *sulla* realtà, ma una comprensione che ci viene *dalla* realtà. Il suo potere segreto non sta nella sua accuratezza teorica o nella capacità di "catturare" i fatti con le sue asserzioni. Nessuna singola teoria lo può fare. Il loro segreto sta nella loro capacità di risuonare dentro di noi e ispirarci a dare voce alla vita.

Da questa prospettiva, una filosofia profonda non dovrebbe essere vista come una teoria, come un sistema che aspira ad essere una raffigurazione accurata del mondo, anche se chi scrive lo intende in questo modo. Questa non è la ragione per cui ci colpisce. Se vogliamo che un testo filosofico ci elevi, se vogliamo che ci faccia espandere oltre i rigidi atteggiamenti perimetrali, allora dovremmo trattarlo come una voce che ci parla e parla in noi, una voce che ci invita ad entrare in risonanza con essa ed esprime la vita come questa parla in noi.

La vita parla in noi in un coro polifonico. Possiamo sviluppare una consapevolezza di questa polifonia – ovvero di ciò che possiamo chiamare *consapevolezza polifonica* – se riusciamo ad uscire dal nostro ristretto perimetro e ad ascoltare le voci della saggezza dalla propria dimensione interiore, dalla propria profondità. In questo senso, contemplare le idee filosofiche significa ascoltare la polifonia della realtà umana. E questa nuova consapevolezza polifonica, che viene dalla dimensione interiore, serve anche a dar voce a quella dimensione, risvegliarla e coltivarla. Questo è, allora, lo scopo principale del nostro viaggio filosofico, descritto dai numerosi filosofi della trasformazione attraverso i secoli: uscire fuori dal perimetro verso una pienezza dell'essere che può venire apprezzata dalla nostra profondità interiore.

Chiaramente, uscire dal nostro perimetro in questo senso non significa liberarsi di tutti i nostri schemi di comportamento o emotivi. Come esseri umani fatti di carne e sangue, con una costituzione biologica e psicologica, non possiamo diventare angeli. Un albero non può gettar via la struttura biologica che lo rende un albero; di fatto, esso *necessita* di tale struttura.

Nondimeno, possiamo smettere di limitarci a queste strutture e diventare più di loro. Il nostro perimetro è parte di noi, ma non rappresenta tutto quello che ci è dato essere. Per analogia, il nostro scheletro è una parte essenziale di noi, ma noi siamo più che il nostro scheletro. Allo stesso modo, non possiamo né dobbiamo liberarci dai meccanismi del dolore nel nostro corpo, dai meccanismi della fame, o dai meccanismi della paura, ma abbiamo bisogno di non esserne imprigionati e controllati. Siamo più che queste funzioni. Possiamo essere consapevoli del nostro mal di testa o della nostra paura, e tuttavia non esserne prigionieri. In questo senso, possiamo sollevarci al disopra di essi.

Uscire dal nostro perimetro ed essere aperti alle voci della saggezza potrebbe essere impossibile da attuare in ogni momento. Occasionalmente troveremo il nostro comportamento deviato dal nostro vecchio perimetro come una volta. Ma parallela a questo perimetro automatico abbiamo anche la più vasta consapevolezza polifonica che coinvolge la nostra profondità interiore. I nostri vecchi schemi emotivi e di comportamento non spariranno, anche se saranno con tutta probabilità indeboliti. Molta parte di noi – il nostro comportamento, le nostre emozioni, i nostri pensieri – rimarrà ancora dentro i vecchi confini del solito perimetro. Nondimeno, noi non saremo più immersi totalmente in essi e controllati da essi. Una nuova dimensione del nostro essere apparirà gradualmente, espressa come una nuova consapevolezza che non è limitata ad alcuna specifica teoria o atteggiamento. Ora noi abbiamo una consapevolezza che ignora tutti gli atteggiamenti, che apprezza le voci della realtà come un tutto senza identificarsi con nessuna in particolare.

Questa nuova apertura alle numerose voci della realtà è una forma di saggezza. È la capacità di elevarsi al disopra della nostra personale teoria ed essere parte di un orizzonte di vita più largo, di appartenere non solo a questo o a quell'orientamento, ma all'intera sinfonia di voci che parlano nella vita.

### Conclusione: verso terre inesplorate

Ciò che ho esposto in questo libro è senza dubbio vago. Si vorrebbe sapere di più sulla precisa natura della consapevolezza polifonica, circa la dimensione interiore o la profondità interiore, e sull'orizzonte oltre il perimetro.

E tuttavia la nostra discussione del processo filosofico-contemplativo deve fermarsi qui, anche se il processo stesso dovrebbe proseguire. Perché a questo punto stiamo entrando in un terreno inesplorato. Da questo punto in poi, le istruzioni sono solo di ostacolo. L'autentico andare oltre deve trascendere tutte le istruzioni e i metodi, tutto ciò che è predeterminato e generalizzato. Lontano dalle vie che sono state lastricate in precedenza. Solo così l'esplorazione può diventare autenticamente filosofica, personale, e aprirsi a nuovi orizzonti. Può condurre a regioni insospettate, può persino finire per contraddire le cose dette in stadi precedenti del viaggio, per quanto siano state d'aiuto allora. Qui è assolutamente appropriata la frase di Wittgenstein, che una volta saliti sulla scala dobbiamo spingerla via.[55]

C'è la grande tentazione di stabilire regole e imporre teorie generali. Questo è testimoniato chiaramente dalla storia delle religioni. Persino in materia di realtà divine e di esperienze mistiche, che generalmente sono ineffabili e oltre i concetti umani, i pensatori

---

55. Ludwig Wittgenstein, *Tractatut Logico-Philosophicus*, Londra, 1922; tr. it. Ludwig Wittgenstein, *Tractatus Logico-Philosophicus e Quaderni*, Torino, Einaudi, 2009, sezione 6.54.

che si sono avvicendati nel corso dei secoli hanno persistito nel costruire dottrine e presunte "verità". Questa è una tentazione a cui dovremmo resistere. Dobbiamo lasciar perdere le dottrine.

Abbiamo iniziato questo libro con i primi passi del viaggio filosofico. Allo stadio iniziale, le questioni erano ancora oggetto di analisi e generalizzazione perché riguardavano i perimetri. I perimetri sono per loro stessa natura strutturati e in ampia misura possono essere cartografati. Più si procedeva nel processo verso l'uscita dalla caverna e l'esplorazione di ciò che sta fuori, meno c'era da dire in termini precisi e generali. Certo, anche in questi ultimi capitoli del libro ho suggerito varie linee guida, metodi, esercizi. Ma erano intesi come germi di sperimentazione personale, come segnali stradali provvisori destinati ad essere oltrepassati. E ora anche quei segnali provvisori devono essere lasciati alle spalle, nel momento in cui ci dirigiamo verso un sentiero essenzialmente personale e in attesa di essere scoperto. Come dice lo Zarathustra di Nietzsche: "Ora io procedo da solo, o discepoli. Anche voi andate da soli. Così voglio che sia. In verità io vi consiglio: allontanatevi da me e opponetevi a Zarathustra!... Si ripaga male un maestro se si rimane per sempre nient'altro che discepoli".[56]

---

56. Nietzsche, *Così parlò Zarathustra*, cit., Libro 1, "Della virtù che dona", sezione 3, pp. 92-93.

Lightning Source UK Ltd.
Milton Keynes UK
UKHW020641180321
380569UK00011B/721